A Life

of

Li Taibai

李太白别传

安旗 / 著

A Life
of
Li Taibai

人民文学出版社

图书在版编目（CIP）数据

李太白别传 / 安旗著. -- 北京：人民文学出版社，2025. -- ISBN 978-7-02-019101-7

Ⅰ. K825.6

中国国家版本馆 CIP 数据核字第 2025AR7653 号

责任编辑　李　俊
装帧设计　李思安
责任校对　苏　航
责任印制　王重艺

出版发行　人民文学出版社
社　　址　北京市朝内大街166号
邮政编码　100705

印　　刷　侨友印刷（河北）有限公司
经　　销　全国新华书店等

字　　数　233千字
开　　本　880毫米×1230毫米　1/32
印　　张　12.875　插页3
印　　数　1—4000
版　　次　2004年5月北京第1版
印　　次　2025年3月第1次印刷

书　　号　978-7-02-019101-7
定　　价　58.00元

如有印装质量问题，请与本社图书销售中心调换。电话：010-65233595

目 录

从《李白传》到《李太白别传》……………… 薛天纬 001

凡例 ……………………………………………… 001

引言 ……………………………………………… 001

第一章　莫怪无心恋清境，已将书剑许明时
　　　　——蜀中生活及创作 …………………… 001
　　一　名号不少，家世难明，生地未定 ……… 001
　　二　少作甚多，兼好剑术，又慕神仙 ……… 008
　　三　出游成渝，初事干谒 …………………… 013
　　四　习业养性大匡山 ………………………… 017
　　五　仗剑去国，辞亲远游 …………………… 020

第二章　大道如青天，我独不得出
　　　　—— 初入长安始末 ················· 028
　　　一　初游江东 ························ 028
　　　二　西至安州，入赘许府 ············ 032
　　　三　玉真公主别馆苦雨 ··············· 036
　　　四　出游京畿 ························ 044
　　　五　斗鸡徒、游侠儿、五陵豪 ········ 050
　　　六　《蜀道难》别解 ···················· 054

第三章　酒隐安陆，蹉跎十年
　　　　—— 长啸复远游 ···················· 060
　　　一　黄金买醉未能归 ·················· 060
　　　二　高冠佩雄剑，长揖韩荆州 ········ 068
　　　三　北游太原 ························ 072
　　　四　"万里征"（上） ··················· 076
　　　五　"万里征"（下） ··················· 080

第四章　顾余不及仕，学剑来山东
　　　　—— 移家东鲁 ······················ 088
　　　一　东鲁行 ·························· 088
　　　二　学剑欤？投亲欤？ ··············· 092

三　东鲁沙丘与东鲁南陵⋯⋯⋯⋯⋯⋯⋯⋯096
　　四　漫游东鲁兼及旁郡⋯⋯⋯⋯⋯⋯⋯⋯100
　　五　穷与鲍生贾⋯⋯⋯⋯⋯⋯⋯⋯⋯⋯⋯103
　　六　以持盈法师达⋯⋯⋯⋯⋯⋯⋯⋯⋯⋯107

第五章　骑虎不敢下，攀龙忽堕天
　　——再入长安⋯⋯⋯⋯⋯⋯⋯⋯⋯⋯⋯113
　　一　待诏翰林⋯⋯⋯⋯⋯⋯⋯⋯⋯⋯⋯⋯113
　　二　遭谗被疏⋯⋯⋯⋯⋯⋯⋯⋯⋯⋯⋯⋯117
　　三　天子呼来不上船⋯⋯⋯⋯⋯⋯⋯⋯⋯124
　　四　决意还山⋯⋯⋯⋯⋯⋯⋯⋯⋯⋯⋯⋯128
　　五　言温室树⋯⋯⋯⋯⋯⋯⋯⋯⋯⋯⋯⋯131
　　六　《梦游天姥吟留别》别解⋯⋯⋯⋯⋯138

第六章　总为浮云能蔽日，长安不见使人愁
　　——去朝十年⋯⋯⋯⋯⋯⋯⋯⋯⋯⋯⋯141
　　一　李杜初逢（上）⋯⋯⋯⋯⋯⋯⋯⋯⋯141
　　二　李杜初逢（下）⋯⋯⋯⋯⋯⋯⋯⋯⋯146
　　三　南下吴越⋯⋯⋯⋯⋯⋯⋯⋯⋯⋯⋯⋯150
　　四　怒飞鸣镝⋯⋯⋯⋯⋯⋯⋯⋯⋯⋯⋯⋯156
　　五　《古风》二首之苦心⋯⋯⋯⋯⋯⋯⋯163

第七章 燕山雪花大如席，片片飞落轩辕台

——幽州之行·················167

一 树欲静，风不止·············167

二 幽州危机（上）·············170

三 幽州危机（下）·············176

四 且探虎穴向沙漠·············180

五 有长鲸白齿若雪山···········186

六 幽州之行余波···············190

第八章 良宝终见弃，徒劳三献君

——三入长安·················194

一 长乐坡前逢杜甫（上）·······194

二 长乐坡前逢杜甫（下）·······204

三 献策无门···················210

四 改寄希望于哥舒·············215

五 去去复去去·················220

六 《远别离》别解·············225

第九章 白发三千丈，缘愁似个长

——遁迹宣城·················230

一 心潮逐浪《横江词》·········230

二　举杯消愁"登楼歌"…………………236
　　三　一去不返崔成甫…………………239
　　四　一别永诀元丹丘…………………243
　　五　山崖水畔，心怀冰炭……………247
　　六　犹寄希望于万一…………………252

第十章　黄河西来决昆仑
　　——安史乱作…………………………258
　　一　奔亡道中…………………………258
　　二　"避地剡中"真相…………………265
　　三　盛唐挽歌"词二首"………………272

第十一章　鱼龙陷人，成此祸胎
　　——"从璘"冤案………………………282
　　一　天有二日，政出两歧……………282
　　二　别内、赴征、入幕………………286
　　三　入狱、流放、遇赦………………289
　　四　《永王东巡歌》中之讽喻与谲谏……299
　　五　世人皆欲杀，吾意独怜才………307

第十二章　我本楚狂人，凤歌笑孔丘

── 中兴梦碎 ……………………………… 315

一　春梦一场 ……………………………… 315

二　划却君山好 …………………………… 321

三　独茕茕而南征 ………………………… 324

四　捶碎黄鹤楼 …………………………… 328

五　《庐山谣》休作好景看 ……………… 331

六　垂老别 ………………………………… 334

第十三章　千秋万岁名，寂寞身后事

── 沦落以终 ……………………………… 340

一　群贼火并，二帝同崩 ………………… 340

二　暮年从军，半道病还 ………………… 343

三　李阳冰之高情厚谊 …………………… 347

四　菊花何太苦，遭此两重阳 …………… 352

五　卒葬考异 ……………………………… 357

六　《临终歌》…………………………… 365

尾声 ……………………………………………… 371

李白行踪古今地名对照表 …………………… 377

从《李白传》到《李太白别传》

| 薛天纬

《李白传》和《李太白别传》（以下简称《别传》）的作者安旗（1925—2019），是当代著名李白研究专家。她是成都人，成都学术圈称她为"蜀中第一才女"。她的人生经历颇富传奇色彩。四岁半发蒙入私塾，熟读了"四书"等典籍，十岁即能背诵《诗经》。凭借父亲开书铺的有利条件，她自学阅读的范围十分广泛，古今中外，杂学旁收，既开拓了眼界，也打下了"国学"基础。1944年至1946年，她在邮局工作的同时，考取了四川大学英语专业，半工半读，在此期间加入了中共外围组织"民主青年协会"。1946年夏，她投身八路军重庆办事处组织的一支60多人的队伍，奔赴延安，是这支队伍中唯一的女性。她担任过延安中学语文教师，又参加了"保卫延安"三大战役，作为"彭大将军麾下一小兵"，经历了血与火的考验，于1948年入党。在延安，安旗与时为新华社前线记者的诗人戈壁舟结为伉俪。建国之

初的1952年，二十八岁的安旗担任了陕西省委宣传部文艺处处长。和平年代，她萌生了"成名成家的梦"，主动要求调到西安作家协会，开始了文学评论生涯。此后数年间，她相继出版了《论抒人民之情》《论诗与民歌》《论叙事诗》等著作，一时声名鹊起，成为著名诗歌评论家。50年代后期，她调回成都，在四川省文联担任领导职务，并继续文学评论的写作。

安旗的文学评论并不限于新诗，她从容跨界中国古典诗歌研究领域，先后发表过《论中国古代叙事诗的特点》《天然妙相"董西厢"》等论文。尤其值得一提的是，1962年适逢"世界文化名人"杜甫诞生1250周年，国内外掀起一场"杜甫热"，安旗撰写了《"沉郁顿挫"试解》一文，始刊于1962年6月号《四川文学》，次年又收入中华书局编辑出版的《杜甫研究论文集》（三辑），在学术界产生了重要影响。文章认为："杜甫早年的'沉郁顿挫'可以四字释之，这就是'以学力胜'。中年以后的'沉郁顿挫'可以八字释之，这就是'忧愤深广，波澜老成'。"时至今日，唐诗学界仍将"忧愤深广，波澜老成"八字视为对杜诗"沉郁顿挫"风格的经典诠释。

1966—1976这十年，安旗只能搁笔。这段苦难岁月过后，安旗在一首题为《我欲拔剑击地歌一曲》的歌行体长诗中写道："难忘十年风雨夕，但将十年风雨染作笺上之云烟；难忘十年坎坷路，但将十年坎坷化为笔底之波澜！"当她于20世纪70年代末重新操笔的时候，她的研究目标转向了李白。1977年，她在通读了清人王琦注《李太白全集》后，确定李白为研究对象，并坚信"三年五年当必有所收获，十年八年或可自成一家"。此期她曾前往李白故里江油实地考察，访得宋本《李太白文集》失载的《别匡山》诗。

1979年夏，安旗调至西北大学，接替卧病的著名古典文学专家傅庚生先生，担任上年入学包括笔者在内的四名中国古代文学专业研究生的导师。当时，她正在撰写第一部李白研究著作《李白纵横探》。此书成于1980年春夏之际，1981年2月由陕西人民出版社出版。其"上编"即"纵"的部分，写李白生平，已具备诗人传记的雏形。书的笔法和语言像优美的散文诗，学术含量却很高，最重要的一点是，在吸收及融汇稗山、郭沫若、郁贤皓等人研究成果的基础上，对"李白第一次入长安"予以完整描述，从而为"两入长安"说的确立做出了自己的贡献。《别匡山》诗也在书中首次公开披露，后来被陈尚君《全唐诗补编》收录。傅璇琮、罗宗强主编的《唐代文学研究论著集成》评价《李白纵横探》，认为当80年代古典文学研究"解禁"之初，这是一本"有新见解、新特色的好书"。

80年代初期及中期，安旗连续出版《李白年谱》（与研究生薛天纬合著）、《李白诗新笺》、《李白研究》等著作，又在《光明日报·文学遗产》复刊第一期发表论文《简论李白和他的诗》，由此站在了李白研究的前沿。她曾到李白终老之地安徽马鞍山，以及天姥山所在地浙江新昌、李白寓家之地山东兖州等地考察李白游踪，不但在学术上有诸多收获，而且在感情上与李白产生了强烈的共鸣，要做李白之"异代知己"。下面这首1985年5月写在天姥山下尚未公开发表的诗，正是她内心激情的抒写：

沃洲湖上远眺

沃洲山影婷婷，沃洲湖水莹莹。
涤我凡尘净，染我华发青。
如梦如醉游半日，不知身在蓬莱第几层。
天姥更在叠嶂外，时隐时现倍有情；
似念我远自西秦来东越，似酬我魂牵梦萦天姥十年零。
清风拂耳际，恍闻天姥声：
待尔明日赴天台，谢公道上会相迎，
迎尔太白异代知己人！

正是在这一时期，安旗写成了《李白传》（文化艺术出版社，1984年版）。《李白传》的《初版前言》写道："这是一部文学性传记，而不是学术性传记。但其中李白的生平大事都有所本，与李白有关的人物也多系真人。不过，某些情节和细节则不一定实有其事，也就是说运用了文学虚构。我所理解的文学虚构，不是任意编造，而是合理想象。我赖以展开想象的基础，仍然是将近十年来所作的调查研究。"在学术研究的基础上，加以合理想象及文学虚构，这是安旗写作《李白传》秉持的原则。作为"太白异代知己人"，安旗使学术研究认知的李白在《李白传》中活了起来，"如见其影，如闻其声"，有血有肉，使千年之下的读者能更真切地感知李白，李白也更走近了读者。比如，写青年李白出蜀后在扬州的一段生活：

> 李白又是"十谒朱门九不开"，仍然只好乐享太平。每日里，不是登高览胜，就是临水逐春；不是东城斗鸡，就是西郊走马；不是开琼筵以坐花，就是飞羽觞而醉月。品茗高谈，时吐粲花之论；当筵赋诗，每多七步之章。酒酣击剑，无非逞倜傥意气；诗成作歌，总是抒风流情怀。闷来时，又不免且呼五白，暂行六博，不计输赢，只图快意。想那古代豪杰，家无石储，犹自一掷千金；大唐士庶，盛世多暇，谁不借此行乐？

这段描写用了骈文笔法，铺张表现李白干谒不成后放荡不羁的快意生活。比较熟悉李白作品的人，一眼就能看出其中化用的李白诗文句子，这些句子并非安旗杜撰，而是其来有自。

接下来写道：

一天夜里,李白从梦中醒来,看见地下好像洒满了繁霜,再一看原来是明月当空,月光一直照到床前。"啊,大概是中秋了。我离家已经两年了。"李白顿时睡意全无,乡思骤涌。他越看那月亮,越感到亲切:它好像是峨眉山月特地赶到这东海之滨来看他,又好像是蜀中亲人的眼睛在向他注视。他越看那月亮,也越感到惭愧:这两年来,做了些什么呢?繁华的金陵和扬州使他只落得两手空空。……李白想着想着便低下头来,不觉流下两行清泪,口占五绝一首:

床前明月光,疑是地上霜。

举头望明月,低头思故乡。

家喻户晓、妇孺皆知的《静夜思》,原来是这样写成的!《李白传》的读者或默许赞同,或不同意而产生自己的联想,其实都不妨碍《静夜思》蕴含的永久的魅力。

1984年秋冬之际,安旗启动了一项李白研究的创新性大工程,她主持的"李白全集编年注释"四人编写组(参加者有笔者及阎琦、房日晰)开始投入紧张工作。编写组的工作历经5个寒暑,于1989年夏完成130万字的书稿。1990年12月,《李白全集编年注释》由巴蜀书社出版,这是安旗在李白研究领域的标志性成果,1993年获全国古籍整理图书一等奖。2015年逢安旗先生九十华诞,《李白全集编年注释》转由中华书局出版,列入"中国古典文学基本丛书",易名《李白全集编年笺注》。

《李白全集编年注释》中一个重要的学术观点,是肯定了李白"三入长安"之说。"三入长安",是指天宝十二载(753)李白在北上幽州"探虎穴"后,怀着对大唐王朝命运的深切忧虑,欲将幽州危急形势向朝廷进言的干政行动,即其诗句所说"欲献济时策"。可以作为"三入长安"直接佐证的,是《述德兼陈情上哥舒大夫》及《走笔赠独孤驸马》这两首作于长安的赠人之诗,《李白全集编年注释》对之进行了必要的考证,同时将多首《古风》及乐府名篇《远别离》也判为此期的作品,认为"君失臣兮龙为鱼,权归臣兮鼠变虎"二句,直指天宝后期朝廷大权旁落,奸佞坐大的形势。

《李白全集编年注释》问世后,安旗以之为依据对《李白传》进行了修订,修订后的新版由三秦出版社于1994年出版。《新版前言》共列出7处改动,"最重要的一处增订"是"三入长安"。天宝十二载杜甫正在长安,《李白传》写到李白"三入长安","径直来到城南的杜甫家中":

> 李、杜二人在阔别十年后相见,又惊又喜,又喜又悲。匆匆叙过寒温,谈话便转向当前的朝政。果然不出李白所料,杜甫心中也充满了同样的倾危感,并拿出他去年十月《登慈恩寺塔》一诗:"高标跨苍穹,烈风无时休。自非旷士怀,登兹翻百忧。……"当李白读到"秦山忽破碎,泾渭不可求。俯

视但一气，焉能辨皇州？……"便在书案上重重一拍，说道："我此行正是为保秦山，安皇州而来。"即将他意欲陈献济时策之事和盘托出，和杜甫促膝密谈直到半夜。两人一致感到此事非得朝中有力之人鼎助不可，否则连奏疏都呈递不上去。

接下来，就写李、杜二人一起谋划如何去见哥舒翰。

《李白传》写李白"三入长安"期间见到杜甫，是凭借合情合理的文学想象，等到十年后写成《李太白别传》，李杜在长安重逢就成了学术研究的新成果。

《李白全集编年注释》问世后，安旗说"深感此事远未能毕其功于一役"，于是她不停歇地做起了修订工作。她说："修订之事，如扫落叶，如拂尘案。我日日扫地拂尘，又是几度春秋。"在此期间，三秦出版社于1998年、2001年先后出版了安旗的新著《我读李太白》《李白诗秘要》，这表明其研究工作在不断深入。《李白全集编年注释》也于2000年出了修订版。这一时期，她不顾脑梗塞兼青光眼加之严重失眠的病患，抱着"一搏为快"的决心，于2003年写成了20余万字的《李太白别传》，2004年5月由人民文学出版社出版。就在这本新著出版不久后的2004年秋，安旗青光眼突然发作，一度失明，经紧急手术，才保住了微弱视力。安旗尝自谓"我以双目奉青莲"，这绝不仅仅是一句抒情的话，而是她把全部精力乃至生命奉献给李白研究的真实写照。

《李白传》与《别传》可视为姊妹篇。两者的共同点是都按照李白生平经历设立章节，完整呈现诗人的一生。两者的区别在于，与《李白传》之文学性不同，《别传》是一部学术性传记。文学性与学术性互补，使李白其人其诗得到真实而生动的展现。

《别传》的学术性，具体说来，就是用李白的代表性诗作构成每一章节的内容，或者说是用李白的诗来呈现他的生平经历。书中所引诗篇，都有原文，而且有注释性解说，这是传记写法的创新。书中最引人瞩目的，是《戏赠杜甫》一诗。

安旗的李白研究有一个显著特点，即在潜研文献与诗歌文本的同时，特别重视田野考察。她曾到终南山下寻找"玉真公主别馆"遗址，并有所获。1985年，她亲往山东济宁、兖州，考察李白寓家东鲁的"沙丘城"，同时查阅地方文献，当年6月撰成《李白东鲁寓家地考》一文，提出"沙丘"即今兖州的说法。十年后的1994年8月，中国李白研究会在兖州召开第四次年会，会上披露了一个消息：1993年，兖州城东南的泗河内出土北齐刻石一块，其上有"沙丘东城"字样，据此可以判定沙丘即兖州，安旗当年的考证遂得到出土文物的证实。修订《李白全集编年注释》期间，为了解决《戏赠杜甫》一诗中"长乐坡前"与"饭颗山头"的异文问题，安旗以七十五岁高龄，多次到西安东郊踏勘长乐坡遗址，得出了"所谓'饭颗山'者，实即其上有太仓之长乐坡也"这一令人信服的结论，并为李白"三入长安"找到了一条有力证据《别传》之第八章"良宝终见弃,徒劳三献君——三入长安",其第一、二节为"长乐坡前逢杜甫",详细考证并分析解读了《戏赠杜甫》这首宋本李白集失载的诗,诗云:

> 饭颗山头逢杜甫,头戴笠子日卓午。借问别来太瘦生?总为从前作诗苦。

此诗首见于唐代孟启《本事诗》,原无题。次见于五代人王定保《唐摭言》。清人王琦注《李太白全集》,编入《诗文拾遗》,题为《戏赠杜甫》。首句"饭颗山头",《唐摭言》作"长乐坡前"。《别传》即从"长乐坡"切入,展开考证,兹简述如下:

据《元和郡县志》,"长乐坡,在(京兆府万年县)东十二里,即浐川之西岸"。据《唐两京城坊考》,长乐坡之南头在长安城通化门外,北头在禁苑之光泰门外,南北约长十里许。北头当光泰门外处地势最高。长乐坡下有广运潭,天宝二年(743)陕郡太守韦坚所开,见载于两《唐书·韦坚传》。广运潭为漕运船只停泊之所,亦即漕运之终点,"漕运而来数以巨万石计之租米必当就近入仓。米仓所在,既须近水便于卸载,又须地势高亢以免水患(沿河大仓莫不如此),其地实非长乐坡莫属"。"光泰门外适有米仓村。见于《唐两京城坊考》之《西京三苑图》。""米仓而成村当是太仓。"《旧唐书·敬宗纪》有"太仓广运潭"之说,"此太仓非即长乐坡上之米仓村而何？"

安旗在《别传》中记述了来到西安东郊长乐路，实地考察广运潭遗址的情况："广运潭今已涸，但尚有遗迹可寻。自长乐东路北侧一小径，傍残坡北行四五里，至东十里铺村，隔西临（西安至临潼）公路、陇海铁路，与米家崖村相望。两村之间，紧靠浐河西岸，有一方圆数百亩之低洼地带，虽已成为庄稼地，但犹低于公路数公尺，低于铁路更甚，列车从米家崖南沿驶过时如在空际。此低洼地带即经过千年泥沙沉积之潭底也。"得出的结论是："所谓'饭颗山'者，实即其上有太仓之长乐坡也。太仓之米，千斯仓，万斯箱，炊而为饭，长乐坡岂非饭颗山乎？故知'饭颗山头逢杜甫'亦即'长乐坡前逢杜甫'，二而一也。"

考实了长乐坡，就可以推定《戏赠杜甫》诗是李白在长乐坡前与杜甫重逢时作，作于天宝十二载（753）李白"三入长安"时。

以上简述，足以体现《别传》之学术性，亦足见出安旗写作《别传》之苦心孤诣。安旗在《治学纪略》中写到她在长乐坡前考察成功时的体会，说："如醉如狂，弗能自禁。治学之乐有如斯者乎？"在《长乐坡前逢杜甫》一文（载《李白诗秘要》）中又写道："探索未已，感慨转深。恨不能起闻一多先生于地下，请他用诗人之笔为李、杜重逢再一次大书而特书。前一次初逢用的是金墨，这一次重逢应该用朱砂，赤红如血的朱砂，像他们在长乐坡前生离死别的眼泪。"这段诗一般的充满感情的文字，令人读之不禁动容。

　　2015年10月中华书局出版的《李白全集编年笺注》，采纳了安旗关于《戏赠杜甫》一诗的考证成果。当时安旗师已卧病数年，不能亲力其事，故而由我捉刀。我在《第三版后记》中有如下说明："本书中《戏赠杜甫》一诗之编年与注释必得据安旗先生新说改过，盖以先生为这首小诗所费心力最巨，所获亦足为此期研究成果之代表故也。"

　　附记一笔：近年我在阅读与研究中，发现宋人苏轼、黄庭坚、陆游、辛弃疾、范成大等都在诗作中使用了出自李白的"饭颗山"这一语典，仅陆游诗中就用了4次。《全宋诗》（北京大学出版社1995年版）中包含了"饭颗山"一词的诗有39首之多。这一事实足以证明，在宋代诗人心目中，李白《戏赠杜甫》诗的文献真实性是毋庸置疑的。因此我撰写了《李杜重逢饭颗山——关于李白"三入长安"的再讨论》一文，刊于《唐代文学研究》第二十一辑（社会科学文献出版社2022年版）。此外，欧阳修《六一诗话》也曾论及李白《戏赠杜甫》诗之"太瘦生"语意，已见《李白全集编年笺注》。有欧阳修、苏轼、黄庭坚、陆游、辛弃疾这些"文豪"级的宋代作家为李白站台，我们有充足理由将《戏赠杜甫》诗补入李白文集而弥补宋敏求编纂《李太白文集》之失。

2023年11月9日晚于京东八里桥畔

凡 例

一、本书为学术性传记。其所以取名"别传"者，盖欲有别于两《唐书》本传及《唐才子传》等（皆太简略，所传仅及李白事迹千分之一二）；亦有别于笔者早年所撰之《李白传》（文学小传而已，仅及白事迹、思想之门庭，远未能窥其堂奥）。

二、本书按年代先后分为十三章，每章介绍李白生平之一段，或三年五年，或十年八年不等。每章之下分数节，每节或介绍生平二三事，或介绍作品若干首，或兼而有之。重要代表作以专节介绍之。

三、本书所引李白作品，文字以清王琦校注《李太白文集》乾隆刊本为准，其他版本择善而从，特别重要之异文始予录出，并加以论证。

四、本书所引李白诗文，重要者录全文并加串讲、笺评，生僻难解之典故，在串讲中为之带出。凡此，熟悉李白诗文者忽而不读可也。次要者录全文，略作诠释，一般诗文仅引题目，点明旨要。

五、李集中之组诗，如《古风五十九首》，本非一时所作。本书在引用时，皆按作年先后，以"其一""其二"示之，后加括号引其首句以醒其目。

六、在述及李白事迹时，一般皆先出示当时年代，其后括号内注以公元纪年，并标明李白年龄。若未标明年龄，读者可从公元纪年后两位数得知，如开元三年（715），李白十五岁。

七、在述及李白行踪时，一般首先出示唐代地名。开元时期与天宝时期同时标出，如"徐州（彭城郡）"，即开元时期为徐州，天宝时期为彭城郡；其后尽可能出示今地名。书末附有与李白行踪有关的《古今地名对照表》，以备查阅。

八、本书中每称"拙编"者，为本书作者忝任主编，并与薛天纬、阎琦、房日晰共同编撰之《李白全集编年注释》。本书写作时，多有所赖。唯《全集》出版甚早，而作者近年研究颇有心得，不少见解与《全集》不完全一致，如幽州之行、三入长安、李杜重逢等，尤其在"从璘"冤案上，则多出以己意。

九、当代诸家，导夫先路，本书不时择善而从。但在引用时，为求文字简洁，未能标出大名及大著全称，而仅用简称。如詹锳先生主编之《李白全集校注汇释集评》，简称"詹本"或"詹云"；瞿蜕园、朱金城先生编著之《李白集校注》，简称"瞿、朱本"或

"瞿、朱云";郁贤皓先生编著之《李白丛考》《李白选集》,简称"郁考""郁选"等。谨致谢忱,恕不一一。

引 言

《诗》云:"靡不有初,鲜克有终。"有史以来,大小朝代数以百计,罕能超脱此一怪圈。

毋庸从头细说,单表至今犹令人艳羡不已之盛唐,真可谓如锦似绣,美奂美轮。但自历史长河视之,竟似昙花一现。虽似昙花一现,毕竟将近半个世纪,约当唐玄宗(685—762)及其子肃宗(711—762)之一生,也约当李白之一世(701—763)。因此,若不知玄宗及肃宗朝之兴衰治乱,亦难以确知李白其人及其诗。

玄宗,讳隆基①,唐高宗(李治)与武后(则天)之嫡孙也,垂拱元年(685)秋八月生于东都洛阳。性英武,善骑射,又多才艺,尤知音律,擅八分,其手书之《纪泰山铭》《凉国长公主碑》堪称唐隶之冠。且仪容不凡,有非常之表。九岁即封临淄郡王,

---

① 玄宗死后谥号为大圣大明孝皇帝,故唐人诗文中多称之为明皇。

其祖母特加宠异之。

长安元年（701）正月，一度改元大足。四年冬则天寝疾，次年正月疾甚。宰相张柬之等人率左右羽林军发动宫廷政变，徙则天于上阳宫。拥太子李显复位，是为中宗，改元神龙。十一月，太后崩，谥为则天大圣皇后，祔葬于高宗乾陵。

中宗，讳显，为高宗与武后之子，昏庸无能，即位不数年，为其后韦氏谋杀，韦氏临朝称制。

临淄郡王隆基举兵平定韦氏之乱，进位平王，拥立其父相王旦（显之弟）即帝位，是为睿宗。平王隆基立为太子。

越二年，睿宗即禅位于太子，是为玄宗，时年二十八岁。次年改元开元（713）。太平公主（武后之女，睿宗之妹）谋逆有日。秋七月，事迫，玄宗先定北军，后收逆党，又一举而平定之。

宫廷内乱廓清后，玄宗立即改弦更张，励精图治。首先任用贤能为辅弼之臣，姚崇导夫先路。

《新唐书·姚崇传》："先天二年（亦即开元元年），玄宗讲武新丰。故事，天子行幸，牧守在三百里者，得诣行在。时帝亦密召崇，崇至，帝方猎渭滨，即召见，帝曰：'公知猎乎？'对曰：'少所习也……老而犹能。'帝悦，与俱驰逐，缓速如旨，帝欢甚。既罢，乃咨天下事，衮衮不知倦。帝曰：'卿宜遂相朕。'崇知帝大度，锐于治，乃先设事以坚帝意，即阳不谢，帝怪之。崇因跪奏：'臣愿以十事闻，陛下度不可行，臣敢辞。'帝曰：'试为朕言之。'崇曰：'垂拱以来，以峻法绳下；臣愿政先仁恕，可乎？朝廷覆师青海，未有牵复之悔；臣愿不倖边功，可乎？比来壬佞冒触宪网，皆得以宠自解；臣愿法行自近，可乎？后氏临朝，喉舌之任出阉人之口；臣愿宦竖不与政，可乎？戚里贡献以自媚于上，公卿方镇寖亦为之；臣愿租赋外一绝之，可乎？外戚贵主更相用事，班序荒杂；臣请戚属不任台省，可乎？先朝褻狎大臣，亏君臣之严；臣愿陛下接之以礼，可乎？燕钦融、韦月将以忠被罪，自是诤臣沮折；臣愿群臣皆得批逆鳞，犯忌讳，可乎？武后造福先寺，上皇造金仙、玉真二观，费巨百万；臣请绝道佛营造，可乎？汉以禄、莽、阎、梁乱天下，国家为甚；臣愿推此鉴戒为万代法，可乎？'帝曰：'朕能行之。'崇乃顿首谢。翌日，拜兵部尚书、同中书门下三品①。……"

除姚崇外，先后又任用卢怀慎、张说、宋璟、苏颋、韩休、张九龄等人为相。虽金无足赤，各有长短，但皆不愧为朝廷柱石，而玄宗亦倚重之。

开元二年（714）七月，玄宗又焚锦绣珠宝于殿前，使天下风闻，知天子之决心。于是昌言嘉谟，日闻于献纳；长辔远驭，志在于升平。贞观之治，一朝复兴；朝野上下，随风而靡。于是不

---

① 唐侍中、中书令是真宰相。其余以他官参掌者，无定员，但加同中书门下三品及平章事、知政事等名义者，并为宰相。

十年而成效见，越十年而告成功于天地。开元十二年（724），群臣屡上表请封禅，诏以次年有事于泰山。

开元十三年（725）十月辛酉，玄宗车驾发东都，百官、贵戚、四夷酋长从行。十一月庚寅，玄宗祀昊天上帝于山上，群臣礼五帝万神于山下。既燔且燎，火发，群臣称万岁，烟冲九霄，声震大地。诚当时之盛典也。

次年，玄宗又既撰且书《纪泰山铭》丰碑一通。文约千言，字大如掌，摩崖勒石于泰山之巅，高约三丈，宽约半之。相形之下，人小如寸。高山仰止，色动神飞。铭字有若鸾凤翱翔于烟云之表，碑碣之壮丽未有及者。其序文之末有句云："'有唐氏文武之曾孙隆基，诞锡新命，缵戎旧业，永保天禄，子孙其承之。……'朕维宝行三德：曰慈、俭、谦。百世其勿忘。……"相形之下，秦皇之《泰山刻石》亦瞠乎其后矣。

四十年后，杜甫回首开元，有《忆昔》诗云："忆昔开元全盛日，小邑犹藏万家室。稻米流脂粟米白，公私仓廪俱丰实。九州道路无豺虎，远行不劳吉日出。齐纨鲁缟车班班，男耕女桑不相失。……"

开元之治，不愧盛世，人谁不称，吾无间然。

讵料世事竟有大谬不然者。《纪泰山铭》凿痕尚新，君心遂怠矣，帝意遂侈矣，三德遂亏矣。

不数年，开元栋梁次第殂落矣。虽以韩休、张九龄为相，甚允时望，然皆未能久用。

又不数年，颇事边功矣。西北河陇诸军拓地千余里，玄宗闻之大悦。东北屡次兴兵讨伐奚与契丹，竟欲以幽州节度使张守珪为相，张九龄谏阻之。

开元二十四年（736），终黜贤相张九龄而任佞臣李林甫矣。林甫欲蔽塞人主视听，自专大权，召诸谏官谓曰："今明主在上，群臣将顺之不暇，乌用多言！诸君不见立仗马乎？食三品料，一鸣辄斥去，悔之何及！"自是朝廷之士皆容身保位，无复直言。

开元以来，求贤、求士、求才之诏屡颁，亦渐次沦为虚文矣。

迨至开元之末，杨玉环入宫矣，"从此君王不早朝"矣。而开元二十三年（735）十二月二十四日《册寿王杨妃文》墨迹尚新①，言犹在耳："今遣使户部尚书同中书门下李林甫……持节册尔为寿王妃。尔其弘宣妇道，无忘姆训，率由孝敬，永固家邦，可不慎欤！"（《唐大诏令集》卷四十）

迨至天宝，安禄山崛起矣。元年（742），擢为平卢节度使；二年，入朝，加骠骑大将军；三载，任范阳节度使。由是升赏有加，扶摇直上，李林甫与有力焉。

入天宝后，李林甫欲尽除不附己者，遂屡兴大狱，诛逐忠良，重用酷吏，滥杀无辜，以致积尸大理，系囚溢狱。天宝六载（747），

---

① 寿王，玄宗第十八子，玄宗宠妃武惠妃所生。

以细故杀天下名士——北海太守李邕；天宝八载（749），以是为非，毁塞上长城——四镇节度使王忠嗣。使天下之人侧目而视，重足而立。直至天宝十一载（752）林甫死，冤案犹未尽平。

玄宗以国用丰富，视金帛如粪土，赏赐滥行，尤以诸杨姊妹兄弟，无有限极。待安禄山亦同，天宝九载（750），赐安禄山东平郡王。唐将帅封王自此始。十载（751），命有司为禄山治第于亲仁坊，敕令但穷壮丽，不限财力。禄山生日，帝及妃皆赏赐甚厚，后三日，又另赐贵妃洗儿钱。自是禄山出入宫掖不禁，后竟通宵不出，颇有丑声闻于外。胡三省注曰："观明皇所以待禄山者，昏庸之主所不为，殆天夺之魄也。"（《资治通鉴·唐纪》卷三十二）

李林甫死后，杨国忠以椒房之亲（贵妃从祖兄）继为相，始则假意收买人心，终则变本加厉，倒行逆施。直至天宝十四载（755）"渔阳鼙鼓动地来，惊破霓裳羽衣曲"。大乱八年，几致倾覆。

杜甫《忆昔》诗续云："岂闻一绢值万钱，有田种谷今流血。洛阳宫殿焚烧尽，宗庙新除狐兔穴。伤心不忍问耆旧，复恐初从乱离说。……"若从头细说，其悲惨有千百倍于此者。

《旧唐书·玄宗本纪》史臣曰："开元之初，贤臣当国，四门俱穆，百度唯贞，而释、老之流，颇以无为请见。……虽稍移于勤倦，亦未至于怠荒。俄而朝野怨咨，政刑纰缪，何哉？用人之失也。自天宝已还，小人道长。……以百口百心之谗谄，蔽两目两耳之聪明，苟非铁肠石心，安得不惑！而献可替否，靡闻姚、宋之言；妒贤害功，但有甫、忠之奏。豪猾因兹而睥睨，明哲于是乎卷怀，故禄山之徒，得行其伪。厉阶之作，匪降自天，谋之不臧，前功并弃，惜哉！"

何以如此？何以开元之英主，曾几何时，即走向其反面，终至于蜕变为昏君？归根结底，即因其为封建帝王。任何封建帝王之励精图治，虽亦念及国家与人民，然实为巩固其自身之统治。统治既已巩固，谁能始终朝乾夕惕，宵衣旰食？谁能始终以国家与人民为重，而不思有以自放者乎？侈心一开，遂不知伊于胡底。

而身受治世恩惠之众庶，不过初免饥寒，仍须日出而作，以求温饱。士为"四民"（士农工商）之首，得风气之先，在开元之治阳光雨露之中有若草木之欣欣向荣。自以为家藏荆山之玉，人握灵蛇之珠。值此千载难逢之盛世，谁不想有以奉献？志高者，意欲致君尧舜之上；趣低者，也图个一官半职。其奋发上进之心，正未有已也。

由此观之，开元之治，朝野上下，始则同床，终则异梦。李白与玄宗之间，亦初似肝胆，终成胡越。

李白虽然自言为凉武昭王之后，但无任何实据；虽然热衷于功名富贵，但灵均耿介，叔夜心高，亦有所不为。虽然一度平步青云，曾为翰林待诏，却是黄粱一梦。李白终其一生只是一介布衣。而他"五岁诵六甲，十岁观百家"，匡山苦读，前后十年，轩辕以来，颇得而闻。辞亲去国以后，更是行万里路，读万卷书，游踪遍天下，读书台亦遍天下。以其天纵之资而又博览群书，自然使其心志远出于时人之上。尤堪注意者，其所追慕之先圣先贤，多是为国为民立德、立功、立言之人物，诸如倡言仁政之孔孟，傲视权贵之老庄，鞠躬尽瘁、死而后已之诸葛，不出则已、出则安天下之谢安……时时在他心中，出其笔下；战国时期之高士，为世排大难，解大纷，而义不受赏之鲁仲连，更是他丹心无间然之人物。总而言之，中国伟大文化传统中之精华，民本思想与仁政思想，铸造成李白之灵魂，因而使其具有富贵不能淫、贫贱不能移、威武不能屈之人格。三年待诏翰林生活之全节而去，即是证明。当时，正是跻身"天人"之际，成为"达者"之时，中书舍人已是唾手可得，再攀往高处亦属可能。只须勤于侍奉帝妃，随时准备应制，做到天子呼来即上船，休去长安市上酒家眠。若能再与李林甫、高力士、张垍辈，稍事虚与委蛇，李白满可以继续在宫廷中混下去。偏他秉性难改，傲骨已成，竟然未及半年即心生厌倦。咏歌之际，屡称东山。甚至写出如此放肆之诗句："乍向草中耿介死，不求黄金笼下生。""安能摧眉折腰事权贵，使我不得开心颜！"龙首原上，含元殿前，"苑路高高驿路低"，李白终于从高高苑路上走下来，走下驿路，走向江湖，走向人民。虽然，他后来思想上亦有反复，但毕竟仍属"四民"。

在去朝十年中，流落江湖，阅历益富，民情更亲，而朝廷继续倒行逆施，使民病民瘼，如水益深，如火益热。李白亦因之忧愤深广，怒飞鸣镝，直指昏君与奸臣。尤以幽州危机之严重，李白遂挺剑而起，探虎穴，入龙潭，欲挽狂澜于既倒，终于无力回天，而同罹浩劫。

在八年浩劫中，李白不甘心于奔亡避地，仍欲一展救国救民之志，而又陷入玄宗、肃宗、永王——父子兄弟争权夺位之深潭中，几遭灭顶之灾。

安史乱平，户部上奏户口之数，全国仅存三分之一而犹不足。诚如李白在诗中作狮子吼："白骨成丘山，苍生竟何罪？"意谓罪在朝廷，唐玄宗自然是罪魁祸首。但后世并未以桀纣目之，批判之际，不为已甚，何也？盖首因其前期有功于国，有惠于民；次因其奔蜀以后，屡有悔祸之意，罪己之心（见《玄宗幸普安郡制》①及《遗诰》等）；再则其暮年竟遭南内西宫之囚，其死亦甚为

◆ ◆ ◆ ◆ ◆ ◆ ◆ ◆ ◆

① 《玄宗幸普安郡制》，即玄宗奔蜀途中在剑州（普安郡）采纳房琯奏议，命诸子分总天下节制所颁之"制置"（见两《唐书·房琯传》）。其中前半部分有罪己之语云："尔来在位，垂五十年。……愧无帝尧之圣德，而有奇鲧之不明。致令贼臣，内外为患。蔽朕耳目，远朕忠良。或窃弄威权，或厚敛重赋。蚁壤一漏，成此滔天。构逆召戎，驰突中夏。倾覆我河洛，扰乱我崤函。使衣冠奔窜于草莽，黎庶狼狈于锋镝。伊朕薄德，不能宁定。厥祸海内，负兹苍生。是用罪己责躬，寤寐焚灼。上愧于天地，下愧于兆人，外愧乎四夷，内愧乎九族。乾惕若厉，思雪大耻。"（《唐大诏令集》卷三十六）

可疑，可能死于肃宗宠臣宦官李辅国之手，遂令人不忍深责而优容之。

肃宗为人，雄才大略远不及其父，而阴险则过之。其灵武自立之罪可原，而匿情以胁其父之恶不可恕；发动内战以灭其弟永王璘，其心亦太残忍矣。安史之乱长达八年，中原糜烂，不可收拾，后患无穷，迄于唐亡，肃宗不能辞其咎。《剑桥中国隋唐史》亦谓：肃宗急于收复两京以示其大勋而固其帝位，"是不是一个战略性错误？很可能是的"。宋史臣范祖禹批评肃宗使宦官监军，致有九节度使之溃云："举六十万之众而弃之，其不亡亦幸哉！"（《唐鉴》）肃宗亦自食其果，与其父同年同月而死，死于自己罪孽折磨之中。

作为个体生命固然皆有结束之时，但李白却以济苍生安社稷之宏愿，以其特有之政治敏感，先天下之忧而忧，甚至出生入死以赴国难，于是而成为当时社会盛衰转折之亲历者、见证人、预言家；于是而有惊天地泣鬼神之诗篇，如时代之神镜，如历史之警钟。遂使其人不死，其诗不朽。杜甫亦是如此。

韩愈云："李杜文章在，光焰万丈长。"信哉！

诗人，诗人，岂只是弄笔墨于几案，摘翰藻于素笺，调宫商于唇吻之人！

第一章
莫怪无心恋清境，已将书剑许明时
—— 蜀中生活及创作

一　名号不少，家世难明，生地未定

李白，字太白。李阳冰《草堂集序》云："惊姜之夕，长庚入梦，故生而名白，以太白字之。"

其名号不少，兹略述如下：

唐人平辈之间习称行第，太白行十二，故时人称之为李十二。如王昌龄有《巴陵送李十二》诗，杜甫有《寄李十二白二十韵》诗。

天宝初，秘书监贺知章与白相遇于长安紫极宫，既奇其姿，复赏其文，称之为"谪仙人"。见李阳冰《草堂集序》、魏颢《李翰林集序》。故世称"李谪仙"。

天宝初，曾奉诏入翰林院，时称"翰林待诏"或"翰林供奉"。

亦见以上诸序文。故世称"李翰林"或"李供奉"。

天宝中期，一度奉佛，曾自号"青莲居士"。见《答湖州迦叶司马问白是何人》诗。故世称"李青莲"。

代宗广德初，拜为左拾遗，时白已没。见范传正《唐左拾遗翰林学士李公新墓碑并序》（简称《李白新墓碑》）。故世亦有称其为"李拾遗"者。

其家世惝恍难明。王琦所撰《李太白年谱》云："据太白诗文自叙，系出陇西汉将军李广之后，于凉武昭王①为九世孙。当隋之末，其先世以事徙西域，隐易姓名，故唐初以来，漏于属籍。至武后时，子孙始还内地，于蜀之绵州彰明县内之青莲乡家焉。因逋其邑，遂以客为名，即太白父也。"此段介绍，虽有所本，但疑问亦多。有清一代，似无人注意及此。近世以来，始有异说，陈寅恪先生首开其端，胡怀琛、詹锳、俞平伯等人随继其后。新中国建立以来，亦不绝如缕。八十年代以后，异说尤多，层出不穷，迄今未已。

李白家世，出于李白本人所述而为当时亲友所记载，并流传至今者，主要有以下二《序》，兹摘其有关段落如下。

◆◆◆◆◆◆◆◆◆◆

① 凉武昭王，讳暠，字玄盛，系出李广之后。当东晋安帝之末（418），为群雄所奉，推为敦煌太守，遂启霸图，兵不血刃，坐据河西五郡，国号曰凉，在位十八年薨，谥曰凉武昭王。详见《晋书》卷八十七《李玄盛传》。

一、李阳冰《草堂集序》云：

> 李白，字太白，陇西成纪人，凉武昭王暠九世孙。蝉联珪组，世为显著。中叶非罪，谪居条支，易姓与名。然自穷蝉至舜，五世为庶，累世不大曜，亦可叹焉。神龙之始，逃归于蜀，复指李树而生伯阳。

阳冰，白之从叔，晚途知己。宝应元年（762）为当涂县令，白从军半道病还，往依之，枕上授简，托其为序。

二、范传正《唐左拾遗翰林学士李公新墓碑并序》云：

> 公名白，字太白，其先陇西成纪人。绝嗣之家，难求谱牒。公之孙女搜于箱箧中，得公之亡子伯禽手疏十数行。纸坏字缺，不能详备。约而计之，凉武昭王九代孙也。隋末多难，一房被窜于碎叶，流离散落，隐易姓名，故自国朝已来，漏于属籍。神龙初，潜还广汉，因侨为郡人。父客，以逋其邑，遂以客为名。高卧云林，不求禄仕。

传正其父范伦与李白为挚友。宪宗元和十二年（817），传正为宣、歙等州观察使，访白亲属于当涂，遵照白之遗愿改葬青山，并为其新墓碑作序铭。

李白家世，出于李白本人所述而见诸其诗文者，兹摘其有关段落如下。

《上安州裴长史书》云：

> 白本家金陵，世为右姓。遭沮渠蒙逊难，奔流咸秦，因官寓家，少长江汉。五岁诵六甲，十岁观百家。轩辕以来，颇得闻矣。

此书作于开元十八年（730），李白时年三十岁，赘于安州许氏，为故相许圉师孙婿。

《与韩荆州书》云：

> 白陇西布衣，流落楚汉。十五好剑术，遍干诸侯；三十成文章，历抵卿相。

此书作于开元二十二年（734），时李白三十四岁。韩荆州即韩朝宗，以荆州刺史兼山南东道采访使，白往谒之，并作此书以上之。

《赠张相镐二首》其二云：

> 本家陇西人，先为汉边将。功略盖天地，名飞青云上。

苦战竟不侯，当年颇惆怅。世传崆峒勇，气激金风壮。英烈遗厥孙，百代神犹王。

此诗作于至德二载（757）十月，时白因"从璘"事避难宿松。张镐，天宝末右拾遗，玄宗奔蜀，镐间道扈从。肃宗即位，玄宗遣之赴灵武，奏议多有弘益，旋拜相。

此外，李白家世亦见于《新唐书》本传，传云："李白，字太白，兴圣皇帝九世孙。其先隋末以罪徙西域，神龙初，遁还，客巴西。白之生，母梦长庚星，因以命之。"所谓"兴圣皇帝"即凉武昭王李暠（玄宗天宝二年追尊）。显系取材于李阳冰《草堂集序》与范传正《李白新墓碑》。《旧唐书》本传谓白为山东人，父为任城尉，因家焉。误。

以上记载，即李白家世之原始根据。因其讳莫如深，措辞含糊，互相矛盾，甚至不知所云，遂使后世欲探其究竟者，派生出种种说法。兹择其要者，略志如下：

一种认为：碎叶、条支在唐太宗平焉耆，高宗平贺鲁，隶属中国政治势力范围之后，始可成为窜谪罪人之地。若太白先人于杨隋末世即窜谪如斯之远地，断非当日情势所能有。其父之所以名客者，殆由西域之人其名字不通于华夏，因以胡客呼之。太白至中国后方改姓李，则其家之本为西域胡人，绝无疑义。见陈寅恪《李白氏族之疑问》一文，载1935年《清华学报》第十卷第一期。

一种认为：李白之家世或本商胡，入蜀之后，以多赀渐成豪族。见詹锳《李白家世考异》一文，载《李白诗论丛》一书，1957年作家出版社出版。

一种认为：李白先世是突厥化的中国人。见胡怀琛《李太白的国籍问题》一文，载1936年《逸经》第一期。

一种认为：李白先世是凉武昭王后裔李达摩后一代，即李渊从兄弟行。李白与唐帝王同出近祖。见麦朝枢《关于"李白的姓氏籍贯种族的问题"》，载《文学遗产》增刊第六辑。

一种认为：李白是汉人，但出生于中亚碎叶城。李白的父亲是从西域归来的富商。见郭沫若《李白与杜甫》一书，人民文学出版社1971年出版。

一种认为：李白是李建成之后，玄武门之变后，建成死难，其妃子将李白之先祖救出，在李渊保护下，逃往西域。见褚问鹃《李白身世的研究》一文（其文主要介绍台湾学者罗香林先生说法），载《台湾艺文志》。

以上每种说法皆有赞成者，亦有反对者，或兼而有之者，于是形成众说纷纭局面，迄今尚无定论。

窃以为，李阳冰、范传正等人记载以及李白本人诗文皆多有难解之处，正因其有难言之隐不欲人知，故吾人在李白家世问题上只能碗大汤宽，求大同而存小异，否则治丝益棼，恐有歧途亡羊之虞。

破解李白家世之谜并非研究李白之目的，而是用以达到知人论世之手段，或可为认识李白生平与创作之助，最后还须回到李白其人及其诗。

有能破解李白家世之谜，用以解决其生平行事真相及诗作真谛者，功莫大焉。

由于李白家世难明，其生年、生地亦皆有异说。生年有二说：一说生于武后圣历二年（699），宋薛仲邕《唐翰林李太白年谱》主之；一说生于武后长安元年亦即大足元年（701），王琦《李太白年谱》主之。今人多宗后说。生地亦有二说：一说生于蜀，一说生于西域。中亚碎叶说曾定于一尊，今则多宗前说，生于蜀中矣。但生蜀之说亦非定论，因李白诞生之年——长安元年（701）与其家归蜀之年——神龙元年（705）互相抵牾，似此，其家归蜀时，李白已五岁，说不可通。王琦因疑神龙为神功（697）之误。虽有可能，毕竟尚欠实据。

虽然李白出生地尚有争论，但以之为蜀人却属一致。其故里为唐代剑南道绵州（巴西郡）昌隆县（后避玄宗讳改为昌明县），亦无异议。昌明县，五代以后改为彰明县，今已并入四川江油县。彰明县旧有清廉乡，后改为青莲乡，相传李白旧宅在此，已废为僧房。见北宋时杨遂所撰《唐李先生彰明县旧宅碑》文。该碑石今已移至江油县城内李白纪念馆。

二　少作甚多，兼好剑术，又慕神仙

中宗神龙元年（705），李白五岁，发蒙读书。见其后所作《上安州裴长史书》："五岁诵六甲"。《汉书·食货志》："八岁入小学，学六甲五方书计之事。"六甲，即六十花甲，以天干地支相配而成，古代小学识字课。

睿宗景云元年（710），李白十岁，学习《诗》《书》及诸子百家。见《新唐书》本传："十岁通《诗》《书》"。亦见《上安州裴长史书》："十岁观百家"。其后所作《秋于敬亭送从侄耑游庐山序》云："余小时，大人令诵《子虚赋》，私心慕之。"当亦十岁前后事。

其所作诗文中屡称"十五"之年：如"十五观奇书，作赋凌相如"（《赠张相镐二首》）；"十五游神仙，仙游未曾歇"（《感兴八首》其五）；"十五好剑术，遍干诸侯"（《与韩荆州书》）。诸句中所谓"十五"当是指十五岁前后而言。由此可知，李白在十五岁前后已开始写作诗赋，学习武艺，并接受道教影响。

关于李白少作，《唐诗纪事》引杨天惠《彰明逸事》云："时太白齿方少，英气溢发，诸为诗文甚多，微类《宫中行乐词》体。今邑人所藏百篇，大抵皆格律也。虽颇体弱，然短羽褵褷，已有凤雏态。淳化中，县令杨遂（江南人）为之引，谓为少作是也。"王琦《李太白年谱》在引用上述文字后按云："疑《文苑英华》所载五律数首,或即是欤?"并以之入《李太白全集》卷三十诗文拾遗,计有《初月》《雨后望月》《对雨》《晓晴》及《望夫石》共五首。除《望夫石》外,诸诗均写故里风光,其特色确如杨天惠所云。杨天惠,东蜀人,北宋元符二年(1099)彰明县令,去唐未远,其《彰明逸事》又系访之邑人,当非无稽之谈。王琦深于李诗,以诸诗或属少作,大致可信。

兹录《初月》一首如下:

玉蟾离海上,白露湿花时。云畔风生爪,沙头水浸眉。乐哉弦管客,愁杀战征儿。因绝西园赏,临风一咏诗。

玉蟾,指月,古代神话谓月中有蟾蜍。"云畔"二句形容初月之状:上句仰望空中,下句俯视水际。弦管客,指行乐之人;战征儿,指戍边之士。"乐哉"二句意谓:行乐之人因月而益增情趣,戍边之士则望月思乡而不胜愁苦矣。西园,本是铜雀园之别称,为曹操父子及当时文人宴集之地,后世成为佳园林之代称。结联意谓:因念及戍边战士之苦,故谢绝游乐而临风咏诗也。

近有海外学人黄秉炜先生,从英国学者翟理斯教授(1845—1935)《英译中国诗歌选》(1898年版)中,竟又发现《萤火》一首。其原文云:"雨打灯难灭,风吹色更明。若飞天上去,定作月边星。"其下注云:"十岁即席之作。"此诗意象新奇可喜,风貌与上述少作亦略似。翟理斯曾任驻华使节三十年，此诗当有来源，惜未注明出处。是耶非耶？姑录于此，以俟高鉴。

集中《拟恨赋》亦当是此期少作。王琦于题下注云："古《恨赋》，齐、梁间江淹所作，为古人志愿未遂抱恨而死者致慨。太白此篇，段落句法，盖全拟之，无少差异。《酉阳杂俎》：李白前后三拟《文选》，不如意辄焚之，惟留《恨》《别》赋。今《别赋》已亡，惟存《恨赋》矣。"此赋段落句法，确系全拟江淹，惟妙惟肖。果然英气溢发，俨然"壮夫"矣。或作于弱冠前后。

关于李白少好剑术，喜任侠事，其本人诗作中多次述及，当时人文章中亦有记载。魏颢《李翰林集序》谓白"少任侠"，范传正《李白新墓碑》亦谓白"少以侠自任"。李白开元中所作《赠从兄襄阳少府皓》有句云："结发未识事，所交尽豪雄。却秦不受赏，击晋宁为功。"缪本此下尚有"托身白刃里，杀人红尘中。当朝揖高义，举世钦英风"四句。"杀人"云云，或系夸张之辞，然其少年习武任侠行径于此可见。

关于李白少慕神仙事亦屡见于其诗文中。《题嵩山逸人元丹丘山居》有句云："家本紫云山，道风未沦落。"王琦注云："紫云山，在绵州彰明县西南四十里，峰峦环秀，古木樛翠，地理书谓常有紫云结其上，故名。……有道宫建其中，名崇仙观，观中有黄箓宝宫，世传为唐开元二十四年神人由他山徙置于此。"可见紫云山为当时道教名山。唐时尊崇道教，蜀中道风颇盛，故李白早在少年时期即受其影响。《冬夜于随州紫阳先生餐霞楼送烟子元演隐仙城山序》云："吾与霞子元丹，烟子元演，气激道合，结神仙交，殊身同心，誓老云海，不可夺也。"其中"霞子元丹"即道士元丹丘。元丹丘与李白结交早在"弱龄"，李白出蜀后不久即已称丹丘为"故人"①，可见二人或系在蜀中相识。唐时"道门龙凤"多在幼年或少年即入道，《访戴天山道士不遇》诗中之道士疑即丹丘。

《访戴天山道士不遇》全诗如下：

犬吠水声中，桃花带露浓。树深时见鹿，溪午不闻钟。野竹分青霭，飞泉挂碧峰。无人知所去，愁倚两三松。

戴天山，或云即大匡山，在昌明县北三五十里。光绪重修《江油县志》云："戴天山在匡山之顶。"绵阳高等师范专科学校教授蒋志近年曾偕四川李白纪念馆同仁进行实地调查，谓戴天山在大匡山后更高处，其顶峰海拔已达2100公尺。详见所著《李白蜀中论考李白故里遗迹游踪考察记（戴天山考察记）》。

开元六年（718），李白十八岁。读书匡山，并往来旁郡。见《唐诗纪事》卷十八引《彰明逸事》："太白……隐居戴天、大匡

---

① 语见《上安州裴长史书》。

山,往来旁郡。"大匡山在唐时有大明寺,今遗址犹在山腰,即白读书处(详后)。

往来旁郡,前后约有三次。其一为江油之旅。古江油县为龙州(江油郡)治所,在昌明县北。所经道路即三国时魏邓艾征蜀之阴平道,山高谷深,至为艰险。白当有诗,恐已散佚,今唯有《赠江油尉》一首。其二为剑阁之旅。剑阁,即大剑山之阁道,在昌明县东北剑州(普安郡)。其山峭壁千丈,下瞰绝涧。诸葛亮相蜀时凿石架梁为之,以通行旅。其后《剑阁赋》《蜀道难》诸作,当赖此行之助。其三为梓州之旅。李白在弱冠前还曾南去梓州(梓潼郡),从赵蕤学习一年有余。赵蕤,字太宾,梓州盐亭县人,隐于梓州郪县长平山之安昌岩。博考六经及诸子同异,著《长短经》十卷,明王霸大略。开元中屡征不就,故称"赵征君"。《北梦琐言》《四川通志》《舆地纪胜》诸书亦均有记载。《彰明逸事》并称其"任侠有气,善为纵横之学"。按《长短经》一书,《新唐书·艺文志》作《长短要术》,归入"杂家类"。其书至今犹存,共六十三篇,上自"君德"、"臣行"、"王霸",下至"是非"、"通变"、"相术",旁及"出军"、"练士"、"教战"……均以六经为基础,博采诸子百家,并结合历代史事,针对近世弊政而发。虽是杂家之言,亦有纵横之术。意在干谒帝王,经世致用。李白后来在《代寿山答孟少府移文书》中所云"申管、晏之谈,谋帝王之术。奋其智能,愿为辅弼",这种思想显然即由此而来。《代寿山答孟少府移文书》中又云:"使寰区大定,海县清一。事君之道成,荣亲之义毕,然后与陶朱、留侯,浮五湖,戏沧洲,不足为难矣。"则又兼有儒家"事君""荣亲"思想与道家"功成身退"思想。

总而言之,李白在少年时期已开始形成他远大政治理想与特殊从政方式,即以布衣直抵卿相,匡君济世,然后功成身退。

三　出游成渝,初事干谒

开元八年(720)春,李白二十岁,出游成都,并谒见益州大都督府长史苏颋。

后作《上安州裴长史书》记其事云:"前礼部尚书苏公出为益州长史,白于路中投刺,待以布衣之礼,因谓群僚曰:'此子天才英丽,下笔不休,虽风力未成,且见专车之骨。若广之以学,可以相如比肩也。'"据两《唐书·苏颋传》及《通鉴·唐纪》,开元八年正月,宰相苏颋罢礼部尚书,"俄知益州大都督府长史",故知李白游成都谒苏颋事当在该年春。李白谒苏颋时,当曾献有大赋,故颋谓之"下笔不休"。此前所作《明堂》《大猎》二赋,或即是欤? 杨慎《丹铅总录》卷十二引苏颋《荐西蜀人才疏》云:"赵蕤术数,李白文章。"可见李白不仅受到苏颋赞扬,而且受到苏颋推荐,但无结果。其原因在以后各章中将会逐渐呈现。

《登锦城散花楼》一诗当作于此时。诗云:

> 日照锦城头,朝光散花楼。金窗夹绣户,珠箔悬银钩。飞梯绿云中,极目散我忧。暮雨向三峡,春江绕双流。今来一登望,如上九天游。

此诗"极目散我忧"一句,使全诗在酣畅游兴中微露失意痕迹,或即因干谒无成之故。

李白游成都后并未返里,而有渝州之行。当时名士李邕适为渝州刺史,此行必是谒邕。《上李邕》《酬宇文少府见赠桃竹书筒》二诗当作于是时。

《上李邕》诗云:

> 大鹏一日同风起,抟摇直上九万里。假令风歇时下来,犹能簸却沧溟水。时人见我恒殊调,见余大言皆冷笑。宣父犹能畏后生,丈夫未可轻年少。

此诗詹锳系于天宝五载(746),其下注云:"钱谦益《少陵年谱》于天宝四载下注云:'李邕为北海太守陪宴历下亭,李白高适均有赠邕诗,当是同时。'据钱说当是天宝五载夏间于济南作。萧(士赟)曰:'此篇似非太白之作。'朱谏曰:'按李邕于李白为先辈，邕有文名，时流推重，白至京师，必与相见，白必不敢以敌体之礼自居，当从后进之列。今玩诗意，如语平交，且辞意浅薄而夸，又非所以谒大官见长者待师儒之礼也。白虽不羁，其赠崔侍御、韦秘书、张卫尉、孟浩然等，作辞皆谨重而无亵慢之意，次及徐安宜、卢主簿、王瑕丘、韦参军、何判官等，虽有尊卑之殊，俱尽欢洽之情，无有漫辞，矧李邕乎？以此益可疑矣。'按钱氏绛云楼藏有《李翰林草堂集》，当是未经乐史及宋敏求增订之本，李集板刻，此为最善。钱氏所为少陵诗笺及年谱亦最审慎，今钱氏既称白有赠邕诗，则此首或见于古本，不致为伪作也。且朱谏以此诗为白在京师作，按白游长安时，邕方为灵昌太守，必无相见之理，朱氏亦失之不考。"（《李白诗文系年》）詹氏辨别此诗真伪之说，良是。萧、朱二氏以此诗为伪作，大瞶。然詹氏系此诗于天宝五载（746），李白四十六岁时，亦未谛。

窃按诗中既有"宣父犹能畏后生，丈夫未可轻年少"之语，自应是早年所作。正缘作时尚是年少后生，初入世途，未谙"谒大官见长者待师儒"之礼，又兼年少气盛，如初生之犊，故于李邕敢以敌体之礼自居，如语平交然。若谓作于天宝五载，时白已年近半百，何能自称"年少"？且已富于阅历，又何至唐突若是？天宝五载夏，白与李邕及杜甫、高适相会于济南时，作有《东海有勇妇》一诗，中有句云："北海李使君，飞章奏天庭。舍罪警风俗，流芳播沧瀛。"于邕之德政颇加揄扬，对邕之态度与此诗迥异,其非同时之作甚明。

又按李邕开元初叶曾为渝州刺史(此事两《唐书》本传皆失载),见《通鉴·唐纪》:开元六年(718)十一月,"宋璟奏:'括州员外司马李邕、仪州司马郑勉,并有才略文词,但性多异端,好是非改变;若全引进,则咎悔必至,若长弃捐,则才用可惜。请除渝、硖二州刺史。'"又见《金石萃编》卷七十二《修孔子庙碑》(今碑石犹存,在曲阜孔庙),碑末文云:"朝散大夫持节渝州诸军事守渝州刺史江夏李邕文","大唐开元七年十月十五日立"。似此,开元八年李邕当在渝州任上。

再看《酬宇文少府见赠桃竹书筒》一诗:

桃竹书筒绮绣文,良工巧妙称绝群。灵心圆映三江月,彩质叠成五色云。中藏宝诀峨眉去,千里提携长忆君。

"桃竹"为巴渝特产。左思《蜀都赋》云:"于东则左绵巴中……其中则有巴菽巴戟,灵寿桃枝。"刘渊林注:"桃枝,竹属也,出垫江县,可以为杖。"汉垫江县,唐为石镜县,属合州,与渝州相邻,县南九里之铜梁山,出桃枝竹(见《元和郡县志》卷三十三)。杜甫有《桃竹杖引赠章留后》,苏轼跋云:"桃竹,叶如棕,身如竹,密节而实中,犀理瘦骨,盖天成拄杖也。出巴渝间。"《杜臆》:"桃竹即棕竹,川东至今有之。"桃竹既为巴渝特产，则题中之宇文少府当为巴县县尉，亦唯有如此，方与诗中"千里"二句相符，渝州距西蜀可谓千里。

由此可知，李白在游成都之后，登峨眉山以前，必有渝州之行，其谒李邕及《上李邕》之作即在此时。

《登峨眉山》一诗当作于游渝州之后。诗末有句云："烟容如在颜，尘累忽相失。倘逢骑羊子，携手凌白日。"骑羊子，谓仙人葛由。王琦注："《列仙传》：葛由者，羌人也。周成王时，好刻木羊卖之。一旦骑羊而入西蜀，蜀中王侯贵人追之上绥山。山在峨眉山西南，高无极也。随之者不复还，皆得仙道。"凌白日，凌跨白日，意即飞升成仙。此种出世之情，显然是因为前此在成、渝二地干谒无成所致。每次干谒活动失败以后，皆不免有出世之思，此在李白一生中屡见不鲜。

巴、蜀二地之干谒求荐活动虽告失败，但在十年以后，李白将认为不虚此行，甚至会感到欣慰。今因此而有出世之思，未免可笑。亦青年李白一时之情绪耳。

四　习业养性大匡山

开元八年（720）冬日，李白始返昌明。《冬日归旧山》一诗当作于此时。诗云：

未洗染尘缨，归来芳草平。一条藤径绿，万点雪峰晴。地冷叶先尽，谷寒云不行。嫩篁侵舍密，古树倒江横。白犬离村吠，苍苔上壁生。穿厨孤雉过，临屋旧猿鸣。木落禽巢在，篱疏兽路成。拂床苍鼠走，倒箧素鱼惊。洗砚修良策，敲松拟素贞。此时重一去，去合到三清。

此诗王本《诗文拾遗》录自《文苑英华》。严羽《沧浪诗话》谓此及《初月》等诗为"晚唐人语"，因疑为伪作，未谛。李白少作多属律诗，《彰明逸事》早有记载。其所以如此，乃因当时风气使然。《新唐书·宋之问传》云："魏建安后迄江左，诗律屡变，至沈约、庾信，以音韵相婉附，属对精密。及之问、沈佺期，又加靡丽，回忌声病，约句准篇，如锦绣成文。学者宗之，号为'沈、宋'。"李白少时，正是"沈宋体"流行之时，自然受其影响。因此，李白《冬日归旧山》等诗并非晚唐赝作，而是"沈宋"诗风影响之产物。但李白少作与"沈宋体"一开始就是貌合神离，并无"沈宋"之靡丽，而别有一种清新气息。

此诗又可证之于江油李白纪念馆藏宋神宗熙宁元年（1068）《敕赐中和大明寺住持记》碑。碑文有云："太白旧山大明古寺，靠戴天之山……□唐而兴建，鱼鼓喧阗，迄我宋而葺修，钟梵鏗响，仅五百载……昔贞观中始祖师法云，不知姓氏，号长眉僧。……卜基此宅。"又云："唐第七主玄宗朝翰林学士李白，字太白，少为当县小吏①，后止此山，读书于乔松滴翠之平有十载。"此碑原在江油县匡山大明寺遗址，故《四川通志·舆地志·金石目》称之为"匡山碑"。碑文中既以大明寺为"太白旧山"，则诗题中之"旧山"当即匡山。或诗题本为"冬日归匡山"，宋时讳改。诗中所写之景物，亦舍匡山莫属。李白其后寓居之安州、兖州等地，均无"一条藤径绿，万点雪峰晴"之景。此"万点雪峰"即岷山诸峰，俗称雪山，在昌明县西北之松州、龙州境内。《元和郡县图志》卷三十三龙州江油县："雪山，在县西三百里。以春夏常有积雪也。"似此，则诗中所云"归来芳草平"，当即碑文中所云"乔松滴翠之平"。故知《冬日归旧山》当是开元八年（720）李白游成、渝二地归来之作。

此诗中"洗砚修良策，敲松拟素贞"之语，当是从苏颋"广之以学"之教，以山中之松自励，决心发愤读书，以图再起。诗末又云："此时重一去，去合到三清。"三清，即玉清、太清、上清，本系道家语，谓天庭、仙界。然李集中多以天庭、仙界喻朝廷、帝京。范传正《李白新墓碑》谓白"常欲一鸣惊人，一飞冲天"，此诗末二句即隐有此意。

◆◆◆◆◆◆◆◆◆◆◆

① 李白少为县小吏一事之有无，今人意见分歧。阎琦谓为当系其父之"短视行为"：唐时县小吏地位卑下，由此出身者最受歧视，其父盖望子成龙心切，结果适得其反（见《李白的入仕道路和他的幽愤》）。阎说可供考虑。至于相传为县小吏时所作之诗，轻浮庸俗，与《文苑英华》所载少作绝不相类，不可信。

此后三年间，李白大概一直都在匡山读书。《敕赐中和大明寺住持记》所云"读书……十载"，当是以弱冠前后时间合而计之，亦是举成数而言。《彰明逸事》谓白少时"隐居戴天、大匡山"，实是寄居匡山大明寺发愤读书，以期用世。

其后所作《上安州裴长史书》所云："昔与逸人东严子隐于岷山之阳，白巢居数年，不迹城市，养奇禽千计，呼皆就掌取食，了无惊猜。广汉太守闻而异之，诣庐亲睹。因举二人以有道，并不起。此则白养高忘机不屈之迹也。"亦当是此数年间事。

唐自则天朝以后，学官日衰，士人读书山林寺院者蔚为风尚。其所以如此，盖经学衰而文学盛。经学重师承，文学尚性灵。学官既衰，士人势必散处四方，择山林寺院幽胜之地以为养性习业之所①。由此可知，昔人所谓李白隐于某山，寄居某寺者，实则多为陶冶性灵并潜心习业，以图进取也。

五　仗剑去国，辞亲远游

开元十二年（724）春，李白二十四岁，去蜀远游，临行有《别匡山》一诗。其后所作《上安州裴长史书》云："以为士生则桑弧蓬矢，射乎四方，故知大丈夫必有四方之志。乃仗剑去国，辞

---

① 详见《严耕望史学论文选集》之《唐人习业山林寺院之风尚》一文。

亲远游。"《别匡山》一诗即其去蜀之初辞乡之作。此诗历代李集皆失载,仅见于《敕赐中和大明寺住持记》碑及《彰明县志》《江油县志》。志文与碑文稍有出入。碑载此诗无题,题始见于县志。《四川通志》称之为"出山诗"。兹录全诗如下(文据宋碑):

晓峰如画参差碧,藤影摇风拂槛垂。野径来多将犬伴,人间归晚带樵随。看云客倚啼猿树,洗钵僧临失鹤池。莫怪无心恋清境,已将书剑许明时。

全诗八句,前六句皆写匡山"清境",末二句写己之政治抱负,亦即远游之目的。可见李白去蜀辞乡之际,既对故乡无限依恋,而用世之心更高于一切。

李白"仗剑去国,辞亲远游"始于何年何月,本无明文记载,然据次年所作《自巴东舟行经瞿塘峡登巫山最高峰晚还题壁》一诗可以推知。详后。

于是李白再游成都,重登峨眉,沿途流连,至秋,始自嘉州买舟东下渝州。《峨眉山月歌》当作于此行途经嘉州之时。诗云:

峨眉山月半轮秋,影入平羌江水流。夜发清溪向三峡,思君不见下渝州。

诗中之"清溪",王注据《舆地纪胜》谓在嘉州犍为县,恐非。今人罗孟汀《〈峨眉山月歌〉地名谈》一文略谓:犍为县清溪在岷江支流清水河畔,距岷江尚有三十里,非江行夜发之处。诗中之清溪当是嘉州附近之板桥驿。其说据《乐山县志》:"板桥驿,出平羌峡口五里,廛居十余家,高临大江傍岸。清邑宰迎大僚于此。盖唐时清溪驿,即宋平羌驿也。"可从。

诗中之"君",唐汝询《唐诗解》谓指月,沈德潜《唐诗别裁》亦谓指月。所见良是。试观前此之《别匡山》,后此之《荆门浮舟望蜀江》均有去国惜别之意,且以山川为惜别对象,故知此诗为李白去蜀途中惜别故乡之作。

此诗前人评价亦颇高,谓其五用地名,"而天巧浑成,毫无痕迹,故是千秋绝调"(金献之《唐诗选脉会通》)。

李白到渝州后又流连累月,并遍游巴地,直到次年春始出三峡。有《巴女词》《自巴东舟行经瞿塘峡登巫山最高峰晚还题壁》《宿巫山下》诸诗。

《巴女词》诗云:

巴水急如箭,巴船去若飞。十月三千里,郎行几岁归?

巴地民歌,自古盛传,称"巴歈",亦即"巴歌",与唐时荆襄流行之"西曲"、江东流行之"吴歌"齐名。杜甫《暮春题瀼西新赁草屋五首》其二有句云:"万里巴渝曲,三年实饱闻。"李白流连巴渝时必亦常闻,故拟之而作。此是李集中最早一首民歌风作品。自此以后李拟民歌之作逐渐增多:行至荆州有《荆州歌》,行至江夏有《江夏行》,行至江东有《长干行》《杨叛儿》,行至越中有《越女词》《采莲曲》,行至襄阳有《襄阳曲》《大堤曲》……而"沈宋体"之诗遂不复见。

《自巴东舟行经瞿塘峡登巫山最高峰晚还题壁》诗云:

江行几千里,海月十五圆。始经瞿塘峡,遂步巫山巅。巫山高不穷,巴国尽所历。日边攀垂萝,霞外倚穹石。飞步凌绝顶,极目无纤烟。却顾失丹壑,仰观临青天。青天若可扪,银汉去安在?望云知苍梧,记水辨瀛海。周游孤光晚,历览幽意多。积雪照空谷,悲风鸣森柯。归途行欲曛,佳趣尚未歇。江寒早啼猿,松暝已吐月。月色何悠悠,清猿响啾啾。辞山不忍听,挥策还孤舟。

此诗,詹锳系在乾元二年(759)李白流夜郎上三峡之时。其下按云:"按巴东在瞿塘之东,而瞿塘峡却在巫山之西,今题云自巴东经瞿塘登巫山者,不知何以故,岂巫山最高峰尚在瞿塘之西耶?但既言自巴东舟行,定是逆水而上。诗又云:'江行几千里,海月十五圆。'则太白流夜郎,江行已一年有三月矣。又云:

'积雪照空谷，悲风鸣森柯。'疑是乾元二年初春所作。"（《李白诗文系年》）

詹说误。其致误之由，盖在以诗题中之"巴东"为天宝元年以归州改置之巴东郡，而诗题中之"巴东"实谓古巴东郡，即开元年间之夔州。夔州古称巴东郡，始于汉献帝建安六年（201），益州牧刘璋分巴地为三郡：以永宁（一作固陵，即白帝城）为治所之巴东郡，以垫江为治所之巴郡，以阆中为治所之巴西郡，是为三巴。详见《通鉴·汉纪》建安六年胡三省注引谯周《巴记》，《后汉书·郡国志》巴郡注同，并见《水经注·江水一》，又见《华阳国志校注图补》巴志形势总图。

诗中用古地名以代时称，唐人多有此习，李诗尤甚，集中诸例不胜枚举。不待远求，同期诗作即可为证。李白出三峡后不久，行至江夏时，有《寄巴东故人》一诗。诗云："汉水波浪远，巫山云雨飞。东风吹客梦，西落此中时。觉后思白帝，佳人与我违。瞿塘饶贾客，音信莫令稀。"此诗除首句谓己之行踪将随大江远去，其余地名"巫山"、"白帝"、"瞿塘"均指"巴东故人"所在。巫山属夔州，古白帝城与夔州州治奉节紧邻，瞿塘关（即瞿塘峡西口）在奉节东一里。此一系列地名均属夔州，而与唐时始置之归州（巴东郡）无涉，故知题中之"巴东故人"实指在夔州之故人。

虽然三峡之中有两个巴东郡，但一古一今，一西一东，一为名城重镇，一为穷乡僻壤（详下）。稍加注意，自可别之。

何况尚有陆游《入蜀记》与范成大《吴船录》可为佐证。陆游于宋孝宗乾道六年（1170）通判夔州，自吴舟行入蜀。范成大则于孝宗淳熙四年（1177）离成都路制置使任，自蜀舟行返吴。二人上下三峡，相去不过数年，无独有偶，相得益彰。其亲身实地纪行之作，较诸辗转传抄之方志类书，更为可信，自不待言。

兹先将《入蜀记》上三峡所经有关地名摘要如下：

九月八日，次江陵之建宁镇。

十月五日，过白羊市，盖峡州宜都县境。

六日，过荆门。

九日，晚次黄牛庙。

十日，泊城下，归州秭归县界也。回望，正是黄牛峡。庙后山如屏风叠。

十一日，犹是黄牛庙后山。

十六日，到归州。归之为州，才三四百家。

二十一日，晚泊巴东县。

二十三日，过巫山凝真观（今按：即神女庙），祠正对巫山，峰峦上入霄汉，山脚直插江中。

二十四日，抵巫山。

二十六日，发大溪口，入瞿塘峡。晚至瞿塘关，唐故夔州，关西门正对滟滪堆。

二十七日早,至夔州,州在山麓沙上,所谓鱼复永安宫也。

兹再将《吴船录》下三峡所经有关地名摘要如下:

七月己卯,至夔州。

丁巳,十五里,至瞿塘口。十五里,至大溪口。七十里,至巫山县宿。

戊午,下巫峡。三十五里,至神女庙。十二峰俱在北岸。过归州巴东县。

己未,泊归州。峡路州郡固皆荒凉,未有若归之甚者。

八月戊辰朔,发归州,八十里,至黄牛峡。

己巳,至峡州。州有楚塞楼。

壬申、癸酉,泊沙头。江陵帅辛弃疾幼安招游渚宫。

诗中又有"巴国尽所历"之语,亦堪注意。"巴国",先秦古国名。"其地东至鱼腹,西抵僰道,北接汉中,南极牂牁,是其界也"(见《元和郡县志》卷三十三渝州)。鱼腹,今四川奉节;僰道,今四川宜宾;汉中,今陕西南部;牂牁,今贵州北部。可见,李白到渝州后,又遍游巴地,耗时自需数月,故至次年春始下三峡。亦知诗首所云"江行几千里,海月十五圆",乃指辞乡以来,行程已数千,历时已十五月;非指流夜郎溯江而上之行程与时间。彼时李白在流放中,以缧绁之身焉能遍游巴地?次年遇赦放还,立返江陵,旋至江夏,以图再起,其心情之急切,亦无遍游巴地之理。

综观以上各节,《自巴东舟行经瞿塘峡登巫山最高峰晚还题壁》一诗作于开元十三年(725)春去蜀出峡时甚明。

詹锳据"积雪照空谷"句疑为初春作,固然。但非乾元二年(759)初春,而是开元十三年(725)初春。峡中春迟,其时或在二月。开元十二年闰十二月,由开元十三年二月逆推十五个月,则李白"别匡山"当在开元十二年(724)正月。

自此以后,李白遂远离蜀中,除乾元二年(759)流放途中上溯至夔州奉节外,从未返里。在李白诗文集中,除出蜀后不久有《静夜思》一诗及临终前一年有《宣城见杜鹃花》一诗外,绝少怀念故里之作。当系因其家世及出身有难言之隐,故有意回避之。

第二章
大道如青天,我独不得出
—— 初入长安始末

一 初游江东

开元十三年(725),李白二十五岁。春,出峡,过荆门,至江陵。有《渡荆门送别》《荆门浮舟望蜀江》等诗。

《渡荆门送别》诗云:

渡远荆门外,来从楚国游。山随平野尽,江入大荒流。月下飞天镜,云生结海楼。仍怜故乡水,万里送行舟。

沈德潜《唐诗别裁》云:"诗中无送别意,题中(送别)二字可删。"唐汝询《唐诗解》亦疑二字为衍文。非。沈、唐二人既知《峨眉山月歌》中之"君"指月,何以不知此诗中之"故乡水"亦可与人送别乎？此种拟人手法，集中多有之。诗末二句，是初出三峡之太白，回首蜀江，依依惜别之情。

旋至江陵。江陵，荆州州治所在，大都督府所在，故楚都郢城在其东北六里。自古为长江上游重镇。

适遇道教大师司马承祯往朝南岳，路过江陵，白往谒见。司马谓其"有仙风道骨，可与神游八极之表"。使白颇受鼓舞，遂作《大鹏赋》言志抒怀，以泛春流、迎朝暾之大鹏自喻。意犹未尽，复又有《古风》其三十三（北溟有巨鱼）一首："北溟有巨鱼，身长数千里。仰喷三山雪，横吞百川水。凭陵随海运，燀赫因风起。吾观摩天飞，九万方未已。"

此一赋一诗皆出《庄子》寓言，司马承祯之言亦不详究竟何意，此时一心在用世之李白，一概以豪情雄笔出之。连同前此《上李邕》之诗，李白已是一而再，再而三，以大鹏自喻。陈贻焮在其《杜甫评传》中，称凤凰是杜甫之图腾。似此，亦可谓大鹏是李白之图腾。开元之治对于当时士人之鼓舞于此可见。

秋，继续东下，经江夏，至寻阳，初登庐山。有《望庐山瀑布二首》，兹录其二：

日照香炉生紫烟，遥看瀑布挂前川。飞流直下三千尺，疑是银河落九天。

香炉，峰名。《太平寰宇记》："香炉峰，在庐山西北。其峰尖圆，烟云聚散，如博山香炉之状。"晋高僧慧远《庐山记》："东南有香炉山，孤峰秀起，游气笼其上，则氤氲若香烟。"香炉峰位置以后说为是。庐山瀑布有多处，皆积雨方见，唯此不竭，人称开先瀑布。开先，寺院名，南唐李璟所建，后改为秀峰寺。瀑布在开先院西，水从双剑峰流出，逶迤南流里许，至一峭壁，遂腾空而下，成为誉满古今之奇观。

李白出蜀之初，志气之昂扬，情怀之酣畅，亦如是也。

沿长江继续东下，望天门而过当涂，遂至金陵①。唐时所称之金陵，虽然只是江南东道润州（江宁郡）之州治江宁县，但毕竟是历史名城。诸葛亮谓"钟山龙蟠，石城虎踞，此帝王之宅"；自两晋至宋齐梁陈又是六朝金粉之地，何况当时仍是东南一大都会，手工业之发达仅次于扬州。成都虽然号称"扬一益二"，毕竟因在西南内地，实不及金陵远矣。且看李白在金陵所作诗三例。

《白纻辞三首》其一：

扬清歌，发皓齿。北方佳人东邻子。且吟《白纻》停《绿

---

① 金陵，古地名。战国时楚威王拓置金陵邑，秦始皇改为秣陵，三国孙吴改为建业，西晋改为建康，东晋及南朝皆因之。唐贞观中改为润州江宁县，开元因之。见《元和郡县图志》。今为江苏南京市。

水》,长袖拂面为君起。寒云夜卷霜海空,胡风吹天飘塞鸿,玉颜满堂乐未终。

《杨叛儿》:

君歌《杨叛儿》,妾劝新丰酒。何许最关人,乌啼白门柳。乌啼隐杨花,君醉留妾家。博山炉中沉香火,双烟一气凌紫霞。

《金陵酒肆留别》:

风吹柳花满店香,吴姬压酒唤客尝。金陵子弟来相送,欲行不行各尽觞。请君试问东流水,别意与之谁短长?

即此三诗,金陵对李白之魅力可知。

开元十四年(726),李白二十六岁。暮春,自金陵赴扬州。后作《上安州裴长史书》云:"曩昔东游维扬,不逾一年,散金三十余万,有落魄公子,悉皆济之。此则是白之轻财好施也。"

所谓"金",即今犹可见之"开元通宝"。当时东都米价每斗十文,江淮不过数文。三十余万"开元通宝"可买米三十万石之多，想系夸大其辞，即使十万金，亦可谓富矣。由此可以窥见李白之确为富商子弟。而其一生常客居金陵及扬州，亦与此种出身有关。

十四年（726）秋又往游越中及剡中，直到囊中金尽，才返至扬州，终于卧病逆旅。有《淮南卧病书怀寄蜀中赵征君蕤》一诗。诗曰：

> 吴会一浮云，飘如远行客。功业莫从就，岁光屡奔迫。良图俄弃捐，衰疾乃绵剧。古琴藏虚匣，长剑挂空壁。楚怀奏钟仪，越吟比庄舄。国门遥天外，乡路远山隔。朝忆相如台，夜梦子云宅。旅情初结缉，秋气方寂历。风入松下清，露出草间白。故人不可见，幽梦谁与适？寄书西飞鸿，赠尔慰离析。

赵蕤远水难救近火，爱莫能助，至多复信慰之而已。

二 西至安州，入赘许府

李白于穷途之中，幸得一友人大力扶持。不但在扬州渡过难关，而且得以西至安州，成为高宗时故相许圉师家孙婿。此位友人，即此期诗文中之所谓"孟少府"、"孟赞府"、"维扬孟公"、

"义兄孟子"是也。唐时州县皆有七、八、九品之佐吏曰丞,"少府"、"赞府"即其尊称。

兹据此期诗文及其有关背景综合分析,将李白西至安州之来龙去脉演绎如下:

此番大力扶持,在孟少府而言,可谓仁至义尽;在李白而言固是感激涕零,但亦中心忐忑。安州许府确属高门望族,许相公之父许绍,更是高祖李渊之同学,封为安陆郡公。其后满门簪缨,已近百年。借其余荫或可有利仕途,然入赘一事,却未免有辱斯文。《汉书·贾谊传》云:"家贫子壮则出赘。"注:应劭曰:"出作赘婿也。"师古曰:"赘,质也。家贫,无有聘财,以身为质也。"王先谦补注:如淳曰:"淮南俗,卖子与人作奴婢,名曰赘子。三年不能赎,遂为奴婢。"赘婿自古受人歧视,唐时亦然。

因此,李白在由扬州西赴安州途中,枉道"汝海"(即汝州),访故人元丹丘于汝州北之颍阳山居,请丹丘代为斟酌其事。适逢丹丘与安州中督府都督马世会[①]有旧,遂偕李白同来安州首府安陆晋谒马公。后三年所作《上安州裴长史书》云:"前

[①] 黄振常《"郡督马公"初考》(载《李白在安陆》一书)据《文苑英华》卷八九二《武陵郡王马公神道碑》及《元和姓纂》卷七考知:碑主马旴之曾祖马世会曾任安州都督,其时约在开元十一年(723)至开元十七年(729)间。其说可从。

此郡督马公,朝野豪彦,一见尽礼,许为奇才,因谓长史李京之曰:'诸人之文,犹山无烟霞,春无草树。李白之文,清雄奔放,名章俊语,络绎间起,光明洞彻,句句动人。'此则故交元丹亲接斯议。"所忆即初来安陆事。时在开元十五年(727)春,李白二十七岁。遂寄希望于马督,而暂居安陆西北六十里之寿山。

未几,孟少府即"移文"寿山,责其小而无名,不当藏贤秘宝;实则致书李白,责其隐居寿山,有违前约。李白遂作《代寿山答孟少府移文书》,借此言己之志:"申管晏之谈,谋帝王之术,奋其智能,愿为辅弼。使寰区大定,海县清一,事君之道成,荣亲之义毕。然后与陶朱、留侯,浮五湖、戏沧洲,不足为难矣。"因此欲借寿山养望以待时,其不急于入赘之情自见于言外。《书》末又云:"孟子孟子,无见深责耶!明年青春,求我于此岩也。"是邀孟少府次春来安陆从长计议之意。

不料,孟少府本年秋即来安陆,促成其事,李白终于入赘许府。孟少府返扬州时,白有《秋夜于安府送孟赞府兄还都序》。《序》文多属感激之言,然亦有悲伤之语,如"惊魂动骨,戛瑟落涕。抗手缅迈,伤如之何!"殊有异于常情。三年后所作《上安州裴长史书》云:"见乡人相如大夸云梦之事,云楚有七泽,遂来观焉。而许相公家见招,妻以孙女,便憩迹于此,至移三霜焉。"所忆亦即开元十五年(727)事。似此,若非孟少府与许府有旧,甚至曾受许府之托，为其待字已久之闺女觅一东床，李白适逢其选，何以有此一场"拉郎配"？

开元季叶，李白在远游江淮广事干谒途中所作《少年行》诗末有句云："遮莫姻亲连帝城，不如当身自簪缨"等语，亦是有感于枉自屈身入赘；《邺中赠王大劝入高凤石门山幽居》诗中更有"投躯寄天下，长啸寻豪英。……富贵吾自取，建功及春荣"等语，亦可反证其入赘许府实属不得已而为之。

开元十六年（728），李白二十八岁。婚后居城西三十里之白兆山桃花岩。有《山中问答》《南轩松》等诗。

《山中问答》诗云："问余何事栖碧山，笑而不答心自闲。桃花流水窅然去，别有天地非人间。"据《安陆县志》《湖广通志》，白兆山又名碧山。细玩诗意，当是有人询问李白何故隐而不仕，而李白志不在小就，故"笑而不答"，示以深远之境。《南轩松》诗云："南轩有孤松，柯叶自绵幂。清风无闲时，萧洒终日夕。阴生古苔绿，色染秋烟碧。何当凌云霄，直上数千尺。"南轩孤松，李白自喻。诗末二句，即范传正《李白新墓碑》所谓"常欲一鸣惊人，一飞冲天"之意。

然自马公去后，李白即获罪于二长史。此期所作《上安州李长史书》就是一封请罪书：李白以酒后乘马行道中，遇李长史车驾，未及回避，遂被视为狂悖无礼，因以此书请罪，希望能够免于责罚。又此期所作《上安州裴长史书》乃是一封雪谇书：李白本来与裴长史相识，正欲进一步披肝沥胆，表白心迹，以期得到裴某识拔。"何图谤言忽生，众口攒毁"，因以此书雪谇，希望裴某能够"终乎前恩"，"惠以大遇"。由此二《书》，可见李白在安陆之处境，亦可见当时为人赘婿之地位。诚如洪迈《容斋四笔》所云："大贤不偶，神龙困于蝼蚁，可胜叹哉！"

三　玉真公主别馆苦雨

李白处境既然如此，况已年届而立，实在难以再从容下去，遂于《上安州裴长史书》之末，将隐忍已久之大言放语发作出来："若赫然作威，加以大怒，不许门下，逐之长途。白即膝行于前，再拜而去，西入秦海，一观国风。永辞君侯，黄鹄举矣。何王公大人之门，不可以弹长剑乎！"文中"西入秦海"，即西入长安。

集中《古风》其二十六（碧荷生幽泉）、《古风》其二十七（燕赵有秀色）、《古风》其五十二（青春流惊湍）诸诗当亦作于此时，一则曰："坐看飞霜满，凋此红芳年。结根未得所，愿托华池边"；再则曰："常恐碧草晚，坐泣秋风寒……焉得偶君子，共乘双飞鸾"；三则曰："不忍看秋蓬，飘扬竟何托？……美人不我期，草木日零落。"皆比兴言志，惧盛年之易逝，思遇主以成功名。可

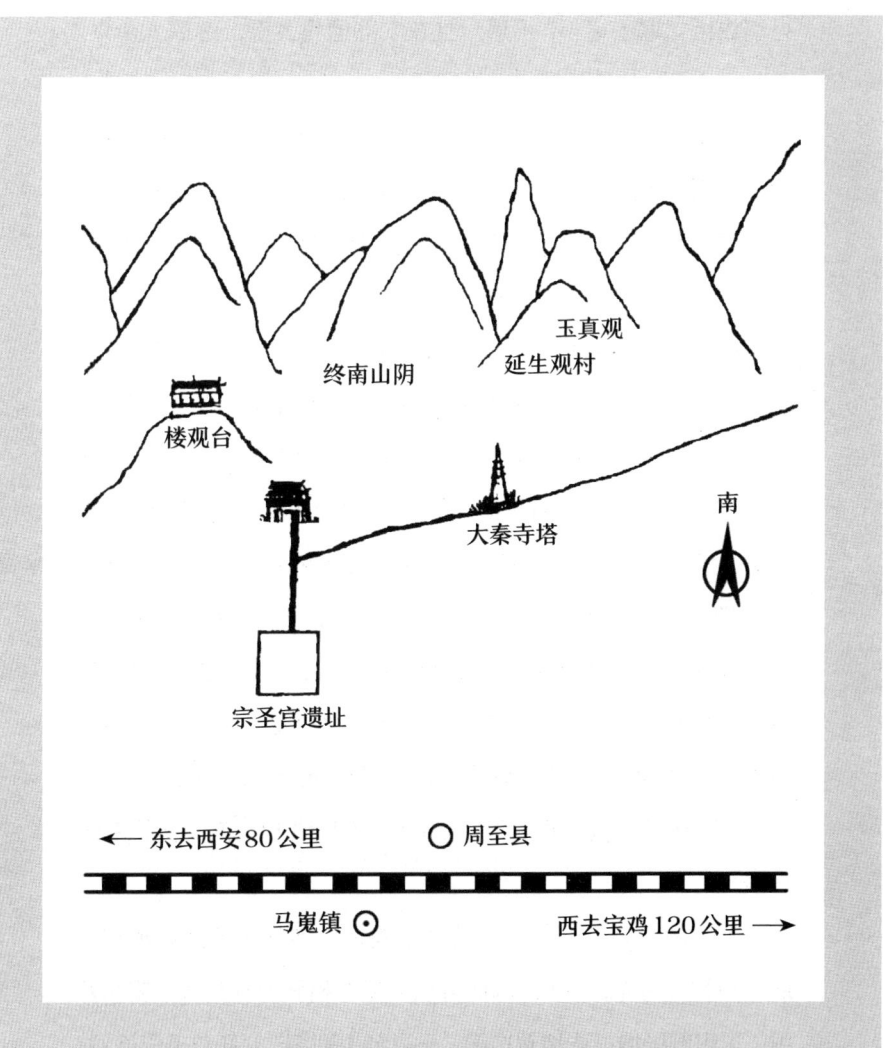

唐玉真观遗址位置示意图

见李白因"遍干诸侯"不遇,且在安陆遭谗受辱,遂欲入帝京,已非止一日,故其长安之行实非偶然。

后作《与韩荆州书》云:"三十成文章,历抵卿相。虽长不满七尺,而心雄万夫。王公大人,许与气义。"三十,即三十岁。确如郭沫若所云:"李白在三十岁时要'历抵卿相'与'王公大臣'等交游,只有到西京去才有这种可能。这就肯定着:李白在三十岁时断然去过一次西京。"(《李白与杜甫》)

开元十八年(730)春夏间,李白自安陆启程,取道南阳 — 内乡 — 武关 — 商洛 — 蓝田,遂至灞上,而入长安。

后作《寄远十二首》其八有句云:"忆昨东园桃李红碧枝,与君此时初别离。"《寄远》诸诗多为寄内诗,或自代内作。此诗即李白拟为许氏夫人之语,由此可知李白赴京之时令。又后作《豳歌行上新平长史兄粲》有句云:"忆昨去家此为客,荷花初红柳条碧。"由此可知李白抵京之时令。又后作《酬坊州王司马与阎正字对雪见赠》有句云:"游子东南来,自宛适京国。"宛,宛城,即南阳。由此可知李白赴京,取道南阳一线。

李白到长安后,当是借其岳家故相许圉师之侄孙许辅乾之助(辅乾时为光禄卿),因此得以谒见左相张说及其次子驸马都尉、卫尉卿张垍。张垍置白于"玉真公主别馆",使白备受冷遇。因作《玉真公主别馆苦雨赠卫尉张卿二首》(以下简称《玉真别馆苦雨二首》)。

玉真公主,玄宗之妹,少年入道,有幽栖之地在终南山楼观。楼观,古迹名,相传为周康王大夫尹喜故宅,老子西游出关时应其所邀,为著《道德经》处。其地,唐时属京兆府盩厔县(今为陕西周至县),在西京长安西南百五十里之终南山北麓,今称楼观台。《元和郡县志》《列仙传》诸书虽称秦皇汉武时,其地已建有老子庙、望仙宫,魏晋时屡加修葺云云,然已不可确考。楼观其地之有规模宏大之建筑群,成为唐时首屈一指之道教圣地,实始于唐高祖武德年间。武德三年(620)开始营建,诏锡嘉名,为宗圣观(又称宗圣宫)。武德七年(624)十月高祖亲率百官拜谒。欧阳询奉命撰写《大唐宗圣观记》以志其盛,碑石犹存,两《唐书·高祖纪》亦皆有正式记载。唐宗圣宫遗址在楼观台下田野间。以楼观台为中心,其方圆十数里之地皆可称楼观。

玉真别馆之在楼观,从天宝元年(742)建立之《玄元灵应颂》碑及天宝二年(743)建立之《玉真公主祥应记》碑,均可获知。而别馆究在楼观何处,则须从以下唐宋二诗方知其详。

王维《奉和圣制幸玉真公主山庄因题石壁十韵之作应制》云:"碧落风烟外,瑶台道路赊。如何连帝苑,别自有仙家。比地回銮驾,缘溪转翠华。洞中开日月,窗里发云霞。庭养冲天鹤,溪留上汉查。种田生白玉,泥灶化丹砂。谷静泉愈响,山深日易斜。御羹和石髓，香饭进胡麻。大道今无外，长生讵有涯？还瞻九霄上，来往五云车。"王维此诗之作时，约在开元二十二年（734），其时张九龄为中书令，擢维为左拾遗，故得以随驾应制。其后，李林甫大权独揽，九龄罢相，王维恐难有随驾应制之机遇矣。从诗中所写景况不似李白寓居时之荒凉，可以推知，李诗在前，其处尚属草创；王诗在后，其处已大为改观。

苏轼《留题延生观后山上小堂》云："溪山愈好意无厌，上到巉巉第几尖。深谷野禽毛羽怪，上方仙子鬓眉纤。不惭弄玉骑丹凤，应逐嫦娥驾老蟾。涧草岩花自无主，晚来蝴蝶入疏帘。"

苏轼集中先有壬寅二月游楼观等处纪行诗五百言，其中有咏玉真观一段："帝子传闻李，岩堂仿像缑。轻风帏幔卷，落日髻鬟愁。入谷惊蒙密，登坡费挽搂。乱峰攒似槊，一水淡如油。"其下自注云："是日游崇圣观，俗所谓楼观也……又西至延生观，观后上小山，有唐玉真公主修道之遗迹。"此"五百言"之后又另有《留题延生观后山上小堂》一首，即前所引诗。今题疑为《古楼观紫云衍庆集》编者所加。

以上唐宋二诗可以看出玉真别馆在楼观附近深山中。

近十年来经过笔者多次实地调查，并经西北大学历史系教授王建新实地发掘以后，已证实玉真别馆遗址，在今楼观台西南五里就峪乡延生观村之戴家梁①。

詹锳主编之《李白全集校注汇释集评》谓"玉真公主别馆在终南山宗圣观内",误。

《玉真别馆苦雨二首》全文如下:

◆◆◆◆◆◆◆◆◆◆◆

① 为考察玉真观遗址具体所在,笔者又于1999年,在西北大学前副校长王剑支持之下,中文系教授房日晰陪同之下,前往楼观台西南五里终南山麓就峪乡延生观村进行实地调查。得乡村干部与群众帮助,发现明代残碑一通。碑文前三行题曰:"重修古楼观宗圣宫下院延生观记。赐进士及第　盩厔县知县王旸撰额。致政文林郎本邑鲁马镇清虚叟尹文振撰述。"碑文正文首述楼观之来历,至"猗欤盛哉"。其下紧接:"由周而唐,世代变迁(下残若干字)方兴,其观(当指延生观)基址西南有宝珠山庆唐观,徽宗改作玉真宫。景泰间,殿宇俱废(其下既残且泐,不可属读)。今我朝大明登基至弘治年间,敕诰礼部□□将天下所废仙境有显迹者(其下又残泐,不可属读)。"碑末一段标有延生观之四界:"其观东至飞升峪,西至就峪官路,南至山顶,北至河滩水界。"此碑虽仅有数语涉及玉真观,然由此可知玉真观遗址,确如苏轼所言在延生观后,西南山头,昔称宝珠山,今称戴家梁者。2000年秋,西大历史系考古专业博士生导师王建新,遂至其地进行勘探及发掘,为时一月,发现了唐代墙基、地面等建筑遗迹和手印砖、绳纹砖、铺地方砖、青棍瓦、莲花纹瓦当、连珠兽面瓦当、方形柱础石等唐代建筑材料,以及玉璧形底白瓷碗等唐代遗物。调查结果表明,这里是一处规模较大、规格较高的唐代建筑遗址。其间,曾邀笔者前往参观,并赠与笔者皇家专用之青棍瓦残片一枚。

其 一

秋坐金张馆，繁阴昼不开。空烟迷雨色，萧飒望中来。翳翳昏垫苦，沉沉忧恨催。清秋何以慰，白酒盈吾杯。吟咏思管乐，此人已成灰。独酌聊自勉，谁贵经纶才。弹剑谢公子，无鱼良可哀。

其 二

苦雨思白日，浮云何由卷？稷卨和天人，阴阳乃骄蹇。秋霖剧倒井，昏雾横绝巘。欲往咫尺途，遂成山川限。潀潀奔溜闻，浩浩惊波转。泥沙塞中途，牛马不可辨。饥从漂母食，闲缀羽陵简。园家逢秋蔬，藜藿不满眼。蟏蛸结思幽，蟋蟀伤褊浅。厨灶无青烟，刀机生绿藓。投箸解鹔鹴，换酒醉北堂。丹徒布衣者，慷慨未可量。何时黄金盘，一斛荐槟榔。功成拂衣去，摇曳沧洲傍。

别馆所在既明，此二首大意自显：所谓"玉真别馆"并非"公主沙龙"，实乃深山之中荒园一座。日间唯见蜘蛛结网，夜间唯闻蟋蟀长鸣。加以秋霖成灾，长安路断，欲去不能，欲留无奈。唯有寄食于附近之农家，聊以粗茶淡饭度日。甚至以过冬之袭衣换酒，方得一醉。其情怀之恶可知，故以无鱼可哀，怨而刺之。

全诗之末又以南朝士人刘穆之事①，警而告之。

由是观之，《玉真别馆苦雨二首》并非一般酬赠之什，实乃李白开元十八年（730）初入长安"历抵卿相"之里程碑。此"碑"之上，不仅干谒张氏父子之事有迹可寻，而且曾受张垍愚弄之事亦可得而窥。张氏父子若荐贤有心，可以居白于四方之馆；若无意用白，亦可任其舍于逆旅，别投他门。不用不遣，置白于终南山中之玉真别馆何为？若非张说荐贤无心，而张垍捣鬼有术，假玉真公主之名以为饵，诱白于山中之荒园而幽囚之，以阻其干谒之途，李白以一布衣何能寓居"金张之馆"？又何必在此山中空盼苦等多日？以致忧恨相煎，辛酸备尝。

由此返观诗题，其所以不用"山居""山庄"等时称，空前绝后独称"玉真别馆"者，盖暗用庾信《哀江南赋》序"三日哭于都亭，三年囚于别馆"之意也。由此返观全诗，处处"昏垫"之苦，实皆入人毂中之恨也。再上溯入京之前所作《上安州裴长史书》，更可见李白此行信心甚高，志在必成，讵料"历抵卿相"受挫如此。焉能为不痛不痒之辞，宜其有此抒发愤懑之作。

◆◆◆◆◆◆◆◆◆

① 穆之少时，家贫，不拘小节，好往妻兄家乞食，食后索槟榔，为妻兄弟所讪笑。其后穆之显达，为丹阳尹，将召妻兄弟，妻惧而泣。穆之曰："本不匿怨，无所致忧。"及至醉饱，穆之乃令厨人以金盘贮槟榔以进之。见《南史·刘穆之传》。

四　出游京畿

郁陶思君，君门九重。李白乃作《长相思》，借男女相思之苦，寓其渴望君臣遇合之情。诗云：

> 长相思，在长安。络纬秋啼金井阑，微霜凄凄簟色寒。孤灯不明思欲绝，卷帷望月空长叹。美人如花隔云端，上有青冥之高天，下有渌水之波澜。天长路远魂飞苦，梦魂不到关山难。长相思，摧心肝！

王夫之云："题中偏不欲显，象外偏令有余，一以为风度，一以为淋漓。乌呼，观止矣！"（《唐诗评选》）风度蕴藉而又淋漓尽致，此诗艺之极，宜其叹为观止。

《唐宋诗醇》云："络纬秋啼，时将晚矣。曹植云：'盛年处房室，中夜起长叹。'其寓兴则同。然植意以礼义自守，此则不胜沦落之感。"

陈沆云："此篇托兴至显。"（《诗比兴笺》）

诸家皆以此诗为比兴之作，别有寓意，良是。此诗格调虽拟乐府，诗意实祖《楚辞》。宋玉《九辩》云："岂不郁陶而思君兮，君之门以九重。"即此诗之旨。其所以借"求女"为辞，盖斯时李白渴望君臣遇合之心至切,唯有"求女"之情能仿佛其万一。

《秦女卷衣》一诗当亦作于此时。诗以秦女自喻,抒其意欲效死君国之情。

> 天子居未央,妾侍卷衣裳。顾无紫宫宠,敢拂黄金床?水至亦不去,熊来尚可当。微身奉日月,飘若萤之光。愿君采荇菲,无以下体妨。

朱谏云:"托为妾侍,言得侍天子于未央,则当守死而不变,设使遇难,不敢偷生以忘君也……惟愿吾君原吾区区之诚,如采荇菲者忽以下体有美恶而并弃其叶之常美者,斯可也。是则吾之为臣者,其迹虽有毁誉之不同,而吾心之忠信虽至死而不变,犹有可取也。吾君宁忍并弃之乎?"(《李诗选注》)略得此诗之旨。唯末二句所谓荇菲之"下体"(即根)或喻出身。李白晚年有诗回忆待诏翰林情景云:"当时笑我微贱者,却来请谒为交欢。"句中之"当时"即指初入长安时期。可见李白曾因出身微贱受人轻视,故知末二句乃建言朝廷勿以微贱而弃之之意。

《古风》其三十八(孤兰生幽园)、《感遇四首》其二(可叹东篱菊)亦似作于此时。一以孤兰自喻,一以篱菊自喻,皆谓己虽蒙朝廷养育之恩而未能见用,故望在位之人披拂而吹嘘之,时君及其盛年而采用之。

李白在长安自夏至秋,徘徊魏阙之下不得其门而入,遂西游岐州与邠州。行前有《赠裴十四》等诗。

《赠裴十四》诗云:

> 朝见裴叔则,朗如行玉山。黄河落天走东海,万里写入胸怀间。身骑白鼋不敢度,金高南山买君顾。徘徊六合无相知,飘若浮云且西去。

"裴叔则",晋名士裴楷,字叔则,累迁中书令,人称裴令公。《世说新语·容止》:"裴令公有俊容仪……见者曰:'见裴叔则如玉山上行,光映照人。'"唐汝询云:"此言裴十四既有叔则之容仪,而胸怀浩荡足藏万里河流……欲冀其一顾而不可得也。高抗如此,人谁相知,唯飘然远去耳。"(《唐诗解》)颇得此诗之旨,唯于中间二句失解。"身骑白鼋不敢度",当是化用《九歌·河伯》:"乘白鼋兮逐文鱼,与女游兮河之渚。"王逸注:"言河伯游戏,远出乘龙,近出乘鼋,又从鲤鱼也。"此以河伯自喻,以"与女游"喻与裴十四交往,而言"不敢度"者,意谓未敢造次也。"金高南山买君顾",当是化用"南金"一词。《诗·鲁颂·泮水》:"元龟象齿,大赂南金。"南方山中所产之金,古代作为贡品,因以喻优异之人才。此以"南金"自喻,言欲得裴十四之青睐。裴十四,其人名字不详,诗既以"裴令公"喻之,当亦为李白所"历抵"之卿相。当时宰相中有裴光庭，开元十七年（729）为中书侍郎，同中书门下平章事。光庭，字连城，连城者，和氏璧也①。次句"朗如行玉山"，正切其名字。见《旧唐书》本传。题中裴十四，当即其人。或云"如此高官"，李白以布衣身份，诗题"不可能"作《赠裴十四》，而应为"上裴相"，或"上裴大夫"云云。殊不知正以光庭高抗，无礼贤下士之风，李白亦恃才傲物，遂以平交王侯气概报之。集中有《与韩荆州书》，又是一例。

往岐州（在长安之西）。途中登太白峰，有诗。旋至邠州（在长安西北），有《豳歌行上新平长史兄粲》《赠新平少年》等诗。

《豳歌行上新平长史兄粲》云：

> 豳谷稍稍振庭柯，泾水浩浩扬湍波。哀鸿酸嘶暮声急，愁云苍惨寒气多。忆昨去家此为客，荷花初红柳条碧。中宵出饮三百杯，明朝归揖二千石。宁知流寓变光辉，胡霜萧飒绕客衣。寒灰寂寞凭谁暖，落叶飘扬何处归？吾兄行乐穷曛旭，满堂有美颜如玉。赵女长歌入彩云，燕姬醉舞娇红烛。狐裘兽炭酌流霞，壮士悲吟宁见嗟？前荣后枯相翻覆，何惜余光及棣华。

---

① 《史记·廉颇蔺相如列传》："赵惠文王时，得楚和氏璧。秦昭王闻之，使人遗赵王书，愿以十五城请易璧。"后遂称之为连城璧。

《赠新平少年》诗云：

韩信在淮阴，少年相欺凌。屈体若无骨，壮心有所凭。一遭龙颜君，啸咤从此兴。千金答漂母，万古共嗟称。而我竟何为？寒苦坐相仍。长风入短袂，内手如怀冰。故友不相恤，新交宁见矜？摧残槛中虎，羁绁韝上鹰。何时腾风云，搏击申所能。

豳，古国名，周之祖先公刘所立，后汉于此置新平郡，西魏置豳州，唐武德元年（618）仍为豳州，开元十三年（725）以豳与幽相近，改为邠州，天宝元年（742）改为新平郡。见《元和郡县志》关内道三。

前人多以题中"新平"为天宝元年间郡名，因系诸诗于天宝初，李白待诏翰林时期，非。诗中地名用旧名以代时称，唐人多有此习，李白尤甚，虽在官衔之前亦往往如此。如《送鲁郡刘长史迁弘农长史》本是开元年间作品，未用开元时称（开元时称应为：送兖州长史迁虢州长史）。又如《赠从弟宣州长史昭》，本是天宝年间作品，亦未用天宝时称（天宝时称应为：赠从弟宣城郡长史昭）。又如李白江夏诸作，无论开元、天宝均称江夏，不称鄂州，不得均视为天宝年间作品。又如此诗题中之豳字，开元十三年（即李白出蜀时）已改为邠字，而此诗诸本仍作豳，岂能断为蜀中少作？似此，则题中不称邠州长史而称新平长史，亦不能据此而断为天宝作品。仅据诗中地名系年往往致误，故系年之际须进行综合考察，尤须注意诗中情景。而自白"新平"诸诗中情景观之，其落魄之状，何似待诏翰林？

开元十八年（730）冬，复北游坊州（其州治中部县即今陕西黄陵县），并逗留至次年春。有《酬坊州王司马与阎正字对雪见赠》，诗中有句云："主人苍生望，假我青云翼。风水如见资，投竿佐皇极。"仍为干谒求助。又有《留别王司马嵩》，诗中有句云："鸟爱碧山远，鱼游沧海深。呼鹰过上蔡，卖畚向嵩岑。他日闲相访，丘中有素琴。"仍无结果而去。

前人皆以邠、坊之行及有关诸作属天宝待诏翰林时期，非是。试看李白在待诏翰林时期是何等气派："一朝君王垂拂拭，剖心输丹雪胸臆。忽蒙白日回景光，直上青云生羽翼。幸陪鸾辇出鸿都，身骑飞龙天马驹。王公大人借颜色，金章紫绶来相趋。"（《驾去温泉宫后赠杨山人》）又："天门九重谒圣人，龙颜一解四海春。彤庭左右呼万岁，拜贺明主收沉沦。翰林秉笔回英盼，麟阁峥嵘谁可见？承恩初入银台门，著书独在金銮殿。龙驹雕镫白玉鞍，象床绮席黄金盘。当时笑我微贱者，却来请谒为交欢。"（《赠从弟南平太守之遥二首》其一）末二句当即指初入长安时期张垍之流。虽然待诏翰林后期终以有志莫申，被谗去朝，但毕竟是"赐金还山"，终不至"寒灰寂寞凭谁暖，落叶飘扬何处归?"终不至"长风入短袂,内手如怀冰",而托身于州县属吏之门,乞助于市井少年之前。故知邠、坊之行及其有关诸作,不属于天宝,而属于开元十八年(730)初入长安时期。

五　斗鸡徒、游侠儿、五陵豪

开元十九年(731)春,李白返至长安,有《春归终南山松龙旧隐》。题中之松龙,一作松龛,其地无考。疑是"玉真别馆"(其遗址在今楼观台西南延生观村戴家梁)背后之农家小院,李白曾寄食于此。楼观全部景点皆面阴而背阳,故诗云"我来南山阳"。

返长安后,仍然徘徊魏阙之下不得其门而入,遂与长安市井少年浪游,日以斗鸡、走马、任侠为事。《侠客行》《结袜子》《少年行二首》《少年子》《白鼻䯄》等诗当作于此时。诸诗虽多写他人,然从中亦可窥知李白此期生活与思想感情。如《侠客行》之末有句云:"谁能书阁下,白首《太玄经》?"《少年子》之末有句云:"夷齐是何人?独守西山饿。"稍后所作《白马篇》之末亦有句云:"羞入原宪室,荒径隐蓬蒿。"均有"儒生不及游侠人,白首下帷复何益"之意。李白在开元时期,常有此种想法,宁为斗鸡徒、游侠儿,快意一时,不屑为白首穷经之小儒。一则是他从小就好击剑任侠,主要原因是由于走投无路时所产生之愤激情绪使然。稍后所作《行路难》(其二)中有句云:"大道如青天,我独不得出。羞逐长安社中儿,赤鸡白狗赌梨栗。"可见他并非甘心如此。

李白在长安浪游期间,又曾与"五陵豪"交往,有《白马篇》一诗,即为彼辈写照。诗云:

> 龙马花雪毛,金鞍五陵豪。秋霜切玉剑,落日明珠袍。斗鸡事万乘,轩盖一何高?弓摧南山虎,手接太行猱。酒后竞风采,三杯弄宝刀。杀人如剪草,剧孟同游遨。发愤去函谷,从军向临洮。叱咤经百战,匈奴尽奔逃。归来使酒气,未肯拜萧曹。羞入原宪室,荒径隐蓬蒿。

"五陵豪"即"五陵豪杰",此则指长安游侠儿与斗鸡徒而又供职军中者。此辈为帝王贵戚所宠,故骄横跋扈不可一世,甚至为非作歹,杀人越货(参见王建《羽林行》[①])。李白此诗作于与彼等初交之时,虽有贬刺之意,亦不无欣羡之情。诚如萧士赟云:"此诗寓贬于褒,寄扬于抑,深得国风之旨,读者宜细味之。"

稍后,李白终为彼辈所欺凌,而有北门之厄,幸为友人陆

[①] 王建《羽林行》:长安恶少出名字,楼下劫商楼上醉。天明下直明光宫,散入五陵松柏中。百回杀人身合死,赦书尚有收城功。九衢一日消息定,乡吏籍中重改姓。出来依旧属羽林,立在殿前射飞禽。(《全唐诗》卷二九八)

调救出，方免于难。见天宝七载（748）所作《叙旧赠江阳宰陆调》一诗，诗中有句云："风流少年时，京洛事游遨。腰间延陵剑，玉带明珠袍。我昔斗鸡徒，连延五陵豪。邀遮相组织，呵吓来煎熬。君开万丛人，鞍马皆辟易。告急清宪台，脱余北门厄。"所忆即此时事。北门，即皇宫北门玄武门。瞿、朱注："考《新唐书·兵志》，及贞观初，太宗择善射者百人为二番，于北门长上曰北骑，……十二年，始置左右屯营于玄武门。唐之北军为皇帝私兵，以屯于宫之北门，故以北军为号。疑李白以狎游之故，为北军中人所窘，幸遇陆调以宪府之力脱之。"（《李白集校注》）

李白除对自身遭遇大感懊丧外，对长安某些社会现象亦颇感愤懑不平。因作《古风》其十五（燕昭延郭隗）、《古风》其二十四（大车扬飞尘）等诗：

燕昭延郭隗，遂筑黄金台。剧辛方赵至，邹衍复齐来。奈何青云士，弃我如尘埃！珠玉买歌笑，糟糠养贤才。方知黄鹤举，千里独徘徊。

大车扬飞尘，亭午暗阡陌。中贵多黄金，连云开甲宅。路逢斗鸡者，冠盖何辉赫。鼻息干虹蜺，行人皆怵惕。世无洗耳翁，谁知尧与跖？

前篇写贤才之不见用，后篇刺群小之豪侈。

"中贵"，指得宠之宦官。开元、天宝中，宦官黄衣以上三千员，衣朱紫千余人。其称旨者辄拜三品将军，列戟于门。其在殿头供奉，委任华重，持节传命，光焰殷殷动四方。所至郡县奔走，献遗至万计。于是甲舍名园、上腴之田为中人所占者，遍于京畿。此虽合开、天言之，然"祸始开元"。著名宦官高力士开元初即已封为右监门卫将军，知内侍省事，于是四方奏请皆先省后进，小事即专决，傥幸者愿一见如天人然。其余袁思艺、黎敬仁等亦皆贵宠与力士同。见两《唐书·宦者传》。

"斗鸡者"，指贾昌之流。贾昌，长安宜阳里人。玄宗在藩邸时，即好斗鸡之戏。及即位，治鸡坊于两宫间，索长安雄鸡，狸膏金距，高冠昂尾千数，养于鸡坊，选六军小儿五百人，使驯养训练。一夕出游，见昌弄木鸡于云龙门道旁，召入为鸡坊小儿。昌入鸡群如狎群小，壮者、弱者、勇者、怯者，水谷之时，疾病之候，悉能知之。玄宗召试殿廷，皆中意，即日为五百小儿长。金帛之赐，日至其家。开元十三年（725），笼鸡三百，从封东岳。父死泰山下，奉尸归葬，沿途县吏迎送。当时天下号为"神鸡童"。时人为之语曰："生儿不用识文字，斗鸡走马胜读书。"见陈鸿《东城老父传》。

从上述记载观之，二诗所写当为李白初入长安时见闻。

六 《蜀道难》别解

李白在长安遭遇如此，乃萌归志，并大抒愤懑，乃有《行路难三首》其二之作：

> 大道如青天，我独不得出。羞逐长安社中儿，赤鸡白狗赌梨栗。弹剑作歌奏苦声，曳裾王门不称情。淮阴市井笑韩信，汉朝公卿忌贾生。君不见，昔时燕家重郭隗，拥篲折节无嫌猜。剧辛乐毅感恩分，输肝剖胆效英才。昭王白骨萦蔓草，谁人更扫黄金台？行路难，归去来。

前人皆以此诗系天宝，非。彼时李白身为翰林学士，焉能日逐长安少年浪游？彼时"王公大人借颜色，金章紫绶来相趋"，何至于"弹剑作歌奏苦声，曳裾王门不称情"？又"淮阴市井笑韩信，汉朝公卿忌贾生"二句：上句用韩信少时事，下句用贾谊少时事，亦与待诏翰林时境遇不侔。诗中情景自非此期莫属。

《送友人入蜀》《剑阁赋》当作于此时。

《剑阁赋》题下原注："送友人王炎入蜀。"《赋》之首云："咸阳之南，直望五千里，见云峰之崔嵬。"故知作于长安。《送友人入蜀》题中友人或亦为王炎。诗中有句云："芳树笼秦栈,春流绕蜀城。"故知亦作于长安。诗中又有句云："升沉应已定,不必问君平。"显系借他人酒杯,浇自家块垒,写初入长安临去时懊丧之情。据集中《自溧水道哭王炎三首》,知王炎为夭折,其卒当在开元中。从而知此一诗一赋之作时。

李白作《行路难》之后,意犹未已,又因送友人王炎入蜀一事触发,乃借蜀道之艰险,状世途之坎坷,抒胸中之愤懑,遂有《蜀道难》之作。《蜀道难》全诗如下:

噫吁嚱!危乎高哉!蜀道之难,难于上青天!蚕丛及鱼凫,开国何茫然。尔来四万八千岁,不与秦塞通人烟。西当太白有鸟道,可以横绝峨眉巅。地崩山摧壮士死,然后天梯石栈相钩连。上有六龙回日之高标,下有冲波逆折之回川。黄鹤之飞尚不得过,猿猱欲度愁攀援。青泥何盘盘,百步九折萦岩峦。扪参历井仰胁息,以手抚膺坐长叹。问君西游何时还?畏途巉岩不可攀。但见悲鸟号古木,雄飞雌从绕林间。又闻子规啼夜月,愁空山。蜀道之难,难于上青天!使人听此凋朱颜。连峰去天不盈尺,枯松倒挂倚绝壁。飞湍瀑流争喧豗,砯崖转石万壑雷。其险也若此,嗟尔远道之人胡为乎来哉?剑阁峥嵘而崔嵬,一夫当关,万夫莫开。所守或匪亲,化为狼与豺。朝避猛虎,夕避长蛇。磨牙吮血,杀人如麻。锦城虽云乐，不如早还家。蜀道之难，难于上青天！侧身西望长咨嗟。

"噫吁嚱"是惊叹之词，读时略作停顿效果更佳。"蜀道之难，难于上青天"是对蜀道的总写，篇中三复其词，自有深意。自"蚕丛及鱼凫，开国何茫然"至"问君西游何时还？畏途巉岩不可攀"，写蜀道北段之艰险。蚕丛和鱼凫是古蜀王，"开国何茫然"意谓古蜀王之开国已杳不可考。"四万八千岁"极言岁月之悠远。太白在长安西南，秦地之山莫高于此；峨眉在蜀地西南，蜀中之山莫高于此。二句意谓秦蜀二地在远古时，唯有飞鸟可以往来。"地崩山摧"写一个神话：秦惠王欲伐蜀，乃刻五石牛，置金其后，蜀人见之，以为天牛便金，蜀王乃发卒千人，拖牛成道；秦王又献美女五人于蜀王，蜀遣五丁迎之，还至梓潼，见一大蛇入山洞中，五丁共引蛇尾，山崩，蜀道乃开。见《华阳国志·蜀志》。"六龙"指日神之车，日神之车驾以六龙；"青泥"是岭名，在兴州长举县（今陕西略阳）西北，悬崖万仞，上多云雨，行者屡逢泥淖，故名。参、井是星宿名，参三星，为蜀之分野；井八星，为秦之分野。"扪参历井"谓仰视秦蜀二地之星宿，去人不远，似可用手扪及之。"仰胁息"谓艰于呼吸，旅人只好抚摸胸口长叹。"问君"二句乃诗中旅人扪心自问之辞。"但见悲鸟号古木"至"嗟尔远道之人胡为乎来哉"写蜀道中段之艰险。子规又名杜鹃，蜀中最多，春暮即鸣，夜啼达旦，声甚哀切，若云"不如归去"。"嗟尔"二句，亦诗中旅人扪心自问之辞。此下写蜀道南段之艰险。"剑阁"为栈道名，因剑阁县（今属四川）东北大、小剑山得名，相传为诸葛亮所修筑，唐代于此设剑门关。"一夫"四句，化用张载《剑阁铭》"一人荷戟，万夫趑趄。形胜之地，匪亲勿居"，言剑阁形势险要，守卫之人若非亲信，反而成为祸患；"猛虎"、"长蛇"皆别有所指。锦城本是成都的别称，此处代指长安。"不如早还家"亦是旅人自忖之辞，有决心归去之意。"侧身"，不敢正视也；"长咨嗟"表示受刺激之深，嗟呀伤感至于涕零矣。

《蜀道难》一诗为太白首屈一指之名篇，然千载以来，众说纷纭，殆若聚讼。詹锳《李白诗文系年》列举众说最为详备，并综合为四说：一、斥严武；二、刺章仇兼琼；三、谏阻玄宗幸蜀；四、即事成篇，别无寓意。詹氏对前三说一一加以驳议，最后断为第四说，即此诗文为送别友人之作，以之系于天宝初年。愚意则与以上诸说皆异，兹略申管见如下：

愚意以为《蜀道难》须与初入长安之行联系考察，则其庐山真面目自然呈现。辞亲远游以来，虽遍干诸侯，历抵卿相，皆无所遇，故每有失路之叹。尤以此次入长安之遭遇最为难堪。虽已至天子足下，然君门九重，君堂千里。卿相实无荐贤之心，诸侯唯有嗟来之食。贵公子既欺之于前，五陵豪又辱之于后。始终徘徊魏阙之下，不得其门而入。故时结幽思，屡兴浩叹，甚至沦为斗鸡赌狗之徒，实亦因愤懑至极，不得已而为之。前此之《玉真别馆苦雨》《长相思》《行路难》诸作皆历历可考，后此之《梁园吟》《梁甫吟》以及天宝年间忆旧游之作，亦皆可证。遭遇如此，则其将离长安之际，心情可知。虽已作《行路难》（其二）诸诗，而意犹未已；复因送友人入蜀一事之触发，又以比兴出之，而有《蜀道难》之作。窃考以山川险阻喻仕途坎坷，其来有自，唐人诗作中尤屡见不鲜。唯他人多用明喻或暗喻，此诗则纯用借喻。借喻之法，所喻之事物悉皆隐去，而径写譬喻本身，故尤为深曲。加以岁月遥远，时代悬隔，遂致难解。然在当时固已有窥知其作意者：殷璠《河岳英灵集》以之拟《骚》，恐有所见。此诗形式并非《骚》体，以之拟《骚》必是着眼于内容。二者内容有何相同之处？"每一顾而掩涕，叹君门之九重，忠怨之辞也。"中唐姚合《送李余及第归蜀》诗云："李白《蜀道难》，羞为无成归。子今称意行，所历安觉危？"以此诗作为仕途得意之反衬。仕途称心，蜀道则易；仕途无成，蜀道则难。可见此诗作意在当时固隐而显，曲而达，不若后世之难解也。后世臆说蜂起，反掩其本来面目。兹以《蜀道难》为借蜀道艰难喻仕途坎坷之说，不过恢复其本来面目而已。蜀道之旅，初入长安之行也；诗中旅人，太白自拟也。否则，"蜀道之难难于上青天"，干卿底事？感慨唏嘘，失声横涕，一至于此哉！

李白作《蜀道难》后遂离长安，由黄河水路东去。其时当在开元十九年（731）春夏间。是年稍后所作《梁园吟》云："我浮黄河去京阙，挂席欲进波连山。"又有句云："平头奴子摇大扇，五月不热疑清秋。"由此可以推知李白离京路线及时间。

第三章
酒隐安陆，蹉跎十年

——长啸复远游

一 黄金买醉未能归

李白初入长安，可谓乘兴而来，败兴而归。但因入长安前在《上安州裴长史书》中，曾有大言放语："何王公大人之门不可以弹长剑乎？"故无颜返安陆。乃于开元十九年（731）春，泛黄河而下，经开封，至宋城，初游梁园；秋游嵩山，憩元丹丘颍阳山居；冬游洛阳龙门，憩奉先寺。先后有《梁园吟》《梁甫吟》等诗，多抒长安失路之悲，亦有来日风云际会之想。

《梁园吟》，一作《梁园醉酒歌》。梁园，一作梁苑，为汉梁孝王刘武所建。武为汉文帝少子，汉景帝少弟，最亲，又以平定七国之乱有功，封于梁，为大国，都睢阳。其下四十余城，多大县。于是孝王大治宫室与园林。筑东苑，方三百余里，广于睢阳城十倍,有平台、兔园、雁池之属。招延四方豪杰,山东游士莫不至。著名文人司马相如、枚乘、邹阳等,皆曾为梁孝王宾客,宴于平台,吟诗作赋,为一时盛事。见《汉书·梁孝王刘武传》。其故址遗迹,唐时犹存,在河南道宋州(睢阳郡)。其治所开元时为宋城,天宝时为睢阳,即今河南省商丘市。

《梁园吟》全诗如下:

> 我浮黄河去京阙,挂席欲进波连山。天长水阔厌远涉,访古始及平台间。平台为客忧思多,对酒遂作《梁园歌》。却忆蓬池阮公咏,因吟渌水扬洪波。洪波浩荡迷旧国,路远西归安可得?人生达命岂暇愁?且饮美酒登高楼。平头奴子摇大扇,五月不热疑清秋。玉盘杨梅为君设,吴盐如花皎白雪。持盐把酒但饮之,莫学夷齐事高洁。昔人豪贵信陵君,今人耕种信陵坟。荒城虚照碧山月,古木尽入苍梧云。梁王宫阙今安在?枚马先归不相待。舞影歌声散渌池,空余汴水东流海。沉吟此事泪满衣,黄金买醉未能归。连呼五白行六博,分曹赌酒酣驰晖。歌且谣,意方远。东山高卧时起来,欲济苍生未应晚。

"挂席"即扬帆,首四句写其游踪:自"京阙"浮黄河而至"平台"。"阮公"为阮籍,魏晋名士,其《咏怀》诗云:"徘徊蓬池上,还顾望大梁。渌水扬洪波，旷野莽茫茫。……羁旅无俦匹，俯仰怀哀伤。""旧国"本指故乡，《庄子·则阳》："旧国旧都，望之畅然。"李集中凡四用"旧国"，皆喻指长安，盖白之归心总属长安也。数句意谓因吟阮籍之诗，而有羁旅哀伤之意，归途渺茫之感。以下援引多个古人作为"陪起"：夷齐（伯夷、叔齐）是殷周之际的高士，兄弟二人因互让国君之位逃去，及武王伐纣，天下宗周，二人又耻食周粟，隐于首阳山，采薇而食，饥饿而死。见《史记·伯夷列传》。信陵君即魏公子无忌，诸侯以其贤而多士，不敢加兵谋魏，尝率五国之兵大破秦军，威震天下。信陵君坟在今河南开封。"苍梧云"即来自苍梧之云，古有"有白云出苍梧，入于大梁"的说法，见《艺文类聚》卷一"天部"引《归藏》。枚、马（枚乘、司马相如）是汉代文人，皆曾为梁孝王宾客，宴于平台，吟诗作赋，史称"平台雅集"。"沉吟"二句谓抚今思昔，不胜感慨，自己则干谒无成，无颜归家。以下数句分两层："连呼五白行六博"是豪饮豪赌，故作旷达；"东山高卧"用东晋谢安典，表示自己仍有东山再起之时。

　　此诗初自悲，旋自解，复又自悲，旋又自解，终于寄希望于未来。盖因初入长安虽然败兴而返，但又感到尚有希望。于是诗中便呈现出忽悲忽喜、亦哀亦乐之情景。此种情景在此期《梁甫吟》《将进酒》等诗中皆可见之。

《梁甫吟》，又作《梁父吟》，古乐府诗题。其曲声悲，故蔡邕《琴颂》称之为"梁甫悲吟"。本年冬，李白游洛阳龙门，有《冬夜醉宿龙门觉起言志》一诗。本篇与之为一时之作，诗旨亦同，皆抒怀才不遇之情，唯较前者更为恣肆。

《梁甫吟》全诗如下：

长啸《梁甫吟》，何时见阳春？君不见朝歌屠叟辞棘津，八十西来钓渭滨。宁羞白发照清水，逢时壮气思经纶。广张三千六百钓，风期暗与文王亲。大贤虎变愚不测，当年颇似寻常人。君不见高阳酒徒起草中，长揖山东隆准公。入门不拜骋雄辩，两女辍洗来趋风。东下齐城七十二，指挥楚汉如旋蓬。狂客落魄尚如此，何况壮士当群雄。我欲攀龙见明主，雷公砰訇震天鼓，帝旁投壶多玉女。三时大笑开电光，倏烁晦冥起风雨。阊阖九门不可通，以额扣关阍者怒。白日不照吾精诚，杞国无事忧天倾。猰貐磨牙竞人肉，驺虞不折生草茎。手接飞猱搏雕虎，侧足焦原未言苦。智者可卷愚者豪，世人见我轻鸿毛。力排南山三壮士，齐相杀之费二桃。吴楚弄兵无剧孟，亚夫咍尔为徒劳。《梁甫吟》，声正悲。张公两龙剑，神物合有时。风云感会起屠钓，大人峣屼当安之。

此篇作意、作法均与《梁园吟》相类似，唯驱遣故实更多。"朝歌屠叟"谓姜尚。尚为殷末高士，少为人婿，老而见弃，屠牛朝歌，赁于棘津，钓于磻溪。文王举而用之，立为师。武王即位，尊为尚父，佐武王灭殷，封于齐。"宁羞"犹言何羞、不羞也。"经纶"指治理国家之大事。"三千六百钓"谓姜尚钓于渭滨十年，其志向（即风期）在于与文王相亲近。《易·革》："大人虎变，其文炳也。""虎变"犹言伟大人物出处变化有如虎纹之变，斑斓夺目，非愚人可测。"高阳酒徒"谓秦汉之际陈留高阳人郦食其。"隆准公"指刘邦。郦食其好读书，家贫落魄而胸怀大志，县中皆称为狂生。刘邦为沛公时引兵过陈留，郦生前往谒见，使者入报，沛公问："何如人？"答"类大儒"，沛公曰："言我方以天下为事，未暇见儒人也。"使者出告，郦生按剑叱使者曰："吾高阳酒徒，非儒人也。"入谒，沛公方倨床使两女子洗足，郦生长揖不拜，大骋雄辩，于是沛公辍洗，延郦生上座，从郦生之计，遂下陈留。事见《史记·高祖本纪》《郦生列传》。"狂客落魄"以下，即借姜尚与郦生遭遇写个人感慨与怀抱。"我欲攀龙"三句谓己欲干谒帝王，而为权贵佞臣所阻；"三时大笑"二句意谓朝廷政令无常，恩威莫测。阊阖指天门，阍者指看守天门者。屈原《离骚》："吾令帝阍开关兮，倚阊阖而望予。"宋玉《九辩》："岂不郁陶而思君兮，君之门以九重。"二句意谓君门九重，贤路闭塞。"白日"喻时君，"杞国"指自己。《列子·天瑞》："杞国有人忧天地崩坠，身无所寄，废寝食者。"二句谓皇帝并不察己之忠诚，而自己却感念权臣当道，岂非如杞人忧天？猰㺄是传说中恶兽，食人，喻邪臣；驺虞为传说中善兽，不践生草，喻贤臣。飞猱，猿猴中之最矫捷者，雕虎即斑斓猛虎；焦原即石焦原，相传莒国有石焦原，广五十步，临百仞之谷，人莫敢近，唯勇者能"却行齐踵"（即倒行至最边沿处）。见《尸子》。以上二句极言己之勇力。"智者可卷"二句谓己乃大智之人，可舒可卷，用之则行，舍之则藏，不愿效愚人徒逞一时之豪，世人遂以为我无能，视我如鸿毛。"力排南山"二句，用晏子二桃杀三士事。春秋齐景公时，有公孙接、田开疆、古冶子三人，皆以勇力称，高傲无理，晏子请景公赠之二桃，使三人论功食桃，三人遂争功而死。见《晏子春秋》。此三人即所云"愚者豪"者。剧孟为汉时大侠，亚夫即周亚夫，汉名将。文帝时，吴楚反，亚夫往讨之，至河南，得剧孟，喜曰："吴楚举大事而不求剧孟，吾知其无能为已。"见《史记·游侠列传》。哈，嗤笑也。张公谓晋人张华。华博学多识，夜见斗牛二宿间有异气，遂使雷焕往丰城求之，焕掘丰城狱，得二剑，其一送张华，其一自佩。华谓焕曰："详观剑文，乃干将也，莫邪何复不至？虽然天生神物，终当合尔！"后华被诛，失剑所在。焕死后，其子佩剑经延平津，剑忽跃入水，但见两龙蟠萦，光彩照水，波浪惊沸。见《晋书·张华传》。崥屼，不安貌；末二句谓君臣遇合必当有时，有志之士无须浮躁，待时而起可也。

前人多以此诗为天宝年间被斥去朝后作，误。诗中以太公、郦生为喻，皆是未遇时之口吻。且有"我欲攀龙见明主""以额扣关阍者怒"等语，分明是初入长安时之情景。此期所作诸诗，如前此之《梁园吟》等诗，后此之《将进酒》等诗，皆有一共同特点，即虽悲不遇，然犹寄希望于将来。故每于感叹唏嘘之际，尚能自慰自解，如"东山高卧时起来，欲济苍生未应晚"；如"天生我材必有用，千金散尽还复来"等等。本篇亦有此特点，既则曰："大贤虎变愚不测，当年颇似寻常人"；再则曰："狂客落魄尚如此，何况壮士当群雄"；终则曰："风云感会起屠钓，大人岘屼当安之"等等。其所以如此，盖时代使然。开元之世政治毕竟尚属清明，李白亦正值盛年。初入长安虽受挫折，然仅以为时机未至，犹冀风云感会，大展宏图，故每于诗中作此等语。天宝年间被斥去朝后诸作，不复如此。

开元二十年（732）春，李白三十二岁，游东都洛阳。

唐之洛阳，为隋炀帝营建，在旧洛阳城西十八里。北据邙山，南值伊阙之口，洛水贯都，有天汉之象。其上有大桥名曰"天津"。《尔雅》有"箕斗之间为天汉之津"，故名。李白天宝年间所作《忆旧游寄谯郡元参军》诗云："忆昔洛阳董糟丘，为余天津桥南造酒楼。黄金白璧头歌笑，一醉累月轻王侯。"所忆即此时事。有《前有樽酒行二首》等诗，兹录其中一首如下：

琴奏龙门之绿桐，玉壶美酒清若空。催弦拂柱与君饮，看朱成碧颜始红。胡姬貌如花，当垆笑春风。笑春风，舞罗衣，君今不醉将安归？

其狂放而又无奈之生活于此可见一斑。

又有《春夜洛城闻笛》一首，为倦游思归之作。诗曰：

谁家玉笛暗飞声，散入春风满洛城。此夜曲中闻折柳，何人不起故园情？

又有《寄远十二首》，为近三年中旅居长安、洛阳等地寄内诗，或自代内赠诗。

本年秋，返安陆途中，经南阳，初访崔宗之。宗之为崔日用之子。日用因参与平定韦后之乱有功，曾为相月余，封齐国公，见两《唐书》本传。宗之仕于开元中，初为起居郎，再为尚书礼部员外郎，转本司郎中，见崔祐甫《齐昭公崔府君集序》。二人一见如故，互有酬赠。宗之《赠李十二》诗云："凉秋八九月，白露空园亭。耿耿意不畅，梢梢风叶声。思见雄俊士，共话今古情。李侯忽来仪，把袂苦不早。清论既抵掌，玄谈又绝倒。分明楚汉事，历历王霸道。担囊无俗物，访古千里余。袖有匕首剑，怀中茂陵书。双眸光照人，词赋凌《子虚》。……"李白《酬崔五郎中》诗云:"朔云横高天,万里起秋色。壮士心飞扬,落日空叹息。长啸出原野,凛然寒风生。幸遭圣明时,功业犹未成。奈何怀良图,郁悒独愁坐。杖策寻英豪,立谈乃知我。崔公生民秀,缅邈青云姿。制作参造化,托讽含神祇。海岳尚可倾,吐诺终不移。是时霜飚寒,逸兴临华池。起舞拂长剑,四座皆扬眉。因得穷欢情,赠我以新诗。……"二人于是定交,数有往来,直至天宝中。

本年冬,在洛阳结识之友人元演又邀游随州,往访道门龙凤胡紫阳,有《题随州紫阳先生壁》诗一首,又有《冬夜于随州紫阳先生餐霞楼送烟子元演隐仙城山序》一文。直至岁末,方返安陆。

二 高冠佩雄剑,长揖韩荆州

开元二十一年(733),李白三十三岁。闲居安陆白兆山桃花岩,构石室,开山田,日以读书、赋诗、饮酒为事,一似绝意仕进者。

例如《春日醉起言志》:

处世若大梦,胡为劳其生。所以终日醉,颓然卧前楹。觉来盼庭前,一鸟花间鸣。借问此何时?春风语流莺。感之欲叹息,对酒还自倾。浩歌待明月,曲尽已忘情。

又如《山中与幽人对酌》：

> 两人对酌山花开，一杯一杯复一杯。我醉欲眠卿且去，明朝有意抱琴来。

实则恐功业未成而青春已逝之忧，常念兹在兹也。太白岂是甘老林下者？

开元二十二年（734），李白三十四岁。春，出游襄阳，谒韩朝宗。朝宗初历左拾遗，累迁荆州长史。本年二月，朝廷初置十道采访使，以襄州刺史韩朝宗兼判山南东道，见《新唐书》本传。朝宗以推贤进士知名，所谓"生不用封万户侯，但愿一识韩荆州"云云。李白前往谒之，继又上书。然求荐不遂，乃作《襄阳歌》大抒愤懑。

《襄阳歌》，郭茂倩《乐府诗集》以之入"杂歌谣辞"。全诗如下：

> 落日欲没岘山西，倒着接䍦花下迷。襄阳小儿齐拍手，拦街争唱《白铜鞮》。傍人借问笑何事，笑杀山公醉似泥。鸬鹚杓，鹦鹉杯。百年三万六千日，一日须倾三百杯。遥看汉水鸭头绿，恰似葡萄初酦醅。此江若变作春酒，垒曲便筑

糟丘台。千金骏马换小妾，笑坐雕鞍歌落梅。车旁侧挂一壶酒，凤笙龙管行相催。咸阳市中叹黄犬，何如月下倾金罍？君不见晋朝羊公一片石，龟头剥落生莓苔。泪亦不能为之堕，心亦不能为之哀。清风朗月不用一钱买，玉山自倒非人推。舒州杓，力士铛，李白与尔同死生。襄王云雨今安在？江水东流猿夜声。

岘山在襄阳东南九里，东临汉水。接䍦是一种白色便帽，倒着接䍦既是醉态，也是消散、无检束之态。"花下迷"犹言在花下酣睡也。此诗前六句写晋人山简，又以山简自拟。山简是"竹林七贤"之一山涛幼子，永嘉三年（309），出任征南将军，镇守襄阳，常出游，每醉酒而归，儿童为之歌曰："山公时一醉，径造高阳池。日莫倒载归，茗艼无所知。复能乘骏马，倒着白接䍦。"见《世说新语·任诞》。"鸭头绿"为一种颜色，翠绿似鸭头毛色者，此以形容汉水，匪夷所思，实亦醉中语也。因为鸭头绿正是葡萄美酒的颜色，故下句即写到酿酒。"酘醅"就是葡萄发酵。以下继续从正反两方写及时行乐，先用魏曹彰的故实，再用秦李斯的故实。曹彰性倜傥，偶逢骏马，爱之，马主惜而不售，彰竟以一美妾换之。见《独异志》。李斯为秦相，秦二世二年（前208）七月，腰斩咸阳市，临刑，顾谓其子曰："吾欲与若复牵黄犬，俱出上蔡东门逐狡兔，岂可得乎？"父子相哭而夷三族。见《史记·李斯列传》。此下写到晋人羊祜,虽仍是古人故实,却另有深意了。羊祜亦是晋名士,都督荆州诸军事,镇守襄阳,长达十年,颇得人心。常登岘山,置酒言咏,终日不倦。后举杜预以自代。死后,襄阳百姓于岘山建碑立庙,见其碑者,莫不堕泪,杜预因名之为堕泪碑。此诗的"一片石",表面上指堕泪碑,实有深意在焉。北朝温子升作《韩陵山寺碑》,庾信读而写其本,南人问信曰:"北方文字何如?"信曰:"惟有韩陵山一片石堪共语。"见张鹭《朝野佥载》。羊祜堕泪碑,实指当时的襄州刺史韩朝宗,谓其徒有口碑而已。末二句总括诗意。"云雨"一词有二源,一出宋玉《高唐赋》,谓男女之事;一出《诗·殷其雷》毛传:"山出云雨,以润天下。"后世因以喻恩泽。白诗用"云雨"多达八处,多数喻恩泽,此即一例。二句意谓:朝廷广开才路,诸侯推贤进士,多沦为空文,有如江水东流,三峡猿啼,徒然令人增悲戚而已。

开元二十八年(740),太白有《忆襄阳旧游赠济阴马少府巨》一诗,诗中有句云:"昔为大堤客,曾上山公楼。高冠佩雄剑,长揖韩荆州。"所忆即本年事。古时相见之礼,拱手弯腰谓之揖,拱手自上至极下谓之长揖,下跪叩首谓之拜。韩朝宗为三品大员,太白长揖不拜,有平交王侯之意。谒韩之后,有《与韩荆州书》,书中求荐之情甚切,并有句云:"幸愿开张圣听,不以长揖见拒。"或即终以长揖见拒,致干谒无成,大失所望,遂有《襄阳歌》之作。然此诗抒愤懑,发牢骚,纯以饮酒作乐之事及任达放浪之语出之，寓庄于谐，寓哀于乐。读者不察，往往忽其言外之重旨，篇中之微辞。故须细玩诗意，方知颓唐至极，愤慨至极，所谓"嬉笑之怒甚于裂眦"是也。

三　北游太原

开元二十三年（735），李白三十五岁。友人元演邀游太原。太原，古郡名。武德元年（618）罢郡为并州总管，后又置大都督府。以王业所兴，又建北都，后又改为北京。元演之父（名不详）时为太原留守，款待甚殷，故白滞留北地一年之久。中间当曾游北岳恒山及雁门，有诗多首，自不待言，然多已散佚。唯从天宝年间所作《忆旧游寄谯郡元参军》一诗得知一二。今录有关诗句如下：

忆昔洛阳董糟丘，为余天津桥南造酒楼。黄金白璧买歌笑，一醉累月轻王侯。海内贤豪青云客，就中与君心莫逆。回山转海不作难，倾情倒意无所惜。……君家严君勇貔虎，作尹并州遏戎虏。五月相呼渡太行，摧轮不道羊肠苦。行来北京岁月深，感君贵义轻黄金。琼杯绮食青玉案，使我醉饱无归心。……

辞别主人时，又承主人厚爱，馈赠甚丰。从《将进酒》所云"千金散尽还复来"及"五花马""千金裘"等可知。

次年秋，李白始自太原返至洛阳。适值岑参之兄岑勋见寻，有诗《酬岑勋见寻就元丹丘对酒相待以诗见招》，旋又往元丹丘颍阳山居。于是三人置酒高会，畅叙心曲，遂有《将进酒》一诗之作。全诗如下：

君不见黄河之水天上来，奔流到海不复回！君不见高堂明镜悲白发，朝如青丝暮成雪！人生得意须尽欢，莫使金樽空对月。天生我材必有用，千金散尽还复来。烹羊宰牛且为乐，会须一饮三百杯。岑夫子，丹丘生，将进酒，杯莫停。与君歌一曲，请君为我倾耳听。钟鼓馔玉不足贵，但愿长醉不复醒。古来圣贤皆寂寞，惟有饮者留其名。陈王昔时宴平乐，斗酒十千恣欢谑。主人何为言少钱？径须沽取对君酌。五花马，千金裘，呼儿将出换美酒，与尔同销万古愁。

《将进酒》，古乐府诗题。将(qiāng)，请也。将进酒，即请饮酒。白拟之以抒己怀。诗中的丹丘生即元丹丘，白之故人。诗中的岑夫子即岑勋，白之新交。元丹丘颍阳山居，背倚马岭，连峰嵩丘，或可遥见黄河，故首句以黄河起兴。前四句感慨年华易逝，如同黄河之水，一去不复返。"人生得意"四句，表面上看是大失意后的大颓废语,其实也是大悲愤语,故前二句极消沉,后二句("天生我材必有用"二句)又极振作。"钟鼓馔玉",瞿、朱谓当作鼓钟馔玉,其说是。鼓,敲也;馔,烹也,皆作动词用。古豪富之家每有宴会必鸣钟鼓以奏乐,馔玉极言饮食之洁净。"陈王"谓曹植,植为曹丕所忌,不得用,饮酒无度,抑郁而终。"平乐"是宫殿名,"斗酒十千"则极言酒之名贵。五花马,一说马之毛色作五花纹者,一说梳剪马鬃作五花瓣者。五花马、千金裘泛指名贵之物之不足惜,非实指。万古愁则极言愁之深广也。

《将进酒》一诗,前此诸家亦多以为天宝年间去朝之后作,非。综观李集,初入长安以前作品,很少感慨,更无牢骚;待诏翰林被斥去朝以后,伤心备至,牢骚特甚;唯有两者之间,即开元后期,往往旋发牢骚,旋又自慰解。《梁园吟》如此,《梁甫吟》亦然,《将进酒》尤为典型。正如杨载《诗法家数》所谓:"如兵家之阵,方以为正,又复为奇;方以为奇,忽复是正。奇正出入,变化不可纪极。"其所以如此,前人仅以诗法释之,实亦际遇使然,时代使然。开元后期,玄宗在位岁久,渐肆奢欲,怠于政事。贤相张九龄遇事无细大皆力争;李林甫巧伺上意,专以奉迎为务,并日夜短九龄于上。二十四年(736)终罢九龄而专任林甫。自是以后朝廷之士,皆容身保位,无复直言。后世遂以此事为开天之世盛衰转折之始。是时,玄宗励精图治之心虽已日渐减退,而盛世明主之光辉犹在太白心目。太白此时年逾而立,未届不惑,亦觉来日方长，尚属大有可为。故每于感慨唏嘘之际，犹能自慰解。此种心情发而为诗，自然形成明暗交错、悲欢杂糅之特点。此种特点之李诗，求之开元前期不可得，求之天宝年间亦不可得，实舍此期莫属。

开元二十五年（737），李白三十七岁。闲居安陆。有《春日独酌二首》《庭前晚开花》《愁阳春赋》《惜余春赋》诸作。

《春日独酌二首》等闲适诗，虽言"长醉歌芳菲"，"淡然万事闲"，然亦有"彼物皆有托，吾生独无依"之感，"但恐光景晚，宿昔成秋颜"之忧。此种心情在《愁阳春赋》《惜余春赋》二文中表现更为强烈。《愁阳春赋》中有句云："春心荡兮如波，春愁乱兮如雪。兼万情之悲欢，兹一感于芳节。……若使春光可揽而不灭兮，吾欲赠天涯之佳人。"此处"佳人"盖指时君。《惜余春赋》中有句云："春每归兮花开，花已阑兮春改。叹长河之流速，送驰波于东海。春不留兮时已失，老衰飒兮情逾疾。恨不得挂长绳于青天，系此西飞之白日。"以上诸作皆有感于青春将逝而功业无成也。此期诗作，除自嗟叹外，对朝廷亦有怨望之情。如《庭前晚开花》：

西王母桃种我家，三千阳春始一花。结实苦迟为人笑，攀折唧唧长咨嗟。

此诗王本辑入"诗文拾遗",谓其凡俗,不类太白。然两宋本固有之,编在二十三卷。此以庭前晚开之桃花起兴,感慨久不得志,并对朝廷隐有微辞。首二句,西王母桃,用《汉武内传》故事:相传西王母降临汉宫,以仙桃食武帝,帝觉其味甘美异常,食毕辄收其核,欲自种之。王母曰:"此桃三千年一生实,中夏地薄,种之不生。"末二句,感叹庭前所种之桃(自喻)开花苦迟,结实无期,其亦"中夏地薄"之故欤?

四 "万里征"(上)

开元二十六年(738),李白三十八岁。因感年近不惑而功业无成,遂有"万里征",广事干谒。兹略志其行踪与作品如下:

春,出游南阳,有《南都行》,当是向崔宗之辞行并求资助。旋别去,又有《送友人》诗云:

青山横北郭,白水绕东城。此地一为别,孤蓬万里征。浮云游子意,落日故人情。挥手自兹去,萧萧班马鸣。

诗题疑为后人妄加。细玩诗意,当是《别友人》,所别之友人当为崔宗之。首二句,写离别之地,此景唯南阳有之:南阳北有独山,东有白河,故云。孤蓬,太白自喻。浮云徘徊而不即去,以喻游子之意，太白自谓；落日衔山而不遽落，以喻故人之情，谓友人。班马，班，别也。末二句意谓：主客之马将分道扬镳，故萧萧长鸣，亦似有离群之感。

李白离南阳后，北至颍阳山居，向元丹丘辞行。临行，有《颍阳别元丹丘之淮阳》一诗。诗末有云"别尔东南去，悠悠多悲辛。前志庶不易，远途期所遵。已矣归去来，白云飞天津"。意谓：此行有成，则功成身退，否则远游归来，即相与偕隐。

东南行，至陈州（即淮阳，其地在今河南东南部）。有《送侯十一》诗。侯十一，名不详，似亦远游以事干谒之人。二人皆不得意，故诗中有"余亦不火食，游梁同在陈"之语。用孔子周游列国，在陈绝粮故事。

东北行，至宋州，居留有日。别后有《淮阴书怀寄王宋城》，中有句云："予为楚壮士，不是鲁诸生。"盖曾求助于宋城县令王某，王某以朝廷方重边功，爱莫能助为辞以谢之。白乃寄以此诗，意谓我乃韩信之材，非是无用之鲁儒生。

复东南行，至泗州下邳县（在今江苏北部），有《经下邳圯桥怀张子房》诗。诗云：

子房未虎啸，破产不为家。沧海得壮士，椎秦博浪沙。报韩虽不成，天地皆振动。潜匿游下邳，岂曰非智勇？我来圯桥上，怀古钦英风。唯见碧流水，曾无黄石公。叹息此人去,萧条徐泗空。

圯桥,在下邳城郊沂水上,相传即汉张良遇黄石公处。诗末四句,隐以张良自喻,感慨今无黄石公其人,惜无所遇也。

复东南行,至楚州安宜县(即今江苏宝应县),有诗《赠徐安宜》,徐,安宜县令。诗末有句云:"游子滞安邑,怀恩未忍辞。翳君树桃李,岁晚托深期。"当在安宜过冬,至次年春始离去。

开元二十七年(739),李白三十九岁,春,继续"万里征"。有诗《寄淮南友人》,旋即南下扬州。有《少年行》(君不见淮南少年游侠客)。诗中对当时游侠之受王侯及府县豢养,因而生活豪侈,意气骄矜,似乎极其羡慕,甚至有自暴自弃之语:"男儿百年且乐命,何须徇书受贫病?男儿百年且荣身,何须徇节甘风尘?……"实则因朝廷求贤诏令沦为虚文,而重边功,致使当时游侠多沦为流氓与兵痞(参见第二章第五节),故以美为刺,反话正说。诸家视为伪作,未谛。

春夏间行至江东时,有《久别离》一诗,为忆内之作,但通篇拟为许氏夫人之语。诗首有句云:"别来几春未还家?玉窗五见樱桃花。"五见,当系合前后两次远游而言·白开元十八年(730)初入长安,首尾三年在外;此次"万里征"又两年在外。合而言之,恰是五年。诗中又有句云:"去年寄书报阳台,今年寄书重相催。"显系指上年及本年远游在外,许氏皆有书信促归。

诗中又有句云："东风兮东风,为我吹行云使西来。"行云,谓远游在外之太白,时太白在江东,故许氏祈东风"使西来",即归安陆也。

集中有《见京兆韦参军量移东阳二首》。量移,《日知录》卷三十二:"唐朝人得罪贬窜远方,遇赦改近地,谓之量移。"东阳,县名,属江南道婺州(东阳郡),今为浙江东阳县。詹锳云:"按《旧唐书·玄宗纪》,开元中左降官凡两度量移近处:一在开元二十年,一在开元二十七年。"(见《李白诗文系年》)窃按开元二十年(732),李白未曾至江东,此诗之作当在开元二十七年(739)五月,适与本年游踪相接。由此可知,太白"万里"之行曾至越中。集中又有《与从侄杭州刺史良游天竺寺》一诗亦本年在越中作,亦见《李白诗文系年》。

本年秋,李白溯江西上,行至宣州当涂县,有《夜泊牛渚怀古》一诗:

牛渚西江夜,青天无片云。登舟望秋月,空忆谢将军。余亦能高咏,斯人不可闻。明朝挂帆席,枫叶落纷纷。

牛渚山,一名采石矶,在当涂县北长江之滨,今属安徽马鞍山市。谢将军,即谢尚,晋镇西将军,曾识拔袁宏于贫贱之中。宏,字彦伯,有逸才,少贫,为人驾船运粮。时谢尚屯牛渚,月夜泛江，闻一舟中有讽咏之声，甚有情致。遣人问之，乃袁宏咏其自作《咏史诗》，尚大加叹赏，宏因之声名大著，见《世说新语·文学》。太白诗以袁宏自喻，叹今世无谢尚也。末二句中"挂帆席"，一作"洞庭去"，由此可知其行踪。

溯江西上途中，有《月夜江行寄崔员外宗之》。又有《江上寄元六林宗》。元林宗即元丹丘。

五 "万里征"（下）

继续溯江西上，至荆州江陵。其间曾往岳州巴陵与挚友王昌龄相会①。昌龄时在贬谪岭南途中，得悉太白近况后，劝其归隐。太白不受昌龄之劝，犹欲"建功及春荣"。二人离去时互有酬赠。

李白有《邺中赠王大劝入高凤石门山幽居》一诗，当作于是时。诗全文如下：

一身竟无托，远与孤蓬征。千里失所依，复将落叶并。中途偶良朋，问我将何行。欲献济时策，此心谁见明？君

---

① 王昌龄，字少伯，第进士，补校书郎。又中宏辞科，迁汜水尉，本年贬谪岭南。天宝八载（749）又自江宁丞贬为龙标尉。诗名仅次于李杜，而长期沉沦下僚。安史乱起还乡里，为刺史闾丘晓所杀。

王制六合，海塞无交兵。壮士伏草间，沉忧乱纵横。飘飘不得意，昨发南都城。紫燕枥上嘶，青萍匣中鸣。投躯寄天下，长啸寻豪英。耻学琅邪人，龙蟠事躬耕。富贵吾自取，建功及春荣。我愿执尔手，尔方达我情。相知同一己，岂唯弟与兄？抱子弄白云，琴歌发清声。临别意难尽，各希存令名。

前此对此诗题目、作时、作地多有误解，须加以澄清。

瞿、朱云："邺中下萧本、咸本俱无赠字。王本注云：萧本缺赠字。按：诗意不当有赠字。"又在"评笺"部分按云："两宋本、缪本、王本邺中下俱多一赠字，殊不合诗意。盖劝入石门幽居者乃王大，非白也。诗云：'耻学琅邪人，龙蟠事躬耕。'正不受其劝也。"（《李白集校注》）此说固有助于明确题意，然亦有未尽善处。细玩诗题及全文，其大意是：李白在远游途中与友人王大相遇，携手言怀。王大问李白远游何事，李白答以"欲献济时策"等语，意欲干谒求荐，向朝廷建言，以遂其立功报国之心。王大劝其入山隐居，李白不受其劝，乃作此诗，以明其志。观诗中有"我愿执尔手，尔方达我情"等语，可知此诗是为王大而发。似此则题中"赠"字并非衍文，而是"答"字之误，且应在邺中二字之前。全题应作《答邺中王大劝入高凤石门山幽居》（以下简称《答邺中王大》）。如此，则文从字顺，疑窦自消。李集中尚有《答湖州迦叶司马问白是何人》等题与此同一类型，可参。

本篇作时、作地可从以下各点推知：

一、从诗中时事推知：

诗中"欲献济时策"数句，乃感慨开元后期征伐"两蕃"事。奚与契丹，古称林胡，唐号"两蕃"，开元十八年（730）叛附突厥，屡为东北边患。开元二十年（732）正月，以信安郡王祎为河东河北副元帅，将兵伐之，杀获甚众。二十二年（734）六月，幽州节度使张守珪又伐之。其年十二月，斩其王屈烈及大臣可突干，传首东都，余众散走山谷。二十五年（737）三月，张守珪又破其余众于捺禄山。此数年间，玄宗屡有诏书，或择日告庙，或批答贺捷，或督责边将，或勒石纪功，见《旧唐书·玄宗纪》及《全唐文》卷三十四、卷三十七。讨平"两蕃"在当时既属大事，故在李白诗文中有所反映。玄宗征伐"两蕃"，有类汉武。天宝年间穷兵黩武之祸，实已肇端于此时。故有识之士不以为庆，反以为忧。除李白外，王昌龄集中亦有开元忧时之作。

王昌龄有《宿灞上寄侍御玙弟》《代扶风主人答》《箜篌引》等诗，亦感征戍之作，亦是为东北边事而发。《代扶风主人答》诗中有句云："将军降匈奴，国使没桑干。去时三十万，独自还长安。不信沙场苦，君看刀箭瘢。"《箜篌引》中有句云："有一迁客登高楼，不言不寐弹箜篌。弹作蓟门桑叶秋，风沙飒飒青冢头。将军铁骢汗血流，深入匈奴战未休。黄旗一点兵马收，乱杀胡人积如丘。……仆本东山为国忧，明光殿前论九畴。粗读兵书尽冥搜，为君掌上施权谋。"昌龄亦意欲有所建言，与李诗"欲献济时策"同一胸怀。

综上所述，从诗中时事以及同时诗人有关作品推定，《答邺中王大》当是开元后期之作。

二、从诗中行踪推知：

从诗中可以看出，李白时在远游途中且已至次年秋，远游目的为干谒求荐以陈策，远游出发之地为南阳，李白一生虽多次漫游，然自南阳首途，行程数千里，为时达两年，以干谒为目的之远游，只有开元二十六年（738）至二十七年（739）江淮吴越之行，即所谓"万里征"。

诗之首二句云："一身竟无托，远与孤蓬征。"同自南阳首途时《别友人》诗中"此地一为别，孤蓬万里征"二句，遥遥相接。诗中分明又有"昨发南都城"之句，所谓"昨"者，自是昨岁。诗之三、四句又云："千里失所依，复将落叶并。"意谓远游数千里，再值落叶之季。似此，则此诗当是"万里征"之尾声，当作于开元二十七年（739）秋行至岳州（巴陵）时。

三、从题中之"邺中王大"推知：

题中之"邺中王大"当系王昌龄。王昌龄行大，同时诗人如王维、孟浩然、岑参等诗中皆称之为"王大"。

王昌龄之籍贯，前此诸家，或以为太原，或以为京兆，或以为江宁。实则太原为其郡望，京兆为其迁居之地，江宁为其任职之所，诸说皆非不可拟议之定论。昌龄《别李浦之京》诗云："故园今在灞陵西"，既云"今在"，可见昔不在。然则昌龄旧居何地？其《洛阳尉刘晏与府掾诸公茶集天宫寺岸道人上房》诗云："旧居太行北。"前此皆以"太行北"指太原，但昌龄集中虽有游并州诗，然纯系客游，并无只字片语以太原为其旧居，故知"太行北"非必指太原，今考邺郡亦可称"太行北"。太行山虽绵延千有余里，然其主峰则在邺郡西南。曹操《苦寒行》"北上太行山，艰哉何巍巍！羊肠坂诘屈，车轮为之摧"即指此。《史记正义》引《括地志》云："太行山在怀州河内县北二十五里，有羊肠坂。"（《殷本纪》）可见自古称太行皆以其主峰而言。自太行山主峰而言之，邺郡固可谓"太行北"。似此，则昌龄诗中所谓"旧居太行北"，当指邺郡，故李白诗题中称之为"邺中王大"。

王昌龄初谪岭南，詹锳、傅璇琮诸先生均定为开元二十七年（739）秋，可从，昌龄谪赴岭南途中与李白相遇于岳州，有《巴陵送李十二》一诗。诗曰：

摇曳巴陵洲渚分，清江传语便风闻。山长不见秋城色，日暮兼葭空水云。

此诗虽历来为诸家多次引证，然诗意迄未阐明，似以为一般送别之作，实则其中大有深意。兹试析之，诗首句写二人赋别之地；次句似写获悉李白《答邺中王大》一诗；三句"秋城"语出刘歆《甘泉宫赋》："轶陵阴之地室，过阳谷之秋城。"顾炎武《历代宅京记》引《关辅记》云："……甘泉宫，秦所造，在今池阳县西甘泉山，宫以山为名，周匝十余里。汉武帝建元中增广之，周十九里。去长安三百里，望见长安城。"赋中之"秋城"指长安。末句语出《诗·秦风·蒹葭》："蒹葭苍苍，白露为霜。所谓伊人，在水一方。溯洄从之，道阻且长。溯游从之，宛在水中央。"三、四两句比兴其辞，意谓山长水阔，不见长安，难觅伊人，望中唯有水云缥缈，暮色苍茫而已。言下之意，自然是指李白忧时之心，报国之志，无从实现，终将徒劳。由此观之，《巴陵送李十二》与《答邺中王大》实为一时酬唱之作。似此，则李白在远游途中所遇之"良朋"，劝其"入高凤石门山幽居"之"王大"非昌龄而何？

综合以上数点观之，《答邺中王大》当是李白开元二十七年（739）秋，行至岳州与王昌龄相遇，携手言怀后，临别留赠之作。昌龄多年沉沦下僚，且又在迁谪途中，深知仕途艰难，故劝李白归隐；而李白正值盛年，尚思"建功及春荣"，故作此诗以谢之。

《答邺中王大》一诗之作时、作地、作意以及其他有关问题考索既明，不仅可以增进李白生平之了解，而且为王昌龄研究提供一些新线索。

王昌龄被谪原因迄未详，今观其在岳州与李白酬唱之作，可略见端倪。昌龄前此既有忧时之作，亦有建言之心，与李白"欲献济时策"同一胸怀。何以对李白加以劝阻，甚至劝其归隐，且对时局有"日暮蒹葭空水云"之感。似此，则其被谪或即因建言获罪欤？

岁晚，南游洞庭，直至苍梧，复返荆州，终于一筹莫展。有《郢门秋怀》一诗。诗云：

郢门一为客，巴月三成弦。朔风正摇落，行子愁归旋。杳杳山外日，茫茫江上天。人迷洞庭水，雁度潇湘烟。清旷谐宿好，缁磷及此年。百龄何荡漾，万化相推迁。空谒苍梧帝，徒寻溟海仙。已闻蓬海浅，岂见三桃圆？倚剑增浩叹，扪襟还自怜。终当游五湖，濯足沧浪泉。

郢，春秋时楚都，故址在江陵东北五里，此代指江陵。首四句，言在江陵逗留一月有余，已是草木凋零之深秋，临当北归之时，不感欣喜，反觉忧愁。其所以如此，又一次"羞为无成归"也。以下四句，既写秋夕惨淡之景，亦抒穷途凄迷之情。"空谒苍梧帝，徒寻溟海仙"者，总谓此次耗时近两年之"万里征"，遍干诸侯，仍然一事无成也。"已闻蓬海浅，岂见三桃圆"：上句用《神仙传》中麻姑之语："向到蓬莱，水又浅于往日"；下句用《汉武故事》中侏儒之言："王母种桃，三千年一结子。此儿（指东方朔）

不良，已三过偷之。"此处反用其意，岂见，犹不曾见也。二句皆用神话故事讽喻时政，意谓：朝廷恩泽已渐次减退，已已年逾不惑，犹未得一沾。末二句：上句用范蠡事，言己终当隐遁；下句用《楚辞·渔父》之歌："沧浪之水清兮，可以濯我缨；沧浪之水浊兮，可以濯我足。"清，喻明时；浊，喻浊世。此处偏用后句，言己奔走四方不过濯足沧浪而已。虽是自嘲，而视当时为浊世之意，显然见于言外。

此后，李白当经江夏北返安陆家中。

李白虽自称"酒隐安陆，蹉跎十年"，似乎一无所成，青春虚度；实则此十年间，乃是李白人生道路上之峡江，"天将降大任于斯人"之前奏。此期，李白为实现其雄心壮志，可谓屡战屡败而又屡败屡战。阅历渐富，感慨殊多。自然而然，眉睫之前卷舒风云之色，吟咏之际吐纳金石之声。遂有重要诗文多篇，尤以乐府歌行之作呈现出江潮汹涌之势。乐府歌行本出民间，言志缘情，遥接《风》《骚》，而又大小短长，素无定体，极利于发人才思。白本不羁之才，自然垂青于此。不仅加以利用，而且加以发展与创造。不仅止于拟古，而且用以讽今。其壮志豪情，幽思秘旨，多借此体之形式与技巧抒发之。遂成为时政之针砭，盛世之危言。当大唐帝国如日中天之际，首先察觉其"圆光过满缺，太阳移中昃"者，其唯太白乎？

第四章
顾余不及仕，学剑来山东
—— 移家东鲁

一 东鲁行

鲁，周武王封弟周公旦于曲阜，曰鲁，见《史记·周本纪》。东鲁，唐时河南道兖州（鲁郡）之别称，管县十一：瑕丘、金乡、鱼台、邹县、龚丘、乾封、莱芜、曲阜、泗水、任城、中都，见《元和郡县志》。治城瑕丘，即今山东兖州市。其所以称东鲁，亦犹吴地之称东吴，以及秦地之称西秦、蜀地之称西蜀之类。

李白移家东鲁事，因其有关诗作散佚过多，难以具言；又因两《唐书》本传，旧书讹误，新书简陋，亦难以征引。遂使后世之人殊感其事恍惚。

大致可据者，唯有《五月东鲁行答汶上翁》一诗，聊以作为移家东鲁之始。全诗如下：

五月梅始黄，蚕凋桑柘空。鲁人重织作，机杼鸣帘栊。顾余不及仕，学剑来山东。举鞭访前途，获笑汶上翁。下愚忽壮士，未足论穷通。我以一箭书，能取聊城功。终然不受赏，羞与时人同。西归去直道，落日昏阴虹。此去尔勿言，甘心如转蓬。

王琦《李太白年谱》以游齐鲁岁月不可详考，附于开元二十三年（735），游太原之后，时太白三十五岁。王瑶《李白》同此。

詹锳引"王谱"文后按云："白之至东鲁在五月，而是年秋间白尚在太原，王说恐误，今改系本年。"即开元二十四年（736），时太白三十六岁，见《李白诗文系年》。郭沫若《李白与杜甫》同此。

郁贤皓于《五月东鲁行》诗后按云："此诗乃结束'酒隐安陆，蹉跎十年'生活后，于开元二十七年（739）往东鲁时作。"时李白三十九岁，见《李白选集》。

以上诸家之说，俱无确证，故移家东鲁时间尚可拟议。窃按杜甫青年时期省亲兖州，漫游齐鲁，诸家皆系在开元二十四年（736）至开元二十八年（740）之间。李白移家东鲁时间果如上述，则二人同在东鲁当有四五年之久；而且杜甫"东郡趋庭"

之地、"南楼纵目"之地、"题张氏隐居"之地、"与刘九法曹郑瑕丘石门宴集"之地、"与任城许主簿游南池"之地，亦即李白寓居及往来之地。二人诗酒生涯，倜傥意气，皆好交游，辄有酬赠，而此数年间竟然不相闻问，更无往来，此种情况殊不可解，因此认为李白移家东鲁与杜甫漫游齐鲁并非同时。又按李白二十三年（735）游太原，二十四年（736）始返洛阳，二十五年（737）闲居安陆，二十六年（738）及二十七年（739）又有"万里征"之远游，行踪历历可考（已见上章）。其中大部分诗作系年俱是不可移易者。故拙编《李白全集编年注释》将《五月东鲁行》一诗，编在二十八年（740），从而移家东鲁一事亦定于是年，时李白四十岁。

李白移家东鲁原因难以确考。所谓"移家"实则仅是携子女而去，女名平阳，子小名明月奴，后改名伯禽。姊弟二人，为许氏所生。居东鲁后，再无涉及许氏夫人之作。今之论者，或以为许氏病故，或以为婚变，亦无定论。兹将晚唐诗人许浑与李白之关系以及对李白之态度略志于此，或可为一得之助。

李白在安陆时期，其岳家为安陆郡公许绍之少子圉师之后。圉师在高宗时曾为左相，俄以其少子许自然因猎射杀人抵罪，亦遭贬谪，仪凤四年（679）卒。圉师之后可以考知，且有诗文传世者，唯有许浑。《全唐诗》卷五二八至五三八有浑诗十一卷，其前小传云："许浑，字用晦，丹阳人，故相圉师之后。大和六年进士第，为当涂、太平二县令，以病免，起润州司马。大中三年，为监察御史，历虞部员外郎，睦、郢二州刺史。润州有丁卯桥，浑别墅在焉，因以名其集。"今人谭优学《唐诗人行年考》（续编）以其生年为德宗贞元七年（791），卒年为宣宗大中十二年（858）。似此，则浑之生上距围师之卒已百有余年，当为玄孙。许氏夫人既为围师之孙女，当为浑之祖姑母，李白则为浑之祖姑丈。《全唐诗》许浑卷中有涉及李白之作二首：

一、《途经李翰林墓》一首，诗曰："气逸何人识，才高举世疑。祢生狂善赋，陶令醉能诗。碧水鲈鱼思，青山鹧鸪悲。至今孤冢在，荆棘楚江湄。"此诗当作于文宗开成至武宗会昌（836—846）年间，浑任当涂、太平县令时。

二、《怀旧居》一首，诗曰："兵书一箧老无功，故国荆扉在梦中。藤蔓覆梨张谷暗，草花侵菊庾园空。朱门迹忝登龙客，白屋心期失马翁。楚水吴山何处是，北窗残月照屏风。"诗中"朱门"句，当指李白入赘事；"白屋"句，当指围师罢相事。则其所怀之"旧居"当为安陆故邸无疑。

《全唐诗》《全唐文》《登科记考》等有关许浑简介中，皆称其为润州丹阳人，当是因官寓家之故。唐人本重郡望，然其集中竟无一语及安陆；虽屡有怀乡之作，唯暗示其家原出荆楚而已。闪烁其词，显系有难言之隐。似此，则许浑或为许自然之裔孙欤？但不论其为安陆许府何房之后，观其诗中对李白之崇敬与悼念，可知李白移家东鲁绝非因与许氏决裂而去者，当以病故说近是。至于李白集中何以无悼亡之作，当亦是李诗散失过多所致也。

二 学剑欤？投亲欤？

李白移家何以选择东鲁？诸家多以《五月东鲁行》中有"学剑来山东"之句，遂主学剑说。郭沫若更加以坐实，其说云："和李白同时有一位击剑名人叫裴旻。唐文宗太和初年（827）曾把李白诗歌、张旭草书、裴旻剑舞，称为'三绝'。裴旻事略，在《新唐书》中，附见《李白传》后。他曾随幽州都督孙佺北伐奚人，为奚人所围，乃舞刀立马上，飞矢四集，迎刃而断。奚人大惊，解围而去。裴旻又曾为北平守，当时北平多虎，一日射虎三十一头之多。这样一位舞剑名人、射虎能手是李白所崇敬的，愿意拜他为师。李白曾经写信给裴旻，说：'如白，愿出将军门下。'（见裴敬《翰林学士李公墓碑》）裴旻当时或许隐居在东鲁，故李白移家就教。"虽然，郭氏自己亦感缺乏"确切证据"，但不妨姑备一说。以其有裴旻之侄孙裴敬所撰之碑文在，不可不信；但亦难以全信，因李白移家东鲁后，学剑一事并无下文。故学剑之说亦尚可拟议。

窃以为《五月东鲁行》诗中"顾余不及仕，学剑来山东"二句，恐非写实，似是用事。顾，返视，即今所谓反思；不及，不逮，即今所谓不够资格。太白自我反思：自出蜀以来，"遍干诸侯，历抵卿相"，皆"南徙莫从，北游失路"；后来"万里"之征，几乎遍游国中，亦是"空谒苍梧帝，徒寻溟海仙。"十余年中，"已闻蓬海浅，岂见三桃圆？"年届不惑，犹未得一沾圣朝雨露，竟为盛世失路之人。可见"顾余"一句即已是负气之语；似此，则"学剑"一句当是自哂之辞。用《史记·项羽本纪》："学书不成，去学剑，又不成，……学万人敌。"借他人酒杯，浇自家块垒。谓予不信，试看《经乱离后天恩流夜郎忆旧游书怀赠江夏韦太守良宰》一诗。此诗虽言"忆旧游"，实为自叙生平大略之作。其首段中间八句："试涉霸王略，将期轩冕荣。时命乃大谬，弃之海上行。学剑翻自哂，为文竟何成？剑非万人敌，文窃四海声。"所回忆者即移家东鲁事，亦即"学剑来山东"之谜底。其所以有此负气之语，自哂之辞，还须与前此"万里征"途中所作《少年行》（君不见淮南少年游侠客）中"衣冠半是征战士，穷儒浪作林泉民"等自暴自弃之语联系而观，便知"学剑"云云，皆因当时朝廷重边功、纵游侠之世风所致，故李白有此一时冲动之念头，有此反话正说之诗句。何况在《五月东鲁行》同一诗中，在"学剑来山东"之后，旋即有"我以一箭书，能取聊城功"之句，用鲁仲连设奇谋成大功以自喻，可知李白移家山东并非仅为区区剑术，而是欲效鲁仲连。李白诚欲效鲁仲连以奇谋成大功，亦无须移家东鲁，故"我以一箭书，能取聊城功"亦是抒怀之语，意欲来东鲁展其素志耳。至于来东鲁如何展其素志,恐怕他本人也难以回答,此时他父子三人尚无栖身之地。

李白移家东鲁原因,诸家多以为是投亲靠友,在未能发现更为确切之原因以前,姑作如是说;李白在东鲁也确实有几位亲友(至少他认为可以)投靠。

初访其诗中之"汶上翁",此人或是白之族叔。彼此话不投机,发生龃龉。白竟被嘲笑一通,或被训斥一顿,白亦在诗中斥之为"下愚";其后白有《嘲鲁儒》一诗,诗末有句云:"时事且未达,归耕汶水滨。"似亦为此人而发。

继投"任城六父",亦是其族叔,时为任城县令。白初来似曾得其照拂,暂时寄居县廨。有如杜甫天宝中因京师乏食,曾送家小至奉先县安置,因其妻杨氏为县令宗亲,得以寄居县廨。但为时不久,"任城六父"即"秩满归京",撒手而去。白有《对雪奉饯任城六父秩满归京》一首,但从诗中可知主持其事者为窦公,白仅为奉陪之"墨客"而已。诗之末二句:"何时竹林下,更与步兵邻?"或是寄居县廨之微辞。

改投"从弟冽",冽出李氏姑臧大房,为右卫长史李防(一作昉)之子,见《新唐书·宰相世系表二上》,似为兖州(鲁郡)之佐史。白有《赠从弟冽》一诗,全诗如下:

楚人不识凤,重价求山鸡。献主昔云是,今来方觉迷。

自居漆园北，久别咸阳西。风飘落日去，节变流莺啼。桃李寒未开，幽关岂来蹊？逢君发花萼，若与青云齐。及此桑叶绿，春蚕起中闺。日出布谷鸣，田家拥锄犁。顾余乏尺土，东作谁相携？傅说降霖雨，公输造云梯。羌戎事未息，君子悲涂泥。报国有长策，成功羞执珪。无由谒明主，杖策还蓬藜。他年尔相访，知我在磻溪。

诗之首二句，以凤自喻，言己在安陆时不为人所识。次四句，言初入长安事，已为时十年，故云"久别"。傅说，殷之贤相，代指当朝。降霖雨，喻恩泽。公输，即鲁班，代指兖州当局。造云梯，喻进贤。此二句前后，既求冽置宅授田于东鲁，复欲冽助己陈策于朝廷。羌戎，此指吐蕃。开元季叶，唐与吐蕃连年有战事。

李冽一则因宗亲之故，二则因政绩考核所需，三则闻知太白诗名，故为其置住所一处于东鲁沙丘，又置田地一处于东鲁南陵。此外，又助白续娶一刘氏妇人。

窃按：中国自古以农为本，历代皆有授田之制，凡入籍者皆可授田。"开元二十五年令：丁男给永业田二十亩，口分田八十亩，……黄、小、中丁男子，……各给永业田二十亩，口分田二十亩。""其城居之人，本县无田者，听隔县受。""应给园宅地者，良口三口以下给一亩，每三口加一亩；贱口五口给一亩，每五口加一亩,并不入永业口分之限。"(见《通典·食货志》卷一、卷二)又据范震威《李白家世·婚姻与家庭》一书,引《唐会要》及陈鹏《中国婚姻史稿》,谓唐时为增加人口,减少鳏寡,有诏令地方资助婚姻,作为政绩考核。说亦可参。

但续娶之刘氏不贤,旋诀(离婚)。见魏颢《李翰林集序》。后纳一邻女为妾,有《咏邻女东窗海石榴》一诗,当即魏《序》所云:"次合于鲁一妇人。"

三 东鲁沙丘与东鲁南陵

笔者为考知东鲁沙丘与东鲁南陵所在,除多年案头工作外,又曾两次赴山东进行实地调查:一次在詹锳先生高足葛景春学弟陪同下,又一次在济宁市文物局局长苏庆恭同志指导下,历经济宁、兖州、曲阜、邹县等地,颇有收获。曾撰成《李白东鲁寓家地考》一文发表,兹志其要点如下:

沙丘,东鲁地名,集中凡三见:初见于开元二十九年(741)所作《送薛九被谗去鲁》:"沙丘无漂母,谁肯饭王孙";次见于天宝五载(746)所作《沙丘城下寄杜甫》:"我来竟何事?高卧沙丘城";三见于天宝八载(749)所作《送萧三十一之鲁中兼问稚子伯禽》:"我家寄在沙丘旁,三年不归空断肠。"

从诸诗中显然可见:此"沙丘"在东鲁,与河北巨鹿县之沙

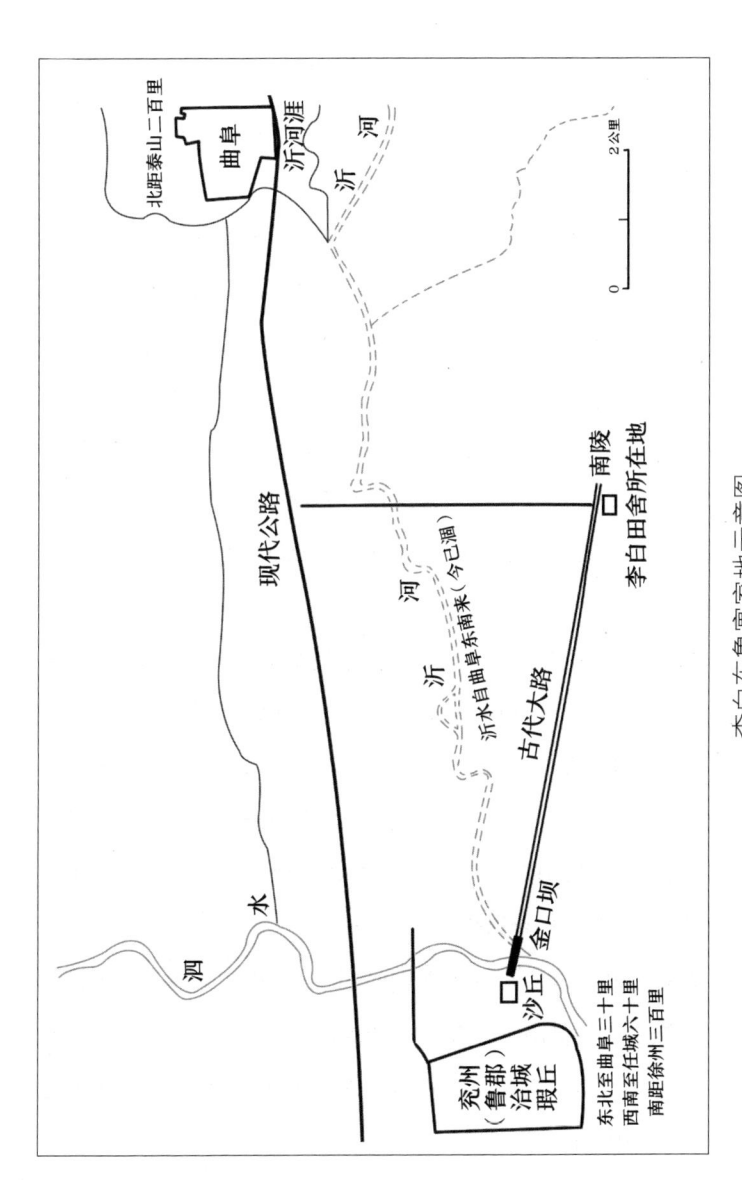

李白东鲁寓家地示意图

丘无涉。据明代万历《兖州府志》，谓"沙丘，在宗鲁门外"。宗鲁门，即兖州府城东门，亦即唐代兖州（鲁郡）治城瑕丘之东门。又据清代乾隆《兖州府志》，谓"沙丘，在城东二里，黑风口西"。黑风口，即金口坝，隋开皇中兖州刺使薛胄在城东沂、泗二水交汇处所建之石堤，见《隋书》本传，今犹存。又据清代孔尚任《阙里志》，谓曲阜县西（亦即瑕丘县东）"沂泗交汇处，拥沙如丘，呼为沙丘"。又据今兖州市人士称，民国年间其地又名沙岗村；新中国建立之初，其地积沙犹高于屋顶，后因城中建设取用，始渐夷为平地。似此，则东鲁沙丘在唐兖州（鲁郡）治城瑕丘东门外金口坝西岸无疑，李白东鲁寓家之地即在此沙丘近处亦无疑矣。

以此新说揆诸东鲁诸作，前此窒碍难通者，今皆迎刃而解。然旧说根深蒂固，新说殊难确立。幸赖上天垂鉴，一九九三年泗水干涸，有北齐佛寺残碣一通，自然暴露于金口坝附近河床之上。碣文中有"大齐河清三年岁次实沉于沙丘东城之内"等字样赫然在焉。由是可知，东鲁"沙丘"之名由来尚矣。李白诗中之所以屡称"沙丘"者，良有以也。

东鲁南陵，为兖州（鲁郡）治城瑕丘东南二十余里，亦即曲阜西南数里之陵城南庄，今名陵城镇。

首承济宁市文物局副局长宫衍兴同志面告：曲阜县西南有陵城村，人称南陵。

继考乾隆《曲阜县志》卷三十六，关于该县村庄有如下记载："（兖州）府城东三十里曰曲阜县……计村庄之大者一百四十有一。……西南十有四：……陵城南庄……"

又考乾隆《兖州府志》卷十九，关于曲阜古迹有如下记载："（周）鲁伯禽墓在县南七里，高四丈四尺；文公墓在县南九里，高五丈五尺，冢之北有石人四，石兽二；（汉）鲁恭王墓在县南九里，恭王以下子孙皆葬于墓北里许，大墓四十余，石人三，石兽四。"《曲阜县志》记载略同。可知曲阜县南，陵墓成群，村庄之名或即由此而来。

又承郑州大学教授耿元瑞先生函告：民国二十三年编修之《曲阜县志》古迹目中有如下记载："陵城乡之陵城村，相传即古兰陵，其地有明碑可考。唯兰陵故城在今峄县东，楚曾以荀况为兰陵令，未必即此陵城村也。"窃按荀况为令之兰陵固非此地，但后人误以陵城村为古兰陵者，显系因"南""兰"二字音近所致，亦可证陵城村有"南陵"之称。

李白有《南陵别儿童入京》及《酬张卿夜宿南陵见赠》二诗，题中之南陵皆谓其田舍所在地之陵城南村，而与宣州南陵县无涉。

旧谓李白与道士吴筠隐于剡中，并寄家宣州南陵县。既而玄宗召筠赴京师，筠荐之于朝，白遂与筠俱待诏翰林，以及自宣州南陵启程等等，皆系误传。已为郁贤皓《吴筠荐李白说辨疑》，李宝均《吴筠荐举李白入长安辨》，葛景春、刘崇德《李白自东鲁入京考》等先行者否定，然后有笔者之《李白东鲁寓家地考》一文。

四　漫游东鲁兼及旁郡

　　李白既好交朋结友，又兼漫游成性，何况此期仍须从事干谒求荐。来东鲁两年中，先后曾至下列各地。

　　曾至单父县访窦公衡。公衡，即曾邀李白奉饯"任城六父"秩满归京者，开元二十三年（735）曾为越州剡县尉，在任城饯别时，或为县丞，后至单父时，或为县令。有《早秋单父南楼酬窦公衡》一诗，谈道论文之作。

　　又曾至金乡县访县令范某，有《范金乡二首》，为干谒陈情之作。

　　又曾至中都县访县令某，似未果，无诗。另有《别中都明府兄》与《鲁中都东楼醉起作》，似是天宝之作。

　　在中都逆旅中曾受到一小吏热情接待，有诗二首以赠。

　　其一《酬中都小吏携斗酒双鱼于逆旅见赠》，《敦煌残卷》题作"鲁中都有小吏逢七朗以斗酒双鱼赠余于逆旅因脍鱼饮酒留诗而去"。诗曰：

　　　　鲁酒若琥珀，汶鱼紫锦鳞。山东豪吏有俊气，手携此物赠远人。意气相倾两相顾,斗酒双鱼表情素。双鳃呀呷鳍鬣张,跋剌银盘欲飞去。呼儿拂机霜刃挥,红肥花落白雪霏。为君下箸一餐饱,醉着金鞍上马归。

其二《客中作》诗曰:

兰陵美酒郁金香,玉碗盛来琥珀光。但使主人能醉客,不知何处是他乡。

小吏逢七朗得此二诗,自然如获至宝;竟随李白之诗,名传千秋,更属喜出望外。由此亦可知白诗所谓"文窃四海声"(誉满全国之谦辞),洵非虚语。

漫游东鲁期间,又曾至兖州(鲁郡)北部之徂徕山,访孔巢父等人。《新唐书·李白传》在"更客任城"以后,谓"与孔巢父、韩准、裴政、张叔明、陶沔居徂徕山,日沉饮,号'竹溪六逸'"云云。白有《送韩准裴政孔巢父还山》一诗,诗中写诸人出山干谒求进,不遂而还。路过沙丘,白留饮,送别于鲁东门。时令在冬,当是在开元二十八年(740)冬。诗中有"昨宵梦里还,云弄竹溪月"。似此,则白居徂徕,当在此前,且为时不久。初来鲁地,不遑宁处,焉能隐居?不过作客数日耳。

徂徕山在兖州乾封县,南距瑕丘一百六十余里,本先秦时齐国之博邑。李白集中《古风》其十（齐有倜傥生）或作于此时。诗曰：

> 齐有倜傥生，鲁连特高妙。明月出海底，一朝开光曜。却秦振英声，后世仰末照。意轻千金赠，顾向平原笑。吾亦澹荡人，拂衣可同调。

鲁仲连，战国时齐人，好为奇谋以成大功而无意仕宦。游赵，适秦攻赵。魏使客将军辛垣衍说赵帝秦，鲁连见赵公子平原君及辛垣衍，陈说帝秦之害，终使强秦却军五十里。会魏公子信陵君救赵击秦，秦军遂引去。平原君欲封鲁连，辞让；又以千金赠之，亦不受。笑曰："所贵于天下之士者，为人排患释难解纷乱而无所取也。"其后二十年，燕将攻齐，下聊城。聊城人或谗之燕，燕将惧诛，不敢归。齐田单攻聊城岁余，士卒多死而城不下。鲁连乃为书，以矢射城中，遗燕将，晓以利害。燕将见鲁连书，泣三日，犹豫不能决，乃自杀。田单遂收聊城。归而言鲁连，欲爵之。鲁连逃隐于海上，曰："吾与富贵而诎于人，宁贫贱而轻世肆志焉。"（见《史记·鲁仲连传》）以鲁连自比为李诗之常调，如"鲁连特高妙"、"心齐鲁连子"、"多愧鲁连生"、"我书鲁连箭"、"未射鲁连书"、"功成追鲁连"等诗句，自壮及老，集中凡数十见。与追慕诸葛亮、谢安略同。

五　穷与鲍生贾

李白在东鲁，或在漫游途中，结识一人，殊堪注意。此人既非官吏，亦非文士，而是一位海客，甚至是邀白游海之东道主（此亦是"文窃四海声"之效应）。有《早秋赠裴十七仲堪》一首，诗曰：

> 远海动风色，吹愁落天涯。南星变大火，热气余丹霞。光景不可回，六龙转天车。荆人泣美玉，鲁叟悲匏瓜。功业若梦里，抚琴发长嗟。裴生信英迈，崛起多才华。历抵海岱豪，结交鲁朱家。复携两少妾，艳色惊荷葩。双歌入青云，但惜白日斜。穷溟出宝贝，大泽饶龙蛇。明主倘见收，烟霄路非赊。时命若不会，归应炼丹砂。

诗之前半部分言己近况，恰是开元二十九年（741）夏情景。以下言仲堪其人事迹，虽不详，但从诗中可以得知：自泰岱至海上之豪杰多为其侪辈；为人英迈多才而又富有；"穷溟"者，远海与深海也，穷溟所出之宝贝即其财富之来源；其人既不在官场，亦不在文坛，而不凡如此，故喻之为大泽龙蛇。似此，则其人非从事海洋贸易之巨商而何？是年秋末，李白闻挚友元丹丘行将奉诏入朝所作《秋日炼药院镊白发，赠元六兄林宗》诗"穷与鲍生贾，饥从漂母餐"二句中之"鲍生"，非裴仲堪而何？而李白投资裴仲堪之海洋贸易，可知矣。李白本是富商之家，其人本是商贾子弟，当其遍游国中从事干谒，迄无所成，而有"功业若梦"之感时，投资海洋贸易，亦属自然。其所以闪烁其词者，仍然志在青云，恐兼营工商有碍前程也。

李白由裴仲堪邀游海上，曾至滨海之莱州，登即墨县之劳山。山有二，其一高大，曰大劳山；其一差小，曰小劳山。二山相连，又名牢盛山。秦始皇登牢盛山望蓬莱，即此处，见《元和郡县志》及《太平寰宇记》。后有《寄王屋山人孟大融》诗云："我昔东海上，劳山餐紫霞。亲见安期公，食枣大如瓜。中年谒汉主，不恢还归家。……"诗作于天宝三载（744）被斥去朝后。既言"我昔"，则其游劳山当在本年夏。

莱州与登州相邻，又曾一并至登州。登州，汉时为东莱郡之地。北至渤海三里，南至黄海四里，当中国往新罗等国大路[①]。治蓬莱县，昔汉武帝于此望蓬莱仙山，因筑城，以蓬莱为名。其东之文登县有芝罘山，秦始皇二十九年（前218），曾登此，勒

[①] 据张泽咸著《唐代工商业》一书介绍：隋唐间，登州为东方出海之重要港埠，由此可往新罗、高丽，以至日本。交往频繁，商贸活跃。贡物有海豹皮、貂鼠皮、珍珠、玛瑙、人参、昆布等；回赠多为金银器及丝绸品。交易物资略同（见下编"边境互市贸易"等章节）。

石纪功。县东北海中有秦始皇石桥，今海中时见有坚石似柱之状，见《元和郡县志》。古又相传，始皇作石桥，欲过海观日出处。时有神能驱石下海，石去不速，神人辄鞭之，皆流血，石莫不悉赤，至今犹然，见《太平广记》卷二九一。《古风》其四十八（秦皇按宝剑）诗曰："秦皇按宝剑，赫怒震威神。逐日巡海右，驱石驾沧津。……"当作于此时。其后又有《怀仙歌》（胡本作《忆仙歌》），歌曰："一鹤东飞过沧海，放心散漫知何在？仙人浩歌望我来，应攀玉树长相待。尧舜之事不足惊，自余嚣嚣直可轻。巨鳌莫戴三山去，我欲蓬莱顶上行。"所忆即本年海上之游。

可以说，终开元之世，李白一直是"南徙莫从，北游失路"；"孤剑谁托，悲歌自怜"（《上安州李长史书》）。虽然开元之末，在创作上已是"文窃四海声"，但李白毕竟志在匡济，并非仅是成为一位著名诗人。

唐代入仕之途可谓多矣。《新唐书·选举志》云："唐制，取士之科，多因隋旧，然其大要有三。由学馆者曰生徒，由州县者曰乡贡，皆升于有司而进退之。其科之目，有秀才，有明经，有俊士，有进士，有明法，有明字，有明算，有一史，有三史，有开元礼，有道举，有童子。而明经之别，有五经，有三经，有二经，有学究一经，有三礼，有三传，有史科。此岁举之常选也。其天子自诏者曰制举，所以待非常之才焉。"

以上史书所载，可谓基本属实，但任何事物均有其两重性，甚至多种复杂情况。《全唐诗》中也确有无数盛世失路之歌。

至于李白,则其由科举入仕之途尤为艰难,几乎是不可能。《唐六典》中明文规定工商之家不得入仕,见该典卷二"尚书吏部",两《唐书》略同,《新唐书·选举志》甚至将工商子弟称为"异类",且以之与"刑家之子"相提并论。再就李白家世及个人而言,他竟连自家三代以及自己出身也说不清,道不明。似此,无论考常科也罢,考制举也罢,均须呈交之"家状"①,他如何填写?按李阳冰《草堂集序》那样填写吧:"李白,陇西成纪人,凉武昭王暠九世孙。蝉联珪组,世为显著。中叶非罪,谪居条支,易姓与名,累世不大曜。神龙之初,逃归于蜀,复指李树而生伯阳。……"虽是出于李白自述,但无谱牒可证,更无显宦作保,肯定引起轩然大波,恐怕最后不是被视为狂人赶出考场,就是以冒充宗室罪锒铛入狱。

李白自己所谓"遍干诸侯""历抵卿相",满世界乱闯,从二十岁跑到四十岁,其实就是想找个"保荐人",但像他如此家世与出身,有谁敢于为他作保,不怕自己连降三级?

"行到水穷处,坐看云起时。"偏偏李白到山穷水尽之时,有人竟将他一下就推荐到大唐天子身边,既不要他填写"家状",

---

① 家状,举子在应试前即须填写籍贯及三代名讳,向礼部提交。详见傅璇琮《唐代科举与文学》。

也不向他要文凭，只要他锦心绣口，新词丽句，供给帝妃们以高级艺术享受。欲知究竟如何？下节分解。

六　以持盈法师达

此事须从开元二十九年（741）冬，元丹丘奉诏入朝谈起。李白闻知消息，迅即来至丹丘颍阳山居，见面后，接连赋诗二首。

其一是《秋日炼药院镊白发，赠元六兄林宗》，全诗如下：

木落识岁秋，瓶冰知天寒。桂枝日已绿，拂雪凌云端。弱龄接光景，矫翼攀鸿鸾。投分三十载，荣枯同所欢。长吁望青云，镊白坐相看。秋颜入晓镜，壮发凋危冠。穷与鲍生贾，饥从漂母餐。时来极天人，道在岂吟叹。乐毅方适赵，苏秦初说韩。卷舒固在我，何事空摧残？

詹锳以题中之"元六兄林宗"为元丹丘，说是。然以此诗系于李白五十之年，则未谛。

"镊白发"，当在白发初生之时。如果已经是繁霜满鬓，那就镊不胜镊，也就不用管它了。《南史·齐纪（废帝郁林王）》："高帝笑谓左右曰：'岂有为人作曾祖而拔白发者乎？'即掷镜、镊。"李白在三十六岁所作之《将进酒》一诗中即已有白发之叹，则其

"镊白发"必非至半百之年。

"投分三十载"之"三十"亦未可坐实。李白与元丹丘结交既在"弱龄"（非弱冠），"弱龄"谓少年，譬如十五岁，相交二十五六年，举成数即可以说"三十载"，李白刚好四十出头，恰在本年。

细玩诗中"穷与鲍生贾，饥从漂母餐"二句，是表示近年生涯有类管仲、韩信微贱之时；"时来极天人，道在岂吟叹"二句，是表示时机一至，有志竟成；"乐毅方适赵，苏秦初说韩"二句，是表示功业虽未有成而用世之心方盛；"卷舒固在我，何事空摧残"二句，是表示进退出处全在自己，无须自暴自弃。都表示虽在困厄之中对前途尚抱有很大希望。

以上是诗之后半部分，再回头看诗之前半部分。前半部分除开头两句写时令外，主要是叙述自己与丹丘之友谊。"桂枝日已绿，拂雪凌云端。""桂枝"，即"桂林一枝"，语出《晋书·郤诜传》："武帝于东堂会送，问诜曰：'卿自以为何如？'诜对曰：'臣举贤良对策，为天下第一，犹桂林之一枝，昆山之片玉。'"后世因以"桂林一枝"或"桂枝"喻人才之秀出者。"拂雪凌云端"显然是指元丹丘已奉征召，即将入朝。"弱龄接光景，轾翼攀鸿鸾。"二句意谓：少年即与丹丘相交，多年追随，如凡禽之攀鸿鸾。"投分三十载，荣枯同所欢。"二句意谓多年相交，志趣相投。"荣枯"句，非谓以往，实冀将来。希望能够荣枯相共，亦即"苟富贵，无相忘"之意。"长吁望青云，镊白坐相看。"望"青云"而"长吁"，亦是对丹丘奉诏入朝表示企羡之意。"镊白"，即镊白发，并非写实，而是象征。何逊《与崔录事别兼叙携手》："脉脉留南浦，悠悠返上京。欲镊星星鬓，因君示友生。"李白"镊白发"即用何逊诗，示意丹丘己年未老，素志未衰。总而言之，全诗皆是希望元丹丘入朝后引荐。

其二是《凤笙篇》，全诗如下：

> 仙人十五爱吹笙，学得昆丘彩凤鸣。始闻炼气餐金液，复道朝天赴玉京。玉京迢迢几千里，凤笙去去无穷已。欲叹离声发绛唇，更嗟别调流纤指。此时惜别讵堪闻，此地相看未忍分。重吟真曲和清吹，却奏仙歌响绿云。绿云紫气向函关，访道应寻缑氏山。莫学吹笙王子晋，一遇浮丘断不还。

《凤笙篇》，《全唐诗》题作《凤吹笙曲》，其下注云：一作《凤笙篇送别》。王琦按云："此诗是送一道流应诏入京之作。所谓'仙人十五爱吹笙'，正实指其人，非泛用古事。所谓'朝天赴玉京'者，言其入京朝见，非谓其超升轻举。旧注以游仙诗拟之，失其旨矣。"所言良是。但诗中"道流"是谁，惜未拈出。

细玩诗意，诗中"道流"为谁亦不难知。诗首有云："仙人十五爱吹笙，学得昆丘彩凤鸣。"可见此人少年即与李白相识，故李白知其少年时事。诗中有云:"此时惜别讵堪闻,此地相看未忍分。"可见二人交谊甚厚,故别情依依。诗中又云"玉京迢迢几千里",又云"绿云紫气向函关",可见此人确系奉诏入长安。诗末有云:"莫学吹笙王子晋,一遇浮丘断不还。"始终以周灵王太子晋拟之,可见此人出身世胄。根据这几点,可以想一想,李白所交往友人中,何人出身世胄,身为道流,与白少年相交,感情深厚,并有奉诏入京之事?显然只有元丹丘。丹丘家世虽不可考,然其必为北魏孝文帝之后裔[1]。诗之首及诗之末均用太子晋拟之,正切丹丘之家世出身。诗末二句表面是说,不要像太子晋那样,成仙不返,实际上是希望元丹丘入朝后,勿忘故人。

此诗和前诗联系而观,其送别之人,送别之意,更是昭然若揭。而二诗之为同时前后之作,亦自无疑问。

元丹丘启程赴京时间可以据《玉真公主祥应记》碑考知。此碑全称为《玉真公主朝谒谯郡真源宫受道王屋山仙人台灵坛祥应记》。玄宗御题碑额,宏道观道士蔡玮撰文,弘农郡别驾萧诚书丹,西京大昭成观威仪使元丹丘建碑,建碑时间为"有唐天宝之二载"。据碑文记载,玉真公主此次出行,是在"皇上隆宥天下之卅载"之"明年"三月至五月。玄宗登基是在先天元年(712),"卅载"为开元二十九年(741),其"明年"即天宝元年(742)。

---

[1] 北魏孝文帝拓跋宏,鲜卑族,改姓元,故后世称北元魏。

元丹丘既为建碑人，自当参与其事，其奉诏入京显系即因此事而来。建碑时间虽在天宝二年（743），赴京时间至迟当在开元二十九年（741）岁杪，才能赶上次年三月随玉真公主出行。入京后，想必还有一番准备，如受封为道门威仪等等。

元丹丘既受封为道门威仪，又随玉真公主出行，朝谒名山胜地，参与公主受道大典，最后受命为建碑人，皆有案可稽，其受重视亦不言而喻。在此期间，丹丘按挚友之嘱托，荐之于玉真，自在情理之中，玉真允其所请，亦属易事。但从何而知，玉真之荐于玄宗即获恩准？无巧不成书，原来玄宗早已欲效汉武帝之有司马相如。据《本事诗·高逸第三》云："尝因宫人行乐，谓高力士曰：'对此良辰美景，岂可独以声伎为娱？倘时得逸才词人吟咏之，可以夸耀于后。'"所以丹丘之请托，玉真之推荐，方能一路顺风，李白亦因之平地青云。

"因持盈法师达"一语，出自魏颢《李翰林集序》。《序》中有关李白生平事迹多为白所自述。赵明诚《金石录》载《玉真公主墓志》云："公主法号无上，真字玄玄，天宝中更赐号曰持盈。"法师，释道二教皆有此称号。《唐六典》卷四礼部（祠部）："道士修行有三号：其一曰法师，其二曰威仪师，其三曰律师。"

至于李白其后在"从璘"冤案中所作《为宋中丞自荐表》中，自称是："五府交辟，不求闻达，亦由子真谷口，名动京师。上皇闻而悦之，召入禁掖。"而不提"以持盈法师达"者，盖以推贤进士本是公卿与诸侯之事，由道士与公主引进，虽非不正之风，毕竟不足称道。既是宋中丞决心救他，让他用采访使名义起草荐表，自当堂而皇之，欲使自立为帝之肃宗庶几有所顾忌。如其《望鹦鹉洲怀祢衡》诗中所云："魏帝营八极，蚁观一祢衡。黄祖斗筲人，杀之受恶名。……"其意盖在斯乎？

第五章
骑虎不敢下，攀龙忽堕天
—— 再入长安

一　待诏翰林

天宝元年（742），李白四十二岁。四月，往游泰山，直至七月。有《游泰山六首》，题一作《天宝元年四月从故御道上泰山》。

八月，玄宗诏下，遂自兖州（鲁郡）启程赴西京长安①。行前有《南陵别儿童入京》一首，诗云：

> 白酒新熟山中归，黄鸡啄黍秋正肥。呼童烹鸡酌白酒，儿女嬉笑牵人衣。高歌取醉欲自慰，起舞落日争光辉。游说

---

① 旧谓李白奉诏入京为吴筠推荐，时二人游越中，白且寄家宣州南陵县，奉诏时由南陵启程云云。此说与白游泰山时间抵牾，不可通。1983年，葛景春、刘崇德《李白由东鲁入京考》一文出，问题遂迎刃而解。

万乘苦不早,着鞭跨马涉远道。会稽愚妇轻买臣,余亦辞家西入秦。仰天大笑出门去,我辈岂是蓬蒿人。

诗题中之南陵,乃东鲁地名,李白田舍所在地(详见本书第四章)。诗之首句"山中归",即自泰山中归也。时白有一子一女,年约数岁,前妻许氏所出。"会稽"句,用汉朱买臣故事。"愚妇",当指移家东鲁后所娶之刘氏,旋诀。故赴京时仅与子女别。

李白入京后,等候召见期间,与秘书监贺知章相遇于长安紫极宫。贺既奇其姿,复赏其文,谓其诗"可以泣鬼神矣",并称之为"谪仙人"。重又荐之于玄宗。玄宗召见于金銮殿,优礼有加,遂命待诏翰林,见两《唐书》本传、李阳冰《草堂集序》、范传正《李白新墓碑》等记载。

十月,玄宗携杨妃往骊山温泉宫,诏命李白侍从,有《侍从游宿温泉宫作》等诗。

天宝二年(743)初春,玄宗在宫中行乐。李白奉诏作《宫中行乐词十首》,今传八首。

仲春,玄宗游宜春苑,李白侍从。奉诏作《侍从宜春苑,奉诏赋龙池柳色初青、听新莺百啭歌》。

暮春,玄宗与杨妃于兴庆宫沉香亭赏牡丹。李白奉诏作《清平调词三首》。兹录全文如下:

其 一

云想衣裳花想容,春风拂槛露华浓。若非群玉山头见,会向瑶台月下逢。

其 二

一枝红艳露凝香,云雨巫山枉断肠。借问汉宫谁得似,可怜飞燕倚新妆。

其 三

名花倾国两相欢,长得君王带笑看。解释春风无限恨,沉香亭北倚阑干。

韦睿《松窗录》云:"开元中,禁中初重木芍药,即今牡丹也。得四本,红紫浅红通白者。上移植于兴庆池东沉香亭前。会花方繁开,上乘照夜白,太真妃以步辇从。诏特选梨园弟子中尤者得乐十六部,李龟年以歌擅一时之名,手捧檀板押众乐前,将歌之。上曰:'赏名花,对妃子,焉用旧乐词为?'遂命龟年持金花笺,宣赐翰林供奉李白,立进《清平调词》三章。白欣然承旨,犹苦宿醒未解,因援笔赋之。……龟年遽以辞进,上命梨园弟子约略调抚丝竹,遂促龟年以歌。太真妃持玻璃七宝盏,酌西凉州蒲桃酒，笑领歌，意甚厚。上因调玉笛以倚曲，每曲遍将换，则迟其声以媚之。……上自是顾李翰林尤异于他学士。"

夏，玄宗泛白莲池，召白作《白莲花开序》。白时方大醉，高力士扶以登舟，见范传正《李白新墓碑》。杜甫《寄李十二白二十韵》诗有"龙舟移棹晚"之句。仇兆鳌注云："谓白莲池之召。"似此，或未能奉诏，故《序》文无传。

此外尚有《春日行》《阳春歌》等诗，似亦侍从应制之作。以上诸例，可见差遣之频繁，亦可见差遣之性质。

初，李白颇以为荣，况玄宗许以中书舍人之职（见魏颢《李翰林集序》），以为"愿为辅弼"之志即将实现，大展宏图当在不远，故此期意气昂扬，颇有"揄扬九重万乘主"之作；即使在送人赴贬所、之幕府、从军边塞诸诗中也是一派报效君国颂扬朝廷之词。

然而司言之任终未得处，侍从之游无时无之，李白感到玄宗待己亦如汉武帝之待司马相如，不过以"俳优蓄之"，遂对翰林生活大失所望。《望终南山寄紫阁隐者》《下终南山过斛斯山人宿置酒》《题东溪公幽居》等诗，对隐士生活之向往，即是此种情绪之流露。且从诸诗中时令可以得知，此种情绪在天宝二年（743）春夏间即已产生。

天宝二年秋所作《秋夜独坐怀故山》《夕霁杜陵登楼寄韦繇》《忆东山二首》等诗中，更进一步流露出有志莫展，欲还故山之意。李阳冰《草堂集序》所谓"咏歌之际,屡称东山",当即指此等诗作。

二 遭谗被疏

李白除有志莫展,欲还故山外,亦因遭人谗忌,处境艰难。此从以下诸诗可知。

《翰林读书言怀,呈集贤诸学士》诗云:

晨趋紫禁中,夕待金门诏。观书散遗帙,探古穷至妙。片言苟会心,掩卷忽而笑。青蝇易相点,《白雪》难同调。本是疏散人,屡贻褊促诮。云天属清朗,林壑忆远眺。或时清风来,闲倚栏下啸。严光桐庐溪,谢客临海峤。功成谢人间,从此一投钓。

《玉壶吟》诗云:

烈士击玉壶,壮心惜暮年。三杯拂剑舞秋月,忽然高咏涕泗涟。凤凰初下紫泥诏,谒帝称觞登御筵。揄扬九重万乘主,谑浪赤墀青琐贤。朝天数换飞龙马,敕赐珊瑚白玉鞭。世人不识东方朔,大隐金门是谪仙。西施宜笑复宜颦,丑女效之徒累身。君王虽爱蛾眉好，无奈宫中妒杀人。

此二诗当是天宝二年（743）秋，谗谤初起时作。是时李白因感君恩未衰，故对同列明其素志，尚期功成然后身退。

其后谗谤日甚，君恩日衰，李白处境愈益难堪，君臣遇合大展宏图之梦逐渐破碎。遂屡有忧谗畏讥之作，且对玄宗亦有怨望之意。此从以下诸诗可知。

《玉阶怨》诗云：

玉阶生白露，夜久侵罗袜。却下水精帘，玲珑望秋月。

萧士赟云："太白此篇，无一字言怨，而隐然幽怨之意见于言外。晦庵所谓圣于诗者，此欤？"（《分类补注李太白诗》）

刘永济云："初则伫立玉阶，立久罗袜皆湿，乃退入帘内，下帘望月。未尝一字及怨情，而此人通宵无眠之状，写来凄冷逼人。非怨而何？"（《唐人绝句精华》）

此时此际之李白，何来闲心写宫人之望幸？实则借他人酒杯浇自己块垒也。

《古风》其四十四（绿萝纷葳蕤）云：

绿萝纷葳蕤，缭绕松柏枝。草木有所托，岁寒尚不移。

奈何夭桃色，坐叹葑菲诗。玉颜艳红彩，云发非素丝。君子恩已毕，贱妾将何为！

王琦云："古称色衰爱弛，此诗则谓色未衰而爱已弛，有感而发，其寄讽之意深矣。"

《唐宋诗醇》云："纯用比兴，亦骚雅之遗。金銮召对，欣有托矣。中道被放如去妇，以盛颜鬒发而不见答也。"

由以上诸诗已见李白一再以宫女自喻，可知《怨歌行》《妾薄命》《长门怨二首》等一批宫怨诗，亦皆李白此期托兴寄意之作。试看《怨歌行》：

十五入汉宫，花颜笑春红。君王选玉色，侍寝金屏中。荐枕娇夕月，卷衣恋春风。宁知赵飞燕，夺宠恨无穷。沉忧能伤人，绿鬓成霜蓬。一朝不得意，世事徒为空。鹔鹴换美酒，舞衣罢雕龙。寒苦不忍言，为君奏丝桐。肠断弦亦绝，悲心夜忡忡。

此诗前半部分虽是宫女口气，后半部分却用司马相如鹔鹴裘换酒事，露出作者本色，可见前半部分宫怨亦是自喻。再看《妾薄命》：

汉帝重阿娇，贮之黄金屋。咳唾落九天，随风生珠玉。宠极爱还歇，妒深情却疏。长门一步地，不肯暂回车。雨落不上天，水覆难再收。君情与妾意，各自东西流。昔日芙蓉花，今成断根草。以色事他人，能得几时好？

旧谓此诗为汉武废陈后而作，又谓为玄宗废王后而作，皆非。此亦借宫怨而抒其在朝失意之情。李白待诏翰林期间，不过以其新词丽句见赏于玄宗，亦犹后妃以容华见宠者，谓之"以色事他人"固其宜矣，而诗旨亦由是可知。

从而可知《相逢行》《夜坐吟》亦皆待诏翰林期间借男女喻君臣之作。

《相逢行》诗云：

朝骑五花马，谒帝出银台。秀色谁家子，云车珠箔开。金鞭遥指点，玉勒近迟回。夹毂相借问，疑从天上来。蹙入青绮门，当歌共衔杯。衔杯映歌扇，似月云中见。相见不得亲，不如不相见。相见情已深，未语可知心。胡为守空闺，孤眠愁锦衾。锦衾与罗帏，缠绵会有时。春风正澹荡，暮雨来何迟。愿因三青鸟，更报长相思。光景不待人，须臾发成丝。当年失行乐，老去徒伤悲。持此道密意，无令旷佳期。

胡震亨云:"按古辞言相逢年少,问知其家之豪盛。此则言相逢其人,仍不得相亲,恐失佳期,回环致望不已,较古辞用意尤深。《离骚》咏不得于君,必托男女致词,曰:'初既与余成言兮,后悔遁而有他';又曰:'日月忽其不淹兮,恐美人之迟暮。'白诗虽取乐府,而意实本诸《骚》,盖有已近君而终不得近之怨焉。臣子暌隔之痛,思慕之诚,具见于是。观篇首以谒帝发端,大旨自明,不得仅作情辞读也。"(《李诗通》)可谓知言。

《夜坐吟》诗云:

冬夜夜寒觉夜长,沉吟久坐坐北堂。冰合井泉月入闺,金釭青凝照悲啼。金釭灭,啼转多。掩妾泪,听君歌。歌有声,妾有情。情声合,两无违。一语不入意,从君万曲梁尘飞。

《乐府诗集》杂曲歌辞有《夜坐吟》,题解谓"鲍照所作也……言听歌逐音,因音托意也"。李白此诗拟之而作,感情强烈犹有过之,且结语从鲍诗翻案而出。陈沆云:"人之相知,贵相知心,而知心之言不在多。苟于此心曲之一言既不合,则万语款洽,皆虚文矣。喻君臣之际,惟志同而后道合。"(《诗比兴笺》)亦是善解。

至于其所以屡用男女之情为喻者,答案早已著于《楚辞》:

"惟草木之零落兮，恐美人之迟暮"；"忽反顾以流涕兮，哀高丘之无女"；"吾令丰隆乘云兮，求宓妃之所在"；"望瑶台之偃蹇兮，见有娀之佚女"；"及少康之未家兮，留有虞之二姚"……（以上见《离骚》）"帝子降兮北渚，目眇眇兮愁余"；"沅有芷兮澧有兰，思公子兮未敢言"；"望美人兮未来，临风怳兮浩歌"；"满堂兮美人，忽独与余兮目成"；"与女游兮九河"；"与女沐兮咸池"；"子交手兮东行，送美人兮南浦"……（以上见《九歌》）如此这般之求女、求男，甚至及于山鬼："若有人兮山之阿，被薜荔兮带女萝。既含睇兮又宜笑，子慕予兮善窈窕。"真是匪夷所思！朱熹《楚辞集注》云："……蛮荆陋俗，词既鄙俚，而其阴阳人鬼之间，又或不能无亵慢淫荒之杂。原既放逐，见而感之，故颇为更定其词，去其泰甚，而又因彼事神之心，以寄吾忠君爱国眷恋不忘之意。是以其言虽若不能无嫌于燕昵，而君子反有取焉。"

古之君子其所以不但不弃"燕昵"之嫌，反而取之以铸成伟辞者，盖天地间，发于自然，不能自已，且缠绵悱恻，甚至痴迷狂热者，莫过于男女之情。古代仁人志士忠君爱国之心，达于极致时，往往类之。当斯时也，非借男女之情不足以达其意而骋其情。故自上古以来在文学创作中即已形成此种"求女""求男"之传统，历数千年而不绝。直至现代，郭沫若尚有《炉中煤》，刘半农尚有《教我如何不想她》。王安石之言李白"识见污下，十首九说妇人与酒"，若非太无知，即是假道学！

李阳冰《草堂集序》云:"丑正同列,害能成谤。格言不入,帝用疏之。""格言",可为鉴戒之言。由此可知,李白在待诏翰林期间曾对玄宗有所进谏。所进"格言",虽无可考,但自此期所作诗可以窥知,当是对边事有所建议。

李白早即欲就边事献策,例如开元季叶"万里征"途中,《邺中赠王大劝入高凤石门山幽居》一诗即有:"中途偶良朋,问我将何行。欲献济时策,此心谁见明。君王制六合,海塞无交兵。壮士伏草间,沉忧乱纵横。"此数句乃感慨开元后期平定东北"两蕃"事。又如开元二十九年(741)《赠从弟洌》一诗亦有:"羌、戎事未息,君子悲涂泥。报国有长策,成功羞执珪。"此数句乃感慨开元后期与吐蕃战事。皆是反对穷兵黩武,滥事征伐。"欲献济时策""报国有长策",即《孙子兵法》所云"不战而屈人之兵,善之善者也"。

但奉诏入朝后,在待诏翰林期间,耳濡目染,无非出师与边功,不免一度为黩武政策所惑,亦有此种倾向之诗作。如《送外甥郑灌从军三首》:"丈夫赌命报天子,当斩胡头衣锦回";又如《塞下曲》:"何当破月氏""直为斩楼兰";再如《胡无人》:"胡无人,汉道昌"等等。殊非太白本色。

果然,待诏翰林后期,即有所转变。而有《春思》《秋思》《思边》《乌夜啼》《关山月》等一系列闺怨诗,宛转表达对戍边战士及其家人之同情,亦即对朝廷黩武政策之不满。当时李白身在禁中,不免有所顾忌,但亦首首真切动人。兹录其中二首如下。

《乌夜啼》:

> 黄云城边乌欲栖,归飞哑哑枝上啼。机中织锦秦川女,碧纱如烟隔窗语。停梭怅然忆远人,独宿孤房泪如雨。

《关山月》:

> 明月出天山,苍茫云海间。长风几万里,吹度玉门关。汉下白登道,胡窥青海湾。由来征战地,不见有人还。戍客望边色,思归多苦颜。高楼当此夜,叹息未应闲。

此二诗,写景言情,皆属化工,于戍客思妇之苦概括无余。《关山月》尤为气盖一世,其所以然者,盖太白所见者广,所感者深,所讽者大唐盛衰所系也。

三 天子呼来不上船

李阳冰《草堂集序》又云:"公乃浪迹纵酒,以自昏秽。"两《唐书》本传亦载李白纵酒事。《新唐书》本传云:"白自知不为亲近所容,益骜放不自修。与贺知章、李适之、汝阳王琎、崔宗之、苏晋、张旭、焦遂（一作裴周南）为'酒八仙人'。"杜甫有《饮中八仙歌》，全文如下：

> 知章骑马似乘船，眼花落井水底眠。汝阳三斗始朝天，道逢曲车口流涎，恨不移封向酒泉。左相日兴费万钱，饮如长鲸吸百川，衔杯乐圣称避贤。宗之潇洒美少年，举觞白眼望青天，皎如玉树临风前。苏晋长斋绣佛前，醉中往往爱逃禅。李白一斗诗百篇，长安市上酒家眠，天子呼来不上船，自称臣是酒中仙。张旭三杯草圣传，脱帽露顶王公前，挥毫落纸如云烟。焦遂五斗方卓然，高谈雄辩惊四筵。

郭沫若因"八仙"中人名各有异说，又据《唐书》考知其中苏晋死于开元二十二年（734），遂谓"八仙"形成于开元，演变于天宝。李白两入长安之说既出，其参与"八仙"之游究在何时，亦因之而有不同意见。愚意以为当在此期。按《旧唐书·苏珦传》谓苏晋"二十二年卒，年五十九"。但《新唐书》却无此记载。姑且不论苏晋死于何年，"酒中八仙"势不可能从开元十八年持续到天宝二、三年，前后达十余年之久。李白初入长安时以一微贱之斗鸡徒，亦无缘进入"八仙"之列。更可注意者，杜甫《饮中八仙歌》所写诸人泰半皆失意之朝臣，兹略志如下：

知章，即贺知章：秘书监，太子宾客，性放旷，善谈笑，晚年尤加纵诞，无复规检，自号"四明狂客"，又称"秘书外监"。天宝三载（744），请度为道士，求还乡里，旋卒。见《旧唐书》本传。《饮中八仙歌》云："知章骑马似乘船，眼花落井水底眠。"此亦显系知章晚年事，观其自号"狂客""外监"，可见其"狂"实乃佯狂。

汝阳，即汝阳郡王李琎：其父李宪，睿宗长子，文明元年（684）立为皇太子，虽为嫡长，然因其弟隆基讨平韦氏之功，遂辞其储位。开元二十九年（741）卒，谥曰"让皇帝"。琎为宪长子，封汝阳郡王，与贺知章等人为诗酒之交，见《旧唐书·让皇帝宪传》。琎本应为皇储，虽有乃父之风，不敢有他想，然亦恐犯嫌疑。某日，玄宗夸其为谪仙人，竟使李宪惶恐无地，玄宗乃谓琎非帝王之相，宪始稍解。见《太平广记》第二〇五玄宗条。故琎平居无所事，唯以饮宴伎乐为娱。似此，则《饮中八仙歌》中所云"汝阳三斗始朝天，道逢曲车口流涎，恨不移封向酒泉"，显然可见，其沉湎于酒实因有所恐惧。

左相，即李适之：太宗长子恒山王承乾之孙。开元中为御史大夫，兼幽州大都府长史，俄拜刑部尚书，以强干见称。天宝元年（742）为左相。因与李林甫不和，为其阴中，其所友善皆获罪，惧不自安，求为散职。五载罢相，日唯与亲故饮宴。赋诗曰："避贤初罢相，乐圣且衔杯。为问门前客，今朝几个来？"（见《旧唐书》本传）故《饮中八仙歌》谓李适之云："左相日兴费万钱，饮如长鲸吸百川，衔杯乐圣称避贤。"所谓"避贤"，实则避李林甫之暗算。

宗之，即崔宗之：宰相崔日用之子。崔祐甫《齐昭公崔府君（日用）集序》称其"学通古训，词高典册，才气声华，迈时独步。仕于开元中，为起居郎，再为尚书礼部员外郎，迁本司郎中。时文国礼，十年三入，终于右司郎中。年位不充，海内叹息"。《饮中八仙歌》谓其"举觞白眼望青天，皎如玉树临风前"。宗之虽为贵胄，然亦是有才莫展之人，故其性格孤傲落寞如此。

苏晋，中宗时户部尚书苏珦之子，少颖慧，数岁即能文，弱冠举进士，人称"后来王粲"。先天中，累迁中书舍人，玄宗监国，每有制命，皆令苏晋及贾曾为之。开元十四年（726）迁吏部侍郎，因得罪上司，出为汝州刺史，后入为太子左庶子，遂笃信佛。见《旧唐书》本传。《饮中八仙歌》云："苏晋长斋绣佛前，醉中往往爱逃禅。"仇兆鳌注："持斋而仍好饮，晋非真禅，直逃禅耳。""后来王粲"竟沦为"逃禅侍郎"，亦可哀矣。

张旭，曾为金吾长史，后去官。善草书，每醉后，号呼狂走，索笔挥洒，变化无穷。又尝以发蘸墨汁而书之，醒后自视，以为神异，世号"张颠"。见《旧唐书》本传及《国史补》。《饮中八仙歌》谓其"脱帽露顶王公前，挥毫落纸如云烟"。李白后作《猛虎行》称其"心藏风云世莫知"，可见其"颠"并非真癫。

《饮中八仙歌》谓李白云："李白一斗诗百篇，长安市上酒家眠，天子呼来不上船，自称臣是酒中仙。"杜甫《寄李十二白二十韵》所谓"龙舟移棹晚"当亦指此事而言，似此则李白在待诏翰林后期似有借酒装疯，拒不奉诏事，致使龙舟久候而致晚移。

由此观之，所谓"酒中八仙"之游，并非盛世雅集，赏心乐事，实乃朝野失意之士放浪形骸之举，借以韬光养晦，排忧解闷，而当时朝政可知。自诸人观之皆非开元十八年（730）事，自李白观之显系天宝二年（743）冬间事，"格言不入，帝用疏之"，故尔"浪迹纵酒，以自昏秽"。

杜甫《饮中八仙歌》，仇兆鳌题解谓"是天宝间追忆旧事而赋之"。按李白天宝三载（744）春去朝后与杜甫相会于洛阳，旋又同游梁宋，二人意气相倾，情同手足，自然无话不谈。"饮中八仙"之事，当是李白亲口所述而为杜甫亲耳所闻者。故一一写来，不仅形象生动，而且传其微意于言外，千载以下犹能感知。

四　决意还山

李白虽早已有去朝之意，然自天宝二年秋以来一直处于还山与恋阙两种心情交战中，天宝三载春所作《同王昌龄送族弟襄归桂阳二首》其一中，此种矛盾心情有公开披露："予欲罗浮隐，犹怀明主恩。跨蹋紫宫恋，孤负沧洲言。"唯此时去意已决，故其下又云："终然无心云，海上同飞翻。相期乃不浅，幽桂有芳根。"

自此以后,李白去朝之心遂日趋坚定。由以下诸诗均可见之。
《送裴十八图南归嵩山二首》诗其一云:

何处可为别?长安青绮门。胡姬招素手,延客醉金樽。临当上马时,我独与君言。风吹芳兰折,日没鸟雀喧。举手指飞鸿,此情难具论。同归无早晚,颍水有清源。

王琦注:"'风吹芳兰折',喻君子被抑不得伸其志也。'日没鸟雀喧',喻君暗而谗言竞作也。"
《设辟邪伎鼓吹雉子斑曲辞》诗云:

辟邪伎作鼓吹惊,雉子斑之奏曲成,喔咿振迅欲飞鸣。扇锦翼,雄风生,双雌同饮啄,趫悍谁能争?乍向草中耿介死,不求黄金笼下生。天地至广大,何惜遂物情?善卷让天子,务光亦逃名。所贵旷士怀,朗然合太清。

《乐府诗集》鼓吹曲辞有《雉子斑》,前人多咏雉鸟而已。宋何承天有《雉子游原泽篇》,则言避世之士,抗志清霄,视卿相功名,犹冰炭之不相入。《礼记·檀弓》孔颖达疏谓:"雉鸟耿介,被人所获,必自屈折其头而死。"李白此诗即取此义。辟邪,神兽名。辟邪伎,扮作神兽之演员。诗借朝中乐舞大抒愤懑:"乍向草中耿介死，不求黄金笼下生。"犹言宁可流落江湖，辗转沟壑，亦不愿在朝中受人豢养，为人弄臣。末用古代隐士善卷、务光不受禅让事，非特视卿相之位如敝屣，且视帝王之位亦如桎梏。

《灞陵行送别》诗云：

送君灞陵亭，灞水流浩浩。上有无花之古树，下有伤心之春草。我向秦人问路歧，云是王粲南登之古道。古道连绵走西京，紫阙落日浮云生。正当今夕断肠处，骊歌愁绝不忍听。

此诗似送别王昌龄，用建安七子之一王粲事以切其姓。其所以如此伤感，盖既伤别，又伤时。汉献帝初平三年（192），董卓部将构乱长安，粲离去，作《七哀诗》，其一有句云："南登灞陵岸，回首望长安。"紫阙句更进一步以"浮云"喻奸邪，以"落日"喻玄宗，犹言事已至不可为之境地，唯有洁身远去而已。日本学者松原朗以为太白去朝时自送之作，可备一说。

李白之去朝，或谓"以张垍谗逐"，见魏颢《李翰林集序》；或谓高力士挟脱靴之恨，谮白于妃，帝欲官白，妃辄阻之，见乐史《李翰林别集序》；或谓玄宗"虑乘醉出入省中，不能不言温室树，恐掇后患"，见范传正《李白新墓碑》。究其根本原因，则是李白志在匡君济世，而玄宗意在点缀太平，君臣志趣相左，故其去朝实属必然。

天宝三载（744）春，李白终于下定决心，请求"还山"，玄宗正恐其"言温室树"，遂命"赐金还山"。

李白临行时，赋诗多首，或愤懑不已，或恻怆难平。虽有绝诀之辞，亦有恋阙之情，其痛苦更甚于初入长安离京之时。

李白出长安后，取道商州（上洛郡）陆路东去。有《春陪商州裴使君游石娥溪》《过四皓墓》等诗纪其行。

五　言温室树①

王琦《李太白年谱》天宝三载下，记其被斥去朝事，按云："疑其醉中曾泄漏禁中事机，或者云云，明皇因是疏之。"

王《谱》此段按语，窃以为有两点须加以明确：一是李白所言"温室树"究系何事？二是所言之事是何性质？亦即属于为人疏旷不密，醉中泄漏国事机要？抑是秉性坚贞，揭发禁中丑事，立此存照，以俟来者？兹选以下数例，试发其覆。

例一《乌栖曲》：

----

① "温室树"，事见《汉书·孔光传》。孔光，字子夏，孔子十四世孙。成帝时，官至尚书令，为人周密谨慎。沐日归休，家人燕语，终不及朝政事。或问光："温室省中树皆何木？"光默然不应，更答以他语，其不泄如是。后世遂以"温室树"代指禁中秘密。

姑苏台上乌栖时，吴王宫里醉西施。吴歌楚舞欢未毕，青山欲衔半边日。银箭金壶漏水多，起看秋月坠江波，东方渐高奈乐何！

《乌栖曲》本乐府旧题，梁元帝、徐陵等人所作俱言男女夜来相狎事；太白此作则借古讽今，以刺时君。诚如唐汝询云："此因明皇与贵妃为长夜饮，故借吴宫事以讽之。言台上乌栖而酣饮方始，时歌舞未终，山西尚有余照，及漏水浸多，则见秋月沉江矣，东方渐高，奈此欢乐何哉。按李杜乐府皆有所托意而发，非若今人无病而强呻吟者。但子美直赋时事，太白则援古以讽今，读者鲜识其旨。若谓此诗无关世主而追刺吴王，何异痴人说梦耶？"（《唐诗解》）陈沆云："《诗》：'东方明矣'，刺晏朝也。反言若正，《国风》之流。"（《诗比兴笺》）沈德潜云："末句为乐难久也。"（《唐诗别裁》）钟惺云："缀此一语，便成哀响。"（《诗归》）前贤对此诗比兴之旨及反话正说之秘，颇有见地。

例二《古风》其四十三（周穆八荒意）：

周穆八荒意，汉皇万乘尊。淫乐心不极，雄豪安足论？西海宴王母，北宫邀上元。瑶水闻遗歌，玉杯竟空言。灵迹成蔓草，徒悲千载魂。

此诗比兴之旨，前贤亦多已窥见之。萧士赟谓为讽刺玄宗好神仙；陈沆谓为讽刺玄宗淫乐，王母、上元皆喻女宠。二说可以并行不悖。开元季叶以后，玄宗既好神仙，又耽女色。此诗故借周穆王、汉武帝"宴王母""邀上元"为喻以刺之。上元，即上元夫人，西王母之侍，相传周穆王、汉武帝皆曾与伊等宴游。见《太平广记》所引《穆天子传》《汉武内传》等。诗中王母自喻杨贵妃，上元当喻虢国夫人。

玄宗与诸杨事，虽然正史、野史皆有记载，但因拘泥于杨玉环正式册为贵妃在天宝四载（745），遂将有关之事皆推迟至四载以后。实则据陈寅恪先生考证，杨玉环入宫伴驾，最迟亦在开元二十八年（740），见《元白诗笺证稿·长恨歌》。杨妃既得宠，一人得道，鸡犬升天，尤以其三姊受"推恩"最早，即秦国、韩国、虢国三夫人是也。故太白在待诏翰林时期得以亲见。

例三《上元夫人》：

> 上元谁夫人？偏得王母娇。嵯峨三角髻，余发散垂腰。裘披青毛锦，身着赤霜袍。手提嬴女儿，闲与凤吹箫。眉语两自笑，忽然随风飘。

前此所举例一、例二，寓意尚非甚深，前贤早已得之，此例在昔则不知所云矣。朱谏谓为"闲散之辞"（《李诗选注辨疑》），非。拙编《李白全集编年注释》初亦未得其解，后在修订过程中始窥其秘。

　　王母、上元，如前所述，喻杨妃与虢国；嬴女儿，则是以秦穆公之女弄玉，喻指已故武惠妃女太华公主。诸神话人物在此诗中皆作为比兴手段，借以写宫中蝇营狗苟之事：诸杨为固宠计，以联姻为手段，促成杨妃堂弟杨锜与太华公主婚事也。太华以其母曾为玄宗宠妃，故亦娇贵异常，以致成为诸杨之猎物，虽有舅甥之嫌而不避①。从陈寅恪《记唐代之李武韦杨婚姻集团》可知，皇家之婚姻皆是政治交易。

　　此事正史本有记载，但亦滞后。《通鉴·唐纪》天宝四载（745）："八月，壬寅，册杨太真为贵妃。"其下始载"推恩"及诸杨事："赠其父玄琰兵部尚书，以其叔父玄珪为光禄卿，从兄铦为殿中少监，锜为驸马都尉。癸卯，册武惠妃女为太华公主，命锜尚之。及贵妃三姊，皆赐第京师，宠贵赫然。"两《唐书》亦有记载。其滞后与《通鉴》同。

　　正史由于体制所限，只能记载既成之事于正式颁布以后，实则贵妃之入宫、诸杨之得宠，杨锜之尚太华，自李白诗观之，皆是"先行交易，择吉开张"。

❖❖❖❖❖❖❖❖❖❖

①　杨锜之为贵妃堂弟，见于乐史《杨太真外传》。《赵守俨文存》加以论证，谓为可信，并谓"足见他在杨氏兄弟中是比较年轻的"。此亦"舅舅挎外甥"（陕北语）之有利条件，否则不能"眉语两自笑"矣。

此诗既解,《寓言三首》(其二)亦可以随之而解:"遥裔双彩凤,婉娈三青禽。往还瑶台里,鸣舞玉山岑。以欢秦娥意,复得王母心。区区精卫鸟,衔木空哀吟。"遥裔,犹摇曳,得意貌。双彩凤,非杨铦、杨锜兄弟而何?婉娈,美好貌。三青禽,非秦国、韩国、虢国三夫人而何?诸杨随意出入禁中,谒见无度之情况可知。末二句:精卫鸟,太白自喻;空哀吟,太白自哀。

例四《古风》其五十五(齐瑟弹东吟):

齐瑟弹东吟,秦弦弄西音。慷慨动颜魄,使人成荒淫。彼美佞邪子,婉娈来相寻。一笑双白璧,再歌千黄金。珍色不贵道,讵惜飞光沉?安识紫霞客,瑶台鸣素琴?

此诗若孤立而观之,亦不知其意究在何许;又加以有"不贵道""紫霞客"等似是而非之道家语,故作掩饰,遂使老师宿儒亦失之交臂。若置此诗于上述诸诗之后,联系而观之,再对"不贵道"之"道"字有所突破,则全诗皆豁然贯通矣。道者,君道也,集中有《君道曲》,言君道贵在用贤。若作他解,则扞格难通。

此诗首言宫中歌舞之盛,使人心摇神荡,本已易致荒淫;次言又加以女谒无度,赏赐滥行,故其下有"珍色不贵道,讵惜飞光沉"之语,刺玄宗已失君道,不惜光阴虚掷,国政荒废。末二句:紫霞客,高士也,太白自喻。瑶台,借指翰林院。素琴,喻己匡济之素志。言己之素志不移，奈何时君已置于脑后矣。此与上诗末二句"区区精卫鸟，衔木空哀吟"，其意略同。

例五《寓言三首》其三：

长安春色归，先入青门道。绿杨不自持，从风欲倾倒。海燕还秦宫，双飞入帘栊。相思不相见，托梦辽城东。

萧士赟曰："此闺思诗也。良人从军，滔滔不归，感时触物而动怀人之思者欤？"（《分类补注李太白诗》）

瞿、朱云："三首似皆当时朝中实事。……第三首若但视为闺思诗，未免太浅，果尔则亦不致入《寓言三首》之内也。梅鼎祚《李诗评》卷二云：'当是微刺杨妃。'其说殊有见地。"（《李白集校注》）

以上意见，萧说误；瞿、朱说及其所引梅说近是，惜语焉不详，且非仅微刺杨妃而已。

此诗关键在"辽城"何指。王琦注云："秦置辽西、辽东二郡，因在辽水之西、东而名。在唐时，辽西为柳城郡及北平郡之东境，辽东为安东都护府之地。……皆边城也，有兵戍之。"虽注而不切，句意仍不明，从而全诗亦不得其解。

切按唐时所置安东都护府，初治平壤，本高丽国地。其下虽有辽城州等都督府，但并无城池，是高丽降户散此诸军镇，以其酋渠为都督、刺史羁縻之。见《旧唐书·地理志》。此诗中之"辽城"与之无关，须另觅有关之出处。秦时所置之辽西、辽东二郡，唐时皆属幽州，见《汉书·地理志》颜师古注。故可知，此诗所谓"辽城东"实指幽州，范阳节度使安禄山所在地也。

《新唐书·安禄山传》："天宝元年，以平卢为节度，禄山为之使，兼柳城太守，押两蕃、渤海、黑水四府经略使。明年，入朝，奏对称旨，进骠骑大将军。又明年，代范宽为范阳节度使，河北采访使，仍领平卢军。"《通鉴·唐纪》天宝二年："春，正月，安禄山入朝；上宠待甚厚，谒见无时。"同书天宝三载："三月，己巳，以平卢节度使安禄山兼范阳节度使。……由是禄山之宠益固不摇矣。"故可知，安禄山飞黄腾达据有幽州之日，正是李白在朝之时。似此，则诗中比兴不言而喻。

自此诗观之，史载杨贵妃与安禄山淫乱事亦滞后。实则李白待诏翰林时期已见其形迹可疑。"绿杨"已"不自持"矣，"海燕"已欲"双飞"矣，二人已恨"相思不相见"，而"托梦辽城东"矣。

以上诸诗皆可证明，李白待诏翰林确实屡有"言温室树"之作，但其性质并非如王琦所云，属于"为人疏旷不密"，醉中失控，泄漏机要；而是有意为之，且其意深远。盖效周公《金縢》之事①，

◆◆◆◆◆◆◆◆◆◆◆◆

① 《金縢》：武王有疾，周公祷于先王，愿以身代。武王崩，成王立，年幼，由周公摄政。成王有疾，周公亦请以身代。史纳其历次祝册于金縢（即金匮）中。其后管、蔡叛，流言于国中，毁谤周公。成王启金縢之书，方知周公之忠诚。

以"《金縢》之书"喻其讽兴之诗,示意后世之人启聩发覆,以明其孤臣孽子之心,并使昏君奸臣荒淫误国之事成为千秋之殷鉴。

六 《梦游天姥吟留别》别解

李白再入长安待诏翰林,自天宝元年(742)秋入朝至天宝三载(744)春辞阙,首尾三年,实则为一年有余,去朝以后多次在诗中忆及在朝事,时而以寄君国之思,时而以抒愤懑之情,其中尤以《梦游天姥吟留别》(一作《别东鲁诸公》)最为杰出。天姥,山名,在江南东道越州(会稽郡)剡县,今浙江新昌县。相传登此山者,或闻天姥歌谣之声,故名。全诗如下:

海客谈瀛洲,烟涛微茫信难求。越人语天姥,云霞明灭或可睹。天姥连天向天横,势拔五岳掩赤城。天台四万八千丈,对此欲倒东南倾。我欲因之梦吴越,一夜飞度镜湖月。湖月照我影,送我至剡溪。谢公宿处今尚在,渌水荡漾清猿啼。脚着谢公屐,身登青云梯。半壁见海日,空中闻天鸡。千岩万转路不定,迷花倚石忽已暝。熊咆龙吟殷岩泉,栗深林兮惊层巅。云青青兮欲雨,水澹澹兮生烟。列缺霹雳,丘峦崩摧。洞天石扉,訇然中开。青冥浩荡不见底,日月照耀金银台。霓为衣兮风为马,云之君兮纷纷而来下。虎鼓瑟兮鸾回车，仙之人兮列如麻。忽魂悸以魄动，怳惊起而长嗟。惟觉时之枕席，失向来之烟霞。世间行乐亦如此，古来万事东流水。别君去兮何时还，且放白鹿青崖间，须行即骑访名山。安能摧眉折腰事权贵？使我不得开心颜。

海客，指出海经商之人。瀛洲为古传说中之仙山。"势拔五岳"极言天姥山之高。天台山在今浙江天台县，与天姥山相对。实则天姥之高不及天台，更不及五岳，皆夸辞也。其所以极力夸饰，盖以诗中之天姥隐喻朝廷。"我欲因之梦吴越"以下写游山，然勿作山水诗看；其中又有神仙，然亦勿作游仙诗看。盖皆有寓意也。镜湖在今浙江绍兴，剡溪在今浙江新昌，"谢公"指谢灵运。灵运《登临海峤》诗云："暝投剡中宿，明登天姥岑。"其登山，所着之木屐去前齿，下山则去后齿，称为"谢公屐"。见《宋书·谢灵运传》。因为是"梦游"，所以以下写游山所见，少实景，多幻景，然所谓"列缺（闪电）霹雳"、"丘峦崩摧"以及"云之君"（驾云之仙人）、"仙之人"和虎、鸾之属，恐非一般之梦境了。"安能摧眉折腰事权贵？使我不得开心颜"二句是针对这一场梦境的总结，从"梦境"返回现实，启示我们此诗必有深意在焉。

陈沆云："此篇昔人皆置不论，一若无可疑议者。试问题以留别为名，夫离别则有离别之情矣，留赠则有留赠之体矣，而通篇徒作梦寐冥茫之境，山林变幻之词，胡为乎？'忽魂悸以魄动，恍惊起而长嗟'，此于留别何谓耶？果梦想名山之胜，而又云'世间行乐尽如此，古来万事东流水'，又何谓耶？所别者东鲁之人，而云'安能摧眉折腰事权贵，使我不得开心颜'，又何谓耶？……太白被放以后，回首蓬莱宫殿，有若梦游，故托天姥以寄意。首言求仙难必，遇主或易，故'我欲因之梦吴越，一夜飞度镜湖月'。言欲乘风而至君门也。'身登青云梯，半壁见海日'以下，言金銮召见，置身云霄，醉草殿廷，侍从亲近也。'忽魂悸魄动'以下，言一旦被放，君门万里，故云'惟觉时之枕席，失向来之烟霞'也。'世间万事东流水'，'安能摧眉折腰事权贵'云云，所谓'平生不识高将军，手污吾足乃敢嗔'也。题曰留别，盖寄去国离都之思，非徒酬赠握手之什。"（《诗比兴笺》）

陈沆之说，深得此诗之秘旨。今之论者或以诗中梦境为李白之理想境界，可谓失之千里。

第六章
总为浮云能蔽日，长安不见使人愁
—— 去朝十年

一 李杜初逢（上）

天宝三载（744），李白四十四岁，春，辞阙去朝。出京后，南登灞陵，取道蓝田、商洛、武关一线而去。

此线，为秦汉以来出入关中古道之一。灞陵，即白鹿原，在长安城东南二十里，灞水西岸。蓝田，县名，属京兆府，在灞陵东南。商洛，商州（上洛郡）之属县，在蓝田县东南。武关，在商洛县东南九十里，秦之南关也。由此出，东南可通南阳，东北可通洛阳。见《通鉴地理通释》卷七。

汉末，贼臣乱长安，诗人王粲离去，欲往依荆州刘表，亦是由此一线。临行作《七哀诗》，其一有句云："南登灞陵岸，回首望长安。"李白在离京前不久，送别友人时，有《灞陵行送别》一诗，诗中有句云："我向秦人问路歧，云是王粲南登之古道。"其下又云："古道连绵走西京，紫阙落日浮云生。正当今夕断肠处，骊歌愁绝不忍听。"当时诗中所谓之王粲，当是喻指王昌龄；今当离京之时，此诗之意直似李白自喻。

"南登灞陵岸，回首望长安。"王粲如此，王昌龄亦是如此，李白更是如此。而且从此以后，走遍天涯海角，历尽艰难困苦，几乎无时无地不回首长安。每一回首，又莫不怨慕交织，目断魂飞，攒眉痛骨，拉血沾衣，成为终生无法化解之长安情结。

是年五月，李白与杜甫初逢于东京洛阳。李白时年四十四岁，杜甫时年三十三岁。诸家皆作如是说，然其细节，诸家皆不能确考，唯言其大略而已。兹摘录三家之说如下：

闻一多在他未完成的杰作《杜甫》一文中，曾以浪漫主义诗人的笔墨描述了李白与杜甫天宝三载（744）在洛阳的初逢："写到这里，我们该当品三通画角，发三通擂鼓，然后提起笔来蘸饱了金墨，大书而特书。因为我们四千年的历史里，除孔子见老子（假如他们是见过面的），没有比这两人的会面，更重大，更神圣，更可纪念的。我们再逼紧我们的想象，譬如说，青天里太阳和月亮走碰了头，那么，尘世上不知要焚起多少香案，不知有多少人要望天遥拜，说是皇天的祥瑞。如今李白和杜甫 —— 诗中的两曜，劈面走来了。我们看去，不比那天空的异瑞一样的神奇，一样的有重大意义吗？"

刘孟伉在他的《杜甫年谱》中说:"(李白)此次道出洛阳,与甫相会,在二人自己尚不觉其将成为中国文学史上之佳话。但甫一见白,即为其风采所吸引,反觉自己由吴越齐赵归来后已居洛阳两年,在此两年间杂处于官商钩心斗角之场为可憎。故其第一次赠李白诗,不禁脱口而出曰:'二年客东都,所历厌机巧。野人对腥膻,蔬食常不饱。……'因白好学仙,故此诗亦作多少出世语,然后归到白之来意说:'李侯金闺彦,脱身事幽讨。'且与白约定,同往梁宋访道,故结句曰:'亦有梁宋游,方期拾瑶草。'后在秦州寄白二十韵,亦提及此次初遇因缘,有句云:'乞归优诏许,遇我宿心亲。'可见白被放还后过东京时两人相会也。至于集中之《饮中八仙歌》,独于白一人著四句,于其余人则人著二句或三句,亦属于与白会面时对白最表倾心之作。"

陈贻焮在他的《杜甫评传》中说:"这年初夏,他(李白)在东都初次遇见了杜甫。杜甫这时写的《赠李白》:'二年客东都,所历厌机巧。野人对腥膻,蔬食常不饱。岂无青精饭,使我颜色好?苦乏大药资,山林迹如扫。李侯金闺彦,脱身事幽讨。亦有梁宋游,方期拾瑶草。'和后来写的《寄李十二白二十韵》:'乞归优诏许,遇我宿心亲',皆纪其事。可见他俩这次确乎是初次见面。……别看杜甫跟李白一见倾心,好像是很理解李白似的。其实他所见到的、自以为很理解李白的,仍然是'谪仙人'的佯狂表象。他哪里知道,就在这表象下面,还深藏着许多庙堂黑幕和宫闱秽闻,深藏着他竭力克制、唯恐一触即发的满腔孤愤。在对社会、对时政的认识上,杜甫当时是远远赶不上李白的。这不仅是因为他的年纪比李白小得很多,还因为他没有李白那一段待诏翰林、极便窥知内幕的良机。"

以上三家之说大体可从。闻一多在强调李杜相逢之重大意义上,后来罕有其匹。可惜闻氏未知李杜后来尚有重逢之日①,两曜相逢之语未免言之过早。陈贻焮言及此时杜甫对李白虽然倾心但并不理解,颇有见地。但李杜二人相识后以及随后连续几次见面时,李白若是对杜甫始终守口若瓶,滴水不漏,杜甫也就写不出《饮中八仙歌》。"饮中八仙"之聚饮并非赏心乐事,而是佯狂韬晦之行。细味杜甫此作,可以感知。因此,《饮中八仙歌》不作于洛阳初识李白之时,当作于次年梁宋之游"醉眠秋共被,携手日同行"之后。

是年秋,李白、杜甫、高适三人同游梁宋。高适(704—765),字达夫,渤海蓨县人,耕钓为生,求贷取给,但亦颇有抱负。李白过梁宋时,杜甫因与高适有旧,邀与同游。三人时或入酒家畅饮,时或至梁园访古,时或登单父琴台,时或至大梁吹台,时或出猎虞城孟诸大泽。俱各有诗纪其事。

李白有《秋猎孟诸夜归置酒单父东楼观妓》一诗,诗云:

---

① 此指天宝十二载(753)李杜重逢于长安。详见本书第八章。

倾晖速短炬，走海无停川。冀餐圆丘草，欲以还颓年。此事不可得，微生若浮烟。骏发跨名驹，雕弓控鸣弦。鹰豪鲁草白，狐兔多肥鲜。邀遮相驰逐，遂出城东田。一扫四野空，喧呼鞍马前。归来献所获，炮炙宜霜天。出舞两美人，飘摇若云仙。留欢不知疲，清晓方来旋。

杜甫后有《昔游》忆其事云："昔者与高李，晚登单父台。寒芜际碣石，万里风云来。桑柘叶如雨，飞藿去徘徊。清霜大泽冻，禽兽有余哀。"又有《遣怀》云："昔我游宋中，惟梁孝王都。……忆与高李辈，论交入酒垆。两公壮藻思，得我色敷腴。气酣登吹台，怀古视平芜。……"

高适有《同群公秋登琴台》诗。刘开扬云："此高适与李白、杜甫等人同登单父琴台之作也。"(《高适诗集编年笺注》)又有《宋中别周梁李三子》诗。诗中有句云："李侯怀英雄，骯髒乃天资。方寸且无间，衣冠当在斯。"[1] 闻一多谓诗中之"李侯"当即李白，刘笺从之。佘正松《高适研究》谓此诗"对李白的人品、才华都作了很高的评价"。

◆◆◆◆◆◆◆◆◆◆◆

[1] "李侯"，高适对李白尊称。"骯髒"(kàng zǎng)，刚直倔强貌。"天资"，天生性格如此。"方寸"，心也，高适自谓。"无间"，语出《论语·泰伯》："子曰：禹，吾无间然矣！"表示衷心佩服。"衣冠"句，意谓李白日后必当显达。

诸人诗作中，李白似乎最为快意，实则反是。《诗·终风》所谓"谑浪笑傲，中心是悼"也。

二 李杜初逢（下）

三人别后，李白旋即赴德州（平原郡）安陵县访道，请道士盖寰为造符箓；旋又请青州（北海郡）高天师授道箓于齐州（济南郡）紫极宫，遂正式入道籍。皆有诗纪其事。

当时道教信徒受道箓有一定仪式，郭沫若据《隋书·经籍志》有详细介绍云："其受道之法，初受《五千文箓》，次受《三洞箓》，次受《洞玄箓》，次受《上清箓》。《箓》皆素书（用朱写在白绢上），纪诸天曹官属佐吏之名，有多少。又有诸符错在其间。文章诡怪，世所不识。受者必先洁斋，然后赍金环一，并诸贽币，以见于师。师受其贽，以《箓》授之。仍剖金环，各持其半，云以为约。弟子得《箓》，缄而佩之。其洁斋之法，有黄箓、玉箓、金箓、涂炭等斋。为坛三成，每成皆置绵蕝（古人引绳束茅为之，后人挂纸钱）以为限域。旁各开门，皆有法象。斋者亦有人数之限，以次入于绵蕝之中，鱼贯面缚，陈说愆咎，告白神祇，昼夜不息。或一、二七日而止（少者一个七天，多者两个七天）。"不但形式烦琐，而且过程冗长，受道者多不堪其苦，往往进入昏迷与幻觉状态。郭沫若斥其为"惊人的大蠢事"，认为是李白迷信道教与神仙所致。实则李白欲以此肉体痛苦消除其心灵中更大更深之痛苦。

是年冬返至兖州（鲁郡），又以玄宗所赐金造酒楼一座于其南陵田舍院落中，日夕沉饮其上，少有醒时。李集中尚有《草创大还赠柳官迪》一诗，当是本年入道籍后炼丹之作。"大还"即九转还丹，道家认为服后可以成仙者。柳官迪当亦是道士。

天宝四载（745）春夏间，在杜甫、高适邀约之下同游齐州（济南郡）。时北海郡太守李邕从侄李之芳为郡司马，并邀邕来济南。众人相见甚欢，日与同游。时而宴于城中历下亭，时而宴于城北鹊山湖。杜甫有《陪李北海宴历下亭》诗，中有句云："东藩驻皂盖，北渚临清河。海右此亭古，济南名士多。云山已发兴，玉佩仍当歌。……"高适亦有《奉酬北海李太守丈人夏日平阴亭》诗。李白与李邕不仅前嫌尽释[1]，且有《东海有勇妇》一诗以美邕之德政。诸人尽欢而散，李白心中之痛苦得以暂时缓解。

是年秋，杜甫来至鲁郡访白并同游。二人同访隐士范十，李白有《寻鲁城北范居士失道落苍耳中见范置酒摘苍耳作》诗，诗云：

雁度秋色远，日静无云时。客心不自得，浩漫将何之？

◆◆◆◆◆◆◆◆◆◆◆◆

[1] 开元八年（720），李邕任渝州刺史时，白曾往谒之，未获接见，有《上李邕》一诗，出言不逊。详见第一章。

忽忆范野人，闲园养幽姿。茫然起逸兴，但恐行来迟。城壕失往路，马首迷荒陂。不惜翠云裘，遂为苍耳欺。入门且一笑，把臂君为谁？酒客爱秋蔬，山盘荐霜梨。他筵不下箸，此席忘朝饥。酸枣垂北郭，寒瓜蔓东篱。还倾四五酌，自咏猛虎词。近作十日欢，远为千载期。风流自簸荡，谑浪偏相宜。酣来上马去，却笑高阳池。

杜甫亦有《与李十二白同寻范十隐居》诗，诗云：

李侯有佳句，往往似阴铿。余亦东蒙客，怜君如弟兄。醉眠秋共被，携手日同行。更想幽期处，还寻北郭生。入门高兴发，侍立小童清。落景闻寒杵，屯云对古城。向来吟《橘颂》，谁与讨莼羹？不愿论簪笏，悠悠沧海情。

李杜二人自洛阳初识以后，复有梁宋之游、济南之会，更在鲁郡相聚十日，自然情好益密矣。

临别，李白有《鲁郡东石门送杜二甫》，诗云：

醉别复几日，登临遍池台。何时石门路，重有金樽开？秋波落泗水，海色明徂徕。飞蓬各自远，且尽手中杯。

"鲁郡东石门",即治城瑕丘东之洙水石门。稍后所作《鲁郡尧祠送窦明府薄华还西京》诗中有句云"石门喷作金沙潭",即是其处。尧祠,为瑕丘城东名胜古迹,汉熹平六年(177)建,今犹有迹可寻,俗称尧王坟。李白多次在此饯别友人。王琦及其他诸家注本多以之为曲阜县东北六十里之石门山,误。

李集中又有一诗,题作《秋日鲁郡尧祠亭上宴别杜补阙范侍御》,郭沫若认为亦是宴别杜甫之作,题为后人传抄致误,应作"尧祠亭上宴别杜甫兼示范侍御"(范即范十居士)。郭说可从。此诗与上诗联系而观,此诗当在前,上诗当在后,故云:"醉别复几日,登临遍池台。"意即数日前已邀范十作陪宴别杜甫,因不忍别,又在"登临遍池台"后,再次宴别杜甫。可见李白对杜甫惜别之情之深厚。

最后,另一首杜甫《赠李白》之疑亦迎刃而解。诗云:

> 秋来相顾尚飘蓬,未就丹砂愧葛洪。痛饮狂歌空度日,飞扬跋扈为谁雄!

前人多以此诗为杜甫规劝李白之作,实则非是。郭沫若早已注意到第一句中"相顾"二字,并指出杜甫嗜酒程度绝不亚于李白,也有他"飞扬跋扈"的一面,其《北游》诗云:"性豪业嗜酒,嫉恶怀刚肠。……饮酣视八极,俗物多茫茫。"因此认为此诗所指非仅李白一人,也包含杜甫自己在内。"空度日","为谁雄",都是愤世嫉俗之词,慨叹英雄无用武之地,因此称之为"李杜二人的合影"。其说可从。此外,还可从李白送别诗末"飞蓬各自远,且尽手中杯"二句看出,正与杜甫赠诗首句"秋来相顾尚飘蓬"对应。可见二人彼此彼此,何尝心存芥蒂?至于所谓"饭颗山"之讥,更属千年以来之大误会。详见本书第八章。

三　南下吴越

天宝五载(746),李白终于以攀龙堕天,创巨痛深,大病一场。秋,始稍痊可。所作《鲁郡尧祠送窦明府薄华还西京》诸本题下俱注云:"时久病初起作。"诗首又有句云:"朝策犁眉骃,举鞭力不堪。强扶愁疾向何处,角巾微服尧祠南。"秋后,决定远游以消忧,自东鲁南下吴越。行前有《梦游天姥吟留别》一诗(已见前章)。诗末有句云:"安能摧眉折腰事权贵,使我不得开心颜。"以示其决绝之情。话虽如此,实则在送人还京诗中往往又流露出思念长安之意。如《鲁郡尧祠送窦明府薄华还西京》之末有句云:"尔向西秦我东越,暂向瀛洲访金阙。蓝田太白若可期,为余扫洒石上月。"蓝田、太白皆关中山名,二句皆是欲返长安而以仙游之语出之。又如《金乡送韦八之西京》一诗,中有句云:"客自长安来,还归长安去。狂风吹我心,西挂咸阳树。"更是何等强烈！上年秋，友人监察御史崔成甫①由京中来东鲁探望李白，白接连作《赠崔侍御》二首。其一有句云："扶摇应借力，桃李愿成阴。"其二有句云："风涛倘相因，更欲凌昆墟。"亦是意欲复返朝廷之意。由此等诗作可以看出，李白欲返长安之心，与誓与朝廷决绝之情，同样如火如荼。去朝以后，一直处于此二者互相交战之中，只不过时而此起彼伏，时而彼起此伏而已。

李白以往出游，皆在春日，此次却不顾天寒地冻，毅然踏上千里征途，似欲避世唯恐不及。

行至宋州（睢阳郡），有《对雪献从兄虞城宰》诗云："昨夜梁园雪，弟寒兄不知。庭前看玉树，肠断连理枝。"虞城县，在睢阳东北四十里，有孟诸泽，曾是两年前与杜甫、高适游猎之地。当时虽是强颜为欢，毕竟还有杜、高二人作伴，此次远游却是孤身一人，又兼雪夜，故倍感凄冷。在睢阳时，偶遇故人岑勋从兄岑征君，欲归隐鸣皋山而为积雪所阻，因有《鸣皋歌送岑征君》以送之。王琦本此诗题下原注："时梁园三尺雪，在清泠池作。"唐汝询云："此送征君归隐，因发衰世之感也。"（《唐诗解》）亦是借他人酒杯，浇自家块垒。

行至扬州，又遇雪，有《淮海对雪赠傅霭》诗曰："朔雪落吴

---

① 崔成甫，李白挚友，开元年间二人初识于洛阳。天宝三载（744），成甫由陕县尉摄监察御史，故称崔侍御。旧时每将崔成甫与崔宗之混淆，至郁贤皓《李白诗中崔侍御考辨》一文出，众始别之。

天，从风渡溟渤。海树成阳春，江沙皓明月。兴从剡溪起，思绕梁园发。寄君郢中歌，曲罢心断绝。"李白多次游扬州，唯有此次"兴从剡溪起"（欲赴越中），"思绕梁园发"（从梁园而来）。

天宝六载（747）春，李白行至金陵。劳劳亭下，柳条尚未转青。又口占一绝："天下伤心处，劳劳送客亭。春风知别苦，不遣柳条青。"

金陵本是往来多次之地，但却毫无旧地重游之乐。有《金陵三首》《金陵歌送别范宣》《月夜金陵怀古》等诗，写景咏物，俱着苍凉之色；抒怀寄慨，每多黍离之悲。又有《登金陵凤凰台》诗，诗曰：

凤凰台上凤凰游，凤去台空江自流。吴宫花草埋幽径，晋代衣冠成古丘。三山半落青天外，一水中分白鹭洲。总为浮云能蔽日，长安不见使人愁。

最后二句：浮云，喻朝中奸佞；日，喻时君。二句意谓：谗谄蔽明，国运堪忧。一路行来，触景情伤，总因此故也。

李白在金陵与故人崔成甫不期而遇。晤谈之下，方知成甫竟已于去年获罪遭贬，由朝中贬至洞庭湖畔之湘阴县，近因羊㦂由贬所暂来金陵。虽然互有酬赠，但仅有小诗二首。成甫《赠李十二》诗云："我是潇湘放逐臣，君辞明主汉江滨。天外常求太白老，金陵捉得酒仙人。"李白《酬崔侍御》诗云："严陵不从万乘游,归卧空山钓碧流。自是客星辞帝座,元非太白醉扬州。"二诗轻松异常,殊令人怪,原来其下掩盖着近两年来朝中重大变故。

初,天宝三载,玄宗谓高力士曰:"天下无事,朕欲高居无为,悉以政事委林甫何如?"对曰:"天下大柄,不可假人。"上不悦,力士顿首自陈:"臣狂疾,发妄言,罪当死。"自此不敢深言天下事。李林甫大权在握,欲尽除不附己者,重用酷吏罗希奭、吉温。二人皆随林甫所欲,罗织成罪,无能自脱者,时人称之为"罗钳吉网"。遂屡兴大狱,滥杀朝臣。五载(746)春正月,刑部尚书韦坚贬括苍太守,七月赐死;陇右节度使皇甫惟明贬播川太守,旋被杀于贬所。四月,李适之罢相,七月贬宜春太守,闻酷吏将至,饮药自杀。十二月,赞善大夫、著作郎王曾,左骁卫兵曹柳勣等,并下狱死。六载(747)正月,北海太守李邕、淄川太守裴敦复,并以事连王曾、柳勣,遣使就杀之。六载十一月,户部侍郎杨慎矜及兄少府少监慎余与弟洛阳令慎名,亦下狱死。以上诸人,或因过失,或因牵连,或纯系无辜,皆为林甫所陷,而构成死罪。并株连甚众,以致积尸大理,系囚溢狱。以上俱见两《唐书》有关纪传。成甫即因曾是韦坚为陕郡太守时之下属而遭贬。

由此可知,崔成甫与李白相遇于金陵时,前者惊魂未定,后者亦惶恐莫名,故虽有酬赠之作,亦深自韬晦,故意以戏笔出之,佯作镇静也。

李白随即南下越中,有《越中秋怀》《同友人舟行》。过天姥山，登天台山，有《天台晓望》《早望海霞边》。诸作皆一派出世之情。但亦有《登高丘而望远海》《古风》其三（秦王扫六合）等借古讽今之作。

另有《夷则格上白鸠拂舞辞》一首，则直是为当时屡兴大狱而发。夷则，古十二乐律之一。《史记·律书》以夷则为七月之律。《白虎通》云："夷，伤也。则，法也。言万物始伤，被刑法也。"诗中以禽类为喻，白鸠喻开元时期贤相，白鹭喻天宝中奸相："白鹭之白非纯真，外洁其色心匪仁。……胡为啄我葭下之紫鳞？"李林甫，人称其"口蜜腹剑"，故以啄食鱼类之白鹭喻之。诗末二句云："凤凰虽大圣，不愿以为臣。"凤凰，喻时君，意谓有道之圣君不当用此等贪残之辈为臣。此言"不愿"者，婉言之也。此诗当作于本年前后，大狱初兴之时。时白尚未获知详情，其后更有甚于此者。

天宝七载（748），李白由越中返至金陵。方知王昌龄已于去年秋又自江宁丞贬龙标尉。当李白闻知此事时，昌龄已溯江而上，前赴贬所矣。至于昌龄因何事获罪，李白多方打听，终不得要领。只好将千言万语化作小诗一首《闻王昌龄左迁龙标遥有此寄》：

> 杨花落尽子规啼，闻道龙标过五溪。我寄愁心与明月，随风直到夜郎西。

龙标，县名，时属江南西道巫州，其地在今湖南省西南。五溪，谓酉溪、辰溪、巫溪、武溪、沅溪，在今湘、川、黔三省交界处，唐时被视为蛮荒之地。诗虽短而意长，三四两句，言此心之相关，直是神驰到彼也。

殷璠《河岳英灵集》谓昌龄"奈何晚节不矜细行，谤议沸腾，再历遐荒，使知音叹息"。当时在暴政方兴未艾之背景下，欲加之罪，何患无辞？可知昌龄之窜谪恐亦系冤案①。

未几，又闻河西、陇右、朔方、河东四镇节度使王忠嗣以"阻挠军功"获罪。李白更是惊诧莫名。

忠嗣本是烈士之后，玄宗念其父有大功，死王事，称之为"去病之孤"，养于禁中，使与忠王（后为肃宗）游处。及长，雄毅寡言，有武略，不仅忠勇为国，屡立战功，及为四镇节度使，劲兵重地，控制万里，而又能持重安边，为近世所未有。六载（747），玄宗方事石堡，诏问攻取计，忠嗣奏言："石堡易守难攻，耗士数万，然后可图，恐得不偿失，请厉兵秣马，待衅取之。"帝意不悦，李林甫素忌其功，遂乘机使人诬告忠嗣欲奉太子即位。帝怒，召入付三司检验，竟判死罪。后由哥舒翰力保，始免于极刑，贬汉阳太守。见两《唐书》本传。

◆◆◆◆◆◆◆◆◆◆

① 自此一贬，直至安史乱起，昌龄始返内地，竟为亳州（谯郡）刺史闾丘晓所杀害。见《唐才子传校笺》。

诸如此类冤案接踵而来，尤以王忠嗣案无异自毁长城。李白忧心如捣，遣愁无方，乃沉湎于酒色，又乞灵于佛教。

其沉湎于酒色之作，有《出妓金陵子呈卢六》《示金陵子》《东山吟》（一作《醉过谢安东山》，原注："土山，去江宁城三十五里，晋谢安携妓之所。"）。而最为狂放者，无过《玩月金陵城西孙楚酒楼达曙歌吹日晚乘醉着紫绮裘乌纱巾与酒客数人棹歌秦淮往石头访崔四侍御》一诗。此诗之前尚有《挂席江上待月有怀》一诗。二诗为一时之作，纪其连续两日一夜江上游乐之事。诗中有句云："草裹乌纱巾，倒披紫绮裘。两岸拍手笑，疑是王子猷。…… 半道逢吴姬，卷帘出揶揄。我忆君到此，不知狂与羞。"其狂放如此，而又大书特书，其真意可知。

其奉佛之作亦有此种特点，例如《答湖州迦叶司马问白是何人》《僧伽歌》《庐山东林寺夜怀》等诗，诗中自称"青莲居士"，并向西域高僧请教佛法真谛，乞求解脱之方，随即又往庐山东林寺参禅打坐。亦是大张旗鼓，煞有介事。

四 怒飞鸣镝

天宝八载（749），仍客居金陵。春，有《寄东鲁二稚子》诗，诗曰：

吴地桑叶绿，吴蚕已三眠。我家寄东鲁，谁种龟阴田？春事已不及，江行复茫然。南风吹归心，飞堕酒楼前。楼东一株桃，枝叶拂青烟。此树我所种，别来向三年。桃今与楼齐，我行尚未旋。娇女字平阳，折花倚桃边。折花不见我，泪下如流泉。小儿名伯禽，与姐亦齐肩。双行桃树下，抚背复谁怜？念此失次第，肝肠日忧煎。裂素写远意，因之汶阳川。

夏，又有《送萧三十一之鲁中兼问稚子伯禽》一诗，诗曰：

六月南风吹白沙，吴牛喘月气成霞。水国郁蒸不可处，时炎道远无行车。夫子如何涉江路，云帆袅袅金陵去。高堂倚门望伯鱼，鲁中正是趋庭处。我家寄在沙丘旁，三年不归空断肠。君行既识伯禽子，应驾小车骑白羊。

鲁迅诗云："无情未必真豪杰，怜子如何不丈夫？知否兴风狂啸者，回眸时看小於菟。"此于李白诗中亦可见之。

是年五月，玄宗命陇右节度使哥舒翰率陇右、河西兵，又益以朔方、河东兵，凡六万三千人，攻吐蕃石堡城，拔之，获吐蕃四百人，唐士卒死亡略尽，果如王忠嗣之言。忠嗣亦于是年暴卒。见《通鉴·唐纪》及两《唐书·王忠嗣传》。

李白隐忍多时之愤懑终于爆发。是年冬,金陵友人王十二寒夜独酌,有所感怀,赠白以诗,白遂借《答王十二》,大肆抨击时政,矛头直指昏君与佞臣。继而又有《战城南》一诗,亦是如此。可谓怒飞鸣镝,奋不顾身。兹将二诗全文移录如次。

《答王十二寒夜独酌有怀》诗云:

昨夜吴中雪,子猷佳兴发。万里浮云卷碧山,青天中道流孤月。孤月沧浪河汉清,北斗错落长庚明。怀余对酒夜霜白,玉床金井冰峥嵘。人生飘忽百年内,且须酣畅万古情。君不能狸膏金距学斗鸡,坐令鼻息吹虹霓。君不能学哥舒,横行青海夜带刀,西屠石堡取紫袍。吟诗作赋北窗里,万言不直一杯水。世人闻此皆掉头,有如东风射马耳。鱼目亦笑我,谓与明月同。骅骝拳跼不能食,寒驴得志鸣春风。折杨皇华合流俗,晋君听琴枉清角。巴人谁肯和阳春,楚地犹来贱奇璞。黄金散尽交不成,白首为儒身被轻。一谈一笑失颜色,苍蝇贝锦喧谤声。曾参岂是杀人者,谗言三及慈母惊。与君论心握君手,荣辱于余亦何有?孔圣犹闻伤凤麟,董龙更是何鸡狗。一生傲岸苦不谐,恩疏媒劳志多乖。严陵高揖汉天子,何必长剑拄颐事玉阶。达亦不足贵,穷亦不足悲。韩信羞将绛灌比,祢衡耻逐屠沽儿。君不见李北海,英风豪气今何在?君不见裴尚书,土坟三尺蒿棘居。少年早欲五

第六章　总为浮云能蔽日，长安不见使人愁

湖去，见此弥将钟鼎疏！

诗起手因"吴中雪"而借子猷"雪夜访戴"的典故起兴。子猷即王羲之之子王徽之。徽之字子猷，为人放诞不羁，居山阴时，夜雪初霁，忽忆友人戴逵。逵时居剡中，子猷即驾小船访之。经宿方至，造门不前而返。人问其故，曰："吾本乘兴而至，兴尽而返，何必见戴！"见《晋书·王羲之传》所附。此以王十二拟王徽之，而"访戴"事，即指王十二寒夜独酌有怀于己也。王十二名字不详，其有怀李白之诗亦不可知，但诗题既曰"答"，则自"君不能狸膏金距学斗鸡"以下，皆与王十二之来诗有关，然皆以反语或激愤语出之。"狸膏金距"，皆斗鸡者制胜之术，斗鸡以狐狸之膏油涂于鸡头，以薄片金属制为斗鸡假距，前者使敌畏惧，后者利于制胜。哥舒即哥舒翰，唐边将，因屠石堡城而取大功名。石堡为唐与吐蕃交通要冲，其地在今青海西宁西南，城三面绝险，易守难攻。王忠嗣因石堡事极谏获罪，玄宗命哥舒以十万众拔之，玄宗录其功，拜特进，加摄御史大夫。特进为正二品，故曰"取紫袍"。以上皆刺时政，哥舒拔石堡在天宝八载（749），而无赖小儿（如贾昌）因斗鸡取富贵，更是玄宗后期人人诟病之事。"吟诗作赋北窗里"以下，更多的是个人牢骚。世事颠倒、贤愚混淆如此。此下连类而及，叠用多个比喻或典故强调现实的颠倒混乱不堪：鱼目混珠，而谓明月（即俗称为夜明珠者）与其相同；骅骝（骏马）蜷跼而蹇驴（跛驴）得意；《折杨》《皇华》（皆古代俗乐）受人喜爱，而《清角》（古代高雅琴曲）并无堪听之人。《庄子·天地》："大声不入于俚耳，《折杨》《皇华》则嗑然大笑。"《清角》相传为黄帝所作，德薄者不足以听，春秋时晋平公强命师旷奏之，暴风雨遂至，裂帷幕，毁廊瓦，平公惊惧成疾。见《韩非子·十过》。《阳春》（古代高雅歌曲）一曲，曲高和寡；"楚地贱奇璞"用卞和献璞事。"苍蝇贝锦"一出《诗·小雅·青蝇》，一出《诗·小雅·巷伯》，前者喻谗谤之声如苍蝇之营营，后者喻谗谤之巧如贝锦之灿然。曾参是孔子弟子，有与曾参同名姓者，杀人，人告曾子母曰："曾参杀人。"其母曰："吾子不杀人。"织自若。如是者三，其母惧，投杼逾墙而走。见《战国策·秦策》。李白此期遭谗谤特甚，故有此句。《论语·子罕》："子曰：'凤鸟不至，河不出图，吾已矣夫！'"又《孔子家语·辨物》载，叔孙氏获麟，折其前左足，孔子伤之，曰："此麟也，胡为来哉，胡为来哉！"涕泣沾巾。"伤凤麟"，谓举世浑浊而凤不至，麟却出非其时也。董龙是前秦右相，以佞幸进，司空王堕性刚直，疾之如仇，或谓堕宜稍与之交接，堕曰："董龙是何鸡狗！"见《十六国春秋》。此当以董龙喻李林甫辈。恩疏谓朝廷见弃，媒劳谓荐者徒劳。《楚辞·九歌·湘君》："心不同兮媒劳，恩不甚兮轻绝。"二句由此化出。"严陵高揖汉天子"以下，又以几个古人自拟，表明其心迹。严陵（即严光，字子陵），汉会稽人，少与光武帝同游学，及光武即位，光隐身不见，光武聘入朝，不屈，耕于富春山。韩信被贬为淮阴侯，自恃功高，羞与绛、灌（绛侯周勃、颍阴侯灌婴）同列。祢衡是汉末名士，尚气高傲，人或劝其与名士陈长文、司马朗交往，衡曰："吾岂能从屠沽儿耶？"其所以如此决绝，盖因李北海、裴尚书之惨遭杀害也。李北海即李邕，天宝六载（747）为李林甫罗织成罪而就郡杖杀；裴尚书即裴敦复，因李邕事牵连而遭杀害。"弥将钟鼎疏"，就是要彻底疏远功名富贵了。

《战城南》，古乐府诗题，皆写边塞战事。李白展其意，骋其辞，以抨击时政。兹移录全文如下：

> 去年战，桑干源。今年战，葱河道。洗兵条支海上波，放马天山雪中草。万里长征战，三军尽衰老。匈奴以杀戮为耕作，古来惟见白骨黄沙田。秦家筑城备胡处，汉家还有烽火燃。烽火燃不息，征战无已时。野战格斗死，败马号鸣向天悲。乌鸢啄人肠，衔飞上挂枯树枝。士卒涂草莽，将军空尔为。乃知兵者是凶器，圣人不得已而用之。

桑干河源出今山西马邑县桑干山，流经今山西、河北两省；葱河发源于葱岭，流域面积约当今甘肃及新疆之地。前句概言唐时东北边境与奚、契丹的战争，后句概言西北边境与吐蕃的战争。"去年战"、"今年战"，言战争之频繁和旷日持久。"洗兵"语出《文选》左思《魏都赋》李善注:"大将将行,雨濡衣冠,是谓洗兵。"又有洗净兵器、藏而不用之意;"放马"亦是让战马休闲之意。首二句言战争频仍,其后又言洗兵、放马,似有不协调处。实则李白反战立场并无矛盾。"洗兵"于何处? 条支;"放马"于何处? 天山。条支为古国名,其地当今伊拉克,条支海即今波斯湾。边境要扩展至此处方才休兵罢战,则战争永无尽头了。以下即写战争带给征人的痛苦。"乌鸢啄人肠"数句自乐府《战城南》"枭骑战斗死,驽马徘徊鸣"化出,写战争残酷,惊心怵目。"匈奴以杀戮为耕作"语出王褒《四子讲德论》,曰:"匈奴,百蛮之最强者也,其耒耜则弓矢鞍马,播种则捍弦掌拊,收秋则奔狐驰兔,获刈则颠倒殪仆。"《老子》:"兵者不祥之器,非君子之器,不得已而用之。"末二句由此化出,并以此作结。天宝间玄宗发动石堡城之役,王忠嗣尝言:"太平之将,但当抚循训练士卒而已,不可疲中国之力以邀功名。"此诗虽未提及石堡,然用意与前篇同,故可视为同时之作。

此二诗,壮浪纵恣,痛快淋漓,笔力扛鼎,诚太白诗之最杰出者。当时万马齐喑,唯杜甫《兵车行》等作堪与为俦。

天宝九载(750),李白五十岁。五月,离金陵,往庐山,有《留别金陵诸公》《庐山东林寺夜怀》《寻阳紫极宫感秋作》等诗。《寻阳》诗中有句云:"懒从唐生决,羞访季主卜。四十九年非,一往不可复。野情转萧散,世道有翻覆。陶令归去来,田家酒应熟。"唐生，唐举，战国时相者，能知人穷通；季主，司马季主，善卜，能知人吉凶。二句意谓：己之前途已不必预测。次二句意谓：年届五十，天命已知。再次二句意谓：出世之情，益转萧散，何况世道已发生翻覆。末二句，有归隐东鲁之意。此诗情怀，与《答王十二》诗中"达亦不足贵，穷亦不足悲"、"少年早欲五湖去，见此弥将钟鼎疏"诸语遥接。

五 《古风》二首之苦心

是年秋后，李白自江淮返至东鲁。因感年已半百，功业渺茫，故欲以立言为务。《古风》其一（大雅久不作）与《古风》其三十五（丑女来效颦）二诗，当作于此年冬。自述其志之作也。

《左传》襄二十四年春，"穆叔如晋，范宣子逆之，问焉，曰：古人有言曰'死而不朽'，何谓也？""穆叔曰：……豹闻之：'大上有立德，其次有立功，其次有立言。'虽久不废，此之谓不朽。"可见，李白不得已而求其次，仍然期于不朽也。

兹录此《古风》二首全文并评述如下：

《古风》其一（大雅久不作）

大雅久不作，吾衰竟谁陈？王风委蔓草，战国多荆榛。
龙虎相啖食，兵戈逮狂秦。正声何微茫，哀怨起骚人。扬马激颓波,开流荡无垠。废兴虽万变,宪章亦已沦。自从建安来,绮丽不足珍。圣代复元古,垂衣贵清真。群才属休明,乘运共跃鳞。文质相炳焕,众星罗秋旻。我志在删述,垂辉映千春。希圣如有立,绝笔于获麟。

大雅,《诗经》四始之一。毛序云:"言天下之事,形四方之风,谓之雅。雅者,正也,言王政之所由废兴也。政有大小,故有《小雅》焉,有《大雅》焉。"《大雅》今存三十一篇,皆言国之大事,事有善恶,言有美刺,善则美之,恶则刺之,以资鉴戒。此即太白所谓《诗》之"正声"、"宪章",亦即"古道"。孟棨(启)《本事诗》云:"李白才逸气高,与陈拾遗齐名,先后合德。其论诗云:'梁、陈以来,艳薄斯极,沈休文又尚以声律。将复古道,非我而谁?'"可见"吾衰"句,非仅是提出问题,而是隐以其事自任。正声,指《诗经》雅正之声,亦即《诗》之"古道"。何微茫,犹言几不可闻;骚人,指以屈原为首之楚辞作者。《史记·屈原列传》:"屈平之作《离骚》,盖自怨生也。"二句谓诗道衰微而骚体代兴。骚则主哀怨而已,毕竟不逮大雅之正声。《诗》《骚》以后,又有扬、马等人创为汪洋恣肆之辞赋。实则颓波也,警一而劝百。自先秦至汉,文运虽有废兴,然以《大雅》为代表之法则终归沉沦。三曹父子及建安七子,所为诗文以风骨见称。建安以后及于六朝,则日趋绮丽,大乖"古道",故曰不足珍也。"圣代"六句言唐代诗歌之盛况。末四句,李白意欲追踪孔子,而以其诗为盛唐之《春秋》。

《古风》其三十五(丑女来效颦)

丑女来效颦,还家惊四邻。寿陵失本步,笑杀邯郸人。一曲斐然子,雕虫丧天真。棘刺造沐猴,三年费精神。功成无所用,楚楚且华身。大雅思文王,颂声久崩沦。安得郢中质,一挥成风斤?

此与上篇,诗旨略同,亦是论诗述志之作。上篇正言之以自誓,此篇则反言之以刺时。西施病心而美,其里之丑人见而效之,使人惊怖,事见《庄子·天运》;寿陵之子学步于邯郸,未得国步,又失其故步,只好匍匐而归,遭人耻笑,见《庄子·秋水》;宋人在棘刺之端复雕出沐猴(即猕猴),见《韩非子·外储说》。以上连用三典故,旨在说明如此创作,雕虫丧其天真,皆无益于世,徒然取得富贵而已。"文王"是《诗·大雅》首篇,特意提出《大雅·文王》,用意与上篇同。"郢中质"典出于《庄子·徐无鬼》,云有郢都(楚国都)之人,垩漫其鼻,若蝇翼,使匠石以斧斫之(削也),匠石运斤成风,尽垩而鼻不伤,郢人立不失容。二句意谓希望己之诗作能如郢匠之运斤成风,正中时弊而无伤盛世。

此二诗长期诸解纷纭，多未得其旨要。或泛言继承《诗》之优良传统；或以之为倡言复古；或杂陈众说，令人烦乱而不得要领，且谓之曰"集大成"云云。

窃以为：言继承《诗》之优良传统者，失之太泛。今人皆以"饥者歌其食，劳者歌其事"之"风"为优良传统。太白此二首中几乎未曾及之，而首言"大雅"，屡言"大雅"者，盖时代不同，语境不同，《诗》之优良传统亦有所不同。《古风》二首之作，正当盛唐转折时期，甚至是急转直下时期，李白所欲立言，必是与国之大事有关者，甚至生死存亡有关者。但是操之过急，赤膊上阵，则大干禁忌，动辄有杀身之祸，故须转弯抹角，云苫雾罩，或假孔子之删述《春秋》，或倡言《诗》之雅颂。有如扮演一场古装戏剧，句句皆在说古人故事，实则处处都在为当代大敲警钟。《古风》其三十五（丑女来效颦）之末"安得郢中质，一挥成风斤"二句，尤为警策，可见李白立言之真意与苦心。不然，李白复古何为？

第七章
燕山雪花大如席，片片飞落轩辕台
—— 幽州之行

一 树欲静，风不止

天宝十载（751），李白五十一岁。

李白与其最后一位夫人结婚，若非在上年冬，即在本年春。

魏颢《李翰林集序》云："白始娶于许，……终娶于宋。"王琦注云："太白《窜夜郎留别宗十六璟》诗有'君家全盛日，台鼎何陆离。斩鳌翼娲皇，三入凤凰池'，'令姊忝齐眉'等语，是其终娶者乃宗楚客之家也。而此云宋，盖是宗字之讹耳。"说是。郭沫若亦云："李白的最后一位夫人是宗楚客的孙女。"宗楚客，武则天时曾为相，中宗时因附韦后，被诛。其后人在梁园附近犹有旧居，李白与宗氏婚后遂以其地为家。其子女仍居东鲁南陵田舍，可能一向皆由其妾照管，其妾亦有一子名曰颇黎（仅见于魏

《序》)。最后宗氏亦有一子名曰天然。子女四人皆不幸，李白竟成为"绝嗣之家"。此是后话。

李白上年返东鲁后，有诗酬元丹丘邀请①，诗之序云："白久在庐霍，元公近游嵩山。故交深情，出处无间，岩信颇及，许为主人，欣然适会本意。当冀长往不返，欲便举家就之，兼书共游，因有此赠。"

本年又有诗赠丹丘，题云：《闻丹丘子于城北山营石门幽居中有高凤遗迹仆离群远怀亦有栖遁之志因叙旧以赠之》。

此二诗合而观之，当是李白正欲应邀往嵩山颍阳山居，丹丘又已在叶县高凤石门山新营幽栖之地。白闻之，欲前往。有《寻高凤石门山中元丹丘》诗，是已至其地之作。

天宝十载（751）四月，剑南节度使鲜于仲通讨伐南诏。

南诏，其先渠帅有六，自号六诏，诸葛亮平定之，臣服中国已久。其中蒙舍诏在诸诏南，故称南诏，初居永昌、姚州之间，有今云南西部地。开元二十六年（738）赐其渠帅名归义，稍后又封为云南王。天宝七载（748），归义卒，其子阁罗凤继位，当地太守张虔陀多所征求，复私其妻，遂反。九载（750），御史中丞杨国忠以椒房之亲方得宠，荐鲜于仲通为益州长史，令率精兵

◆◆◆◆◆◆◆◆◆◆◆

① 诗题原作《题嵩山逸人元丹丘山居并序》。郭沫若云："诗题和诗序不相应。序只言有意应邀，诗题却是已经到了山居，题诗壁上。看来诗题为后人误加，诗序即是诗的长题。"说是。

第七章 燕山雪花大如席，片片飞落轩辕台

八万讨南诏，大败于泸水之南。国忠掩其败，仍叙其功，擢为剑南节度使，益募两京及河南北兵以击南诏。人闻云南多瘴疠，士卒死者什八九，莫肯应募。杨国忠遣御史分道捕人，连枷送至军所。于是行者愁怨，父母妻子送之，哭声震野。

李白在往叶县石门山访元丹丘途中，适见强行征兵以伐云南，此事又使他痛心疾首，而有《古风》其三十四（羽檄如流星）之作。

羽檄如流星，虎符合专城。喧呼救边急，群鸟皆夜鸣。白日曜紫微，三公运权衡。天地皆得一，淡然四海清。借问此何为？答言楚征兵。渡泸及五月，将赴云南征。怯卒非战士，炎方难远行。长号别严亲，日月惨光晶。泣尽继以血，心摧两无声。困兽当猛虎，穷鱼饵奔鲸。千去不一回，投躯岂全生？如何舞干戚，一使有苗平？

《汉书·高帝纪》："吾以羽檄征天下之兵。"颜师古注："檄者，以木简为书，长尺二寸，用征召也。其有急事，则加以鸟羽插之，示速疾也。"虎符为调兵之信物，以木或铜为之，作虎状，符分两半，中央与领军将帅各执一半，发兵时左右两半验合，方能生效。首四句渲染边情紧急。紫微指朝廷，三公指朝臣，"天地皆得一"化用《老子》"天得一以清，地得一以宁"，意谓天下

太平。这当然皆是所谓朝廷,即擅启边衅者的说法。实际如何呢?"怯卒非战士"以下,即写不义战争带给百姓的痛苦。"怯卒"谓良民也,未经训练,何能冒白刃、当弓矢?何况五月炎方,瘴气难行!驱之而行,无异于困兽以当猛虎、穷鱼以饵奔鲸,吃败仗的结局无可避免。干戚为兵器,执干戚而舞,相传为舜时之舞。《礼·乐记》:"执其干戚,习其俯仰诎伸,容貌得庄焉;行其缀兆,要其节奏,行列得正焉。"昔有苗氏(古少数部族)不服,禹请征之,舜以我德不厚,前教未修而不许;乃修德三年,执干戚而舞之,有苗请服。见《史记·五帝本纪》。"如何舞干戚,一使有苗平"由此化出,为全诗作结,与《战城南》之"乃知兵者是凶器……"用意同。

此为初伐南诏。再伐南诏事,见天宝十四载(755)《书怀赠南陵常赞府》。两次伐南诏皆为不义之战,举二十万人投之死地,天下冤之。李白皆有诗以刺。

二 幽州危机(上)

天宝十载(751)秋,当李白在元丹丘石门山居盘桓期间,忽有幽州节度使幕府判官何昌浩命驾来访①。欲邀李白入幕或北上

---

① 凡节度使之下皆有判官,其职位仅次于节度副使。

一游。白有《赠何七判官昌浩》一诗，全诗如下：

> 有时忽惆怅，匡坐至夜分。平明空啸咤，思欲解世纷。心随长风去，吹散万里云。羞作济南生，九十诵古文。不然拂剑起，沙漠收奇勋。老死阡陌间，何因扬清芬？夫子今管乐，英才冠三军。终与同出处，岂将沮溺群？

人至夜分（即夜半）仍然匡坐（即正襟而坐），又平明即啸咤（大声呼号），首二句极写自己处在一种极庄正、极欲有所作为之状态。"思欲解世纷"，谓大作为也。"济南生"即伏生，先为秦博士，秦禁书（《尚书》），伏生壁藏之，汉文帝时，欲召伏生，伏生年九十，不能行，乃使晁错往受之，即后世所传今文《尚书》。见《汉书·儒林传》。此以伏生代儒者。管、乐指战国齐、燕名将管仲、乐毅，是对何昌浩的期许；沮、溺即长沮、桀溺，为古之隐者，指自己目前的生存状态。末二句表示自己要与何判官共同奋斗，向沙漠边陲去干一番事业，不再效儒者、隐者之流了。

就此诗孤立而观之，似乎白已欣然同意邀请，且本年冬至次年冬果有幽州之行。

此事关乎李白大节，不可等闲视之。拙编《李白全集编年注释》（初版）曾有失误，愧悔莫及，再版虽有所改正，但意犹未尽。近见有人仍蹈覆辙，殊感遗憾，故切切而为之辩。

开元后期，玄宗以为治定功成，遂有吞并四夷之志，而重边功。不但边将以此邀宠，中原士人先后赴塞垣以取功名者，亦颇有人在。李白有赴边之事本无足奇，然其幽州之行与一般士人赴边，性质绝不相同。其所以绝不相同，须先从幽州危机谈起。幽州（范阳郡），属河北道，置有节度使，临制奚与契丹（唐时称为"两蕃"），为东北边防重镇。所谓幽州危机，即安禄山势力坐大，图谋不轨，终至酿成安史之乱。

安禄山，本营州杂胡，通六蕃语，为东北边塞互市牙郎。史思明与其同乡里，长相善。二人皆奸猾，禄山性尤狡黠，善揣人情。初，幽州节度使张守珪令二人同捉生，常以三五骑生擒契丹数十人，遂拔为偏将。

开元二十九年（741），禄山为平卢兵马使。朝廷每有使者至其地，禄山皆厚赂之。彼等返京后，盛称禄山之美，由是玄宗亦以为贤。遂得以连年擢升，破格提拔。天宝元年（742），为平卢节度使（其治所在今辽宁辽阳）。天宝三载（744），兼范阳节度使（其治所在今北京近郊）。天宝六载（747），兼御史大夫（当时节镇以带台长衔为荣）。天宝七载（748），赐铁券（世代享受特权之证明）。天宝九载（750），封东平郡王（唐将帅封王自此始），同年八月又以之为河北道采访处置使。天宝十载（751）二月，更兼河东节度使（其治所在今山西太原）。于是今东北及华北大片地区皆在其统辖范围之中。

第七章 燕山雪花大如席，片片飞落轩辕台

开元以来，朝廷先后置十节度使以备边，全国共有镇兵四十九万人。禄山所领三镇即近二十万人；又私养降胡八千余人，谓之"曳落河"（胡言壮士），皆骁勇善战，一可当百。故其实有兵力已近全国兵力之半。

而禄山之边功实则多是轻启边衅，以迎合玄宗穷兵黩武之心。甚至假意邀约奚与契丹之酋长来会，饮以莨菪酒，醉而坑之，函其酋长之首级入朝以献，前后数四。玄宗不察，以为忠勇，宠之益固。

禄山常令其将刘骆谷留京师，窥伺朝廷意向，动静皆报之。天宝初来朝时，不拜太子，佯言不知太子为何官；拜帝与妃时，皆先妃而后帝，佯言胡人先母后父。凡此种种，皆为迎合玄宗之意也。禄山恃宠，谒见无时，帝前应对，杂以谐谑，贵妃亦常在座，玄宗竟纵容之，由是禄山心动，遂有"他肠"。

天宝六载（747），素以持重安边著称之盛唐名将，河西、陇右、朔方、河东四镇节度使王忠嗣，即已发现安禄山潜蓄异志：佯以御寇为名，在范阳北筑雄武城，大贮兵器。邀忠嗣助役，实欲留其兵。忠嗣洞察其奸，先期而往，不见禄山而还。因数上言禄山必反，朝廷不察。太子李亨亦奏言禄山有反相，玄宗亦不听。

禄山又潜遣商胡行诸道，每岁输异方珍货以百万数；又阴令商胡于诸道潜市罗帛，造绯紫袍、金银鱼袋等以百万计，将为叛

逆之资，已有多年①。

安禄山专制三道，阴蓄异志，殆将十年，以上待之厚，欲俟上晏驾然后作乱。会杨国忠与之有隙，屡言禄山且反，且数以事激之，欲其速反以取信于上，禄山由是决心遽反。

乱作后，玄宗仓皇出奔，至咸阳，日中无食，民争献粝饭，有父老郭从谨进言曰："禄山包藏祸心，固非一日，亦有诣阙告其谋者，陛下往往诛之，使得逞其奸逆。"宋史臣范祖禹曰："天宝之乱，田夫野人皆能知之，而其君不得闻，岂不哀哉！"

以上所述，皆据史籍记载。两《唐书》《通鉴·唐纪》所载略同，有出入者，择善而从；间亦采唐华阴尉姚汝能《安禄山事迹》及范祖禹《唐鉴》。

幽州既是安禄山据以谋逆之地，且当其势在必反之时，李白北上幽州，意欲何为？

仇兆鳌《杜诗详注》注释《后出塞五首》（写禄山招兵，士庶应募）其一云："《杜臆》：召赴蓟门者，禄山也，势已盛而逆未露，且以重赏要士，故壮士喜功者，乐于从之。"拙编（初版）不察，遂以为李白北上幽州时亦是如此，故疑李白因年逾半百而功业未

---

① 唐制：文武官员三品以上服紫，四品服深绯，五品服浅绯。五品以上官员给随身鱼符，皆盛以袋，三品以上饰以金，五品以上饰以银。此等服饰显系预为僭位后封赠百官之用。

立，或有饥不择食之事。今日回顾，殊觉汗颜。甚矣，"势已盛而逆未露"一语之误人也；而吾人考察问题之缺乏辩证思维，亦甚矣。当天宝季叶，安禄山之"势"固已"盛"，而其"逆"是否未"露"，则须加以具体分析，不能一概而论。对于未知天下大势，徒羡重赏之闾里少年，可谓"未露"；而对于多年以来即关心国运之李白，则不然。

李白早在开元年间歌颂大唐光明面之际，即已察觉其阴暗面，敢于对盛世有所怀疑，有所不满，而有《行路难》《蜀道难》诸诗。待诏翰林前期固有"揄扬九重万乘主"之作，后期因亲见玄宗荒淫则颇有讽谏之作矣。被斥去朝以后，流落江湖，既因攀龙堕天创痛巨深，亦感朝政日非忧愤难排，抨击时政之作更是层出不穷，尤以反对穷兵黩武为甚。时至天宝十载（751），岂能独对幽州危机茫然无知？实则早在开元二十八年（740）所作《邺中赠王大劝入高凤石门山幽居》一诗中，已有感慨东北边事之语，已有欲就"两蕃"事陈献济时策之心。"……中途偶良朋，问我将何行。欲献济时策，此心谁见明？君王制六合，海塞无交兵。壮士伏草间，沉忧乱纵横。"与王昌龄《宿灞上寄侍御玙弟》，高适《燕歌行》等诗用意略同。早在待诏翰林期间，安禄山连年来朝，其觊觎杨妃之心，李白已有所闻见，并形之于笔墨。《寓言三首》其三（长安春色归）即是"言温室树"之作。此似小事，却包含重大信息，即李白早已感知禄山有不臣之心。早在天宝八载（749），李白为王忠嗣之冤死,大抱不平,大抒愤懑,有诗多首,固因青海石堡之役而发,而王忠嗣亦恰是最早亲自实地察觉禄山逆谋之人。李白与王忠嗣虽无交往,却在幽州危机上"心有灵犀一点通",亦可知李白对安禄山之态度。同时,李白又有《战城南》一诗:诗首有句云:"去年战,桑干源。今年战,葱河道。……万里长征战,三军尽衰老。"其间写战争之残酷更是触目惊心。诗末大声疾呼:"乃知兵者是凶器,圣人不得已而用之。"可知全诗之旨,既反对西北用兵石堡,也反对东北用兵桑干。亦即反对玄宗穷兵黩武,反对边将轻启边衅,反对一切不义之战。桑干河流域正是安禄山黩武之地,李白对安禄山之态度亦不言而喻。

开元季叶以来,李白对东北边事,对安禄山态度,既已是如此,而天宝十载(751)忽有幽州之行,竟然意欲投奔安禄山以立所谓"边功",助其穷兵黩武,为虎作伥。太白焉能有此心,焉能为此事哉?然则《赠何七判官昌浩》一诗,白纸黑字,当作何解?此诗乃李白与何昌浩应酬之际,虚与委蛇之辞也!何以知之?敬请少安毋躁,笔者自当一一为具陈。

三 幽州危机(下)

无独有偶,在何昌浩来访李白于叶县时,又有"畅大判官"者亦来访高适于睢阳。高适有《睢阳酬别畅大判官》一诗,中有句云:"吾友遇知己,策名逢圣朝。高才擅白雪,逸翰怀青霄。承诏选嘉兵,慨然即驰招。清昼下公馆,尺书忽相邀。留欢惜别离,毕景驻行镳。言及沙漠事,益令胡马骄。大夫拔东蕃,声冠霍嫖姚。……降胡满蓟门,一一能射雕。……"刘开扬《高适诗集编年笺注》、周勋初《高适年谱》、戴伟华《唐方镇文职僚佐考》俱以题中所称之"畅大"为畅璀①。俱是。周《谱》并谓"禄山奏为河北海运判官","此诗似作于畅任判官后不久"。亦是。诗中"吾友遇知己,策名逢圣朝"二句所言即此事也。唯系此诗于天宝八载(749)则误,因安禄山天宝九载(750)八月始兼河北道采访使,方有推荐畅璀之权。故戴《考》系此诗于天宝十载(751),良是。刘《注》谓此诗为开元二十六年(738)张守珪任幽州节度使时作,则失之远矣。唯据《全唐诗》以诗中之"选嘉兵"为"选嘉宾",即选幕僚,可谓良有见地。由此可以断定,畅璀之访高适于睢阳与何昌浩之访李白于叶县,皆为安禄山罗致名士之举。禄山所欲罗致者必不止李、高二人,惜一时未能尽知。然天宝十载(751),其必反之势已如箭之在弦,此时轺车四出,罗致名士,其用意亦不言而喻。

高适在唐代诗人中以政治军事才干著称,此时虽仅为一县

---

① 畅璀其人,仅《旧唐书》有传,并以"儒风"称之;《新唐书》则无,似有所见,故删去。

尉，然曾两次赴幽州，故见机甚早，诗中对畅璀虽有揄扬之语，实属客套之辞。其未入彀中，无待烦言。李白虽亦以才兼文武自诩，然以乱后"从璘"冤案之累，易使人疑。其赠何昌浩之诗，既有对昌浩表示欣羡之语，又有自述己志意欲赴边之句，其后果有幽州之行。如谓其亦未入彀中，则须详加辨析，否则不足以取信于人。而辨析之法不在就此诗谈此诗。任何事物失去其固有之联系，孤立而视之，皆难以识其真相。欲知一句真意，常须联系其上下诸句而观之；欲知一篇真意，常须联系其前后诸诗而观之。纵观李集得一诗焉，题曰《陌上桑》，拙编（初版）姑系于天宝二年（743），实属牵强，久欲为其另觅一心安理得之处。玩索既久，忽然而悟：此乃《赠何七判官昌浩》之谜底也。试以此二诗联系而观，则二诗之幽思秘旨，遂豁然在目。

《陌上桑》全诗如下：

美女渭桥东，春还事蚕作。五马如飞龙，青丝结金络。不知谁家子，调笑来相谑。妾本秦罗敷，玉颜艳名都。绿条映素手，采桑向城隅。使君且不顾，况复论秋胡？寒螀爱碧草，鸣凤栖青梧。托心自有处，但怪旁人愚。徒令白日暮，高驾空踟蹰。

此为比兴之诗，非徒事模拟古乐府。若以之为徒事拟古之作，则失其旨；以之编年，则失其处。拙编（初版）之误，即因此故。李诗乐府模拟古人多有所发展及创造，其发展创造之处即是其寄兴托意所在。古乐府《陌上桑》但言秦氏美女罗敷采桑，为使君所邀，乃盛夸其夫为侍中以拒之，与鲁士人秋胡戏妻故事无涉。今白诗乃以秦氏罗敷改为秦地罗敷，又于罗敷事中兼及秋胡，并非无谓编造，而是有意如此。其所以改秦氏罗敷为秦地罗敷者，盖用秦地罗敷自喻（集中多以秦地美女自喻，前有《秦女卷衣》，后有《忆秦娥》，可见其一贯如此）。"玉颜艳名都"者，喻待诏翰林事，犹言"长安宫阙九天上，此地曾经为近臣"也。其所以言"使君且不顾，况复论秋胡"者，盖以"使君"喻朝廷①，以"秋胡"喻安禄山也。意谓：昔者奉诏入朝尚不能屈其志，今者藩镇召聘又岂能动其心哉？末数句言己自有主意，何昌浩此行将终归徒劳。诗中所云"不然拂剑起，沙漠收奇勋"等语，若有人据此以为白已受其召聘，同意入幕，为安禄山效力，则是不知其"托心自有处"，故云"但怪旁人愚"也。此处所谓"旁人"自是指何昌浩；但后世之人忽其比兴，颠倒虚实，因而误解诗意如拙编（初版）者，亦可包括在内。

《陌上桑》比兴之旨既明，其与《赠何七判官昌浩》之互为表

◆◆◆◆◆◆◆◆◆◆◆

① 使君，有二义：一为奉天子之命出使四方之使者，尊称之曰使君；另一为对州郡长官之尊称。此处佯用后义以照应古辞，实则用前义以代指朝廷。

里可知。此二诗可谓李、何之间一幕同床异梦之戏。何昌浩以为李白已受其罗致入其彀中，李白则将计就计别有用意。谓予不信，再看紧接其后之《留别于十一兄逖裴十三游塞垣》一诗。

四　且探虎穴向沙漠

此诗为本年秋末北上之初于开封渡河前留别友人于十一、裴十三之作。于、裴二人亦是有志之士，且可与白推心置腹者。全诗如下：

太公渭川水，李斯上蔡门。钓周猎秦安黎元，小鱼鹪兔何足言？天张云卷有时节，吾徒莫叹羝触藩。于公白首大梁野，使人怅望何可论？即知朱亥为壮士，且愿束心秋毫里。秦赵虎争血中原，当去抱关救公子。裴生览千古，龙鸾炳天章。悲吟雨雪动林木，放书辍剑思高堂。劝尔一杯酒，拂尔裘上霜。尔为我楚舞，吾为尔楚歌。且探虎穴向沙漠，鸣鞭走马凌黄河。耻作易水别，临歧泪滂沱。

诗之开端即用姜尚佐周、李斯相秦事，放言高论，以之自励，且以兼励于、裴二人。"小鱼鹪兔"喻获取一官半职之不足为，"天张云卷"喻风云际会，"羝触藩"喻处境困厄。《易·大壮》：

"羝羊触藩，羸其角。"语出此。二句意谓有志之士，虎变有时，无须因暂时困厄而灰心。"于公白首"以下先赞于十一。朱亥为战国时魏都大梁屠户，下句"抱关"指侯嬴，为大梁抱关（看守城门）者。侯、朱二人交好，且助魏公子信陵君窃符救赵，事见《史记·魏公子列传》。数句意谓于十一乃侯嬴之俦，暂时寄迹笔砚之间，一旦有大事，当出谋略与朱亥共建奇功。"裴生览千古"以下再赞裴十三。"龙鸾"二句谓裴生擅长文章，"高堂"本指父母，此指朝廷，参见集中《万愤词投魏郎中》萧、王注。"楚舞""楚歌"暗用汉高祖事。高祖宠戚姬，欲立其子而废太子。吕后求助于张良，赖良之策，太子得不废。戚姬泣，高祖曰："为我楚舞，吾为若楚歌。"歌曰："鸿鹄高飞，一举千里，羽翮已就，横绝四海。横绝四海，当可奈何！"此处暗指幽州危机已成无可奈何之势。此孔门用《诗》之法也，取其一点，不及其余。"探虎穴"用后汉班超事，然此处虎穴非泛指边塞，而指安禄山老巢。末二句，反用荆轲刺秦，在易水与燕太子丹相别事。太白此时豪情满怀，似以易水之歌过于悲凉，令英雄气短，故云"耻作"。

《赠何七判官昌浩》《陌上桑》《留别于十一兄逖裴十三游塞垣》三诗本是次第写来，今还原如初，联系而观，三诗之苦心孤诣皆水清石见矣。此行实欲"探虎穴"以"得虎子"也。即不惜冒生命危险，亲至安禄山盘踞之幽州，探其真相，得其反迹，以上奏朝廷，以期戢祸乱于未发。则其济苍生、安社稷之功，岂小也哉！故其留别之作发唱惊挺，放言高论，良有以也。昔者以为太白此行欲入安禄山幕下立边功以报国，大聩！

何况尚有以下诸诗可为佐证。

李白北上途中入河北境后，在燕赵之间盘桓累月，十一载（752）十月始抵幽州。其间何以耗时如此之久，虽难彻底查明，然可以推知：一则沿途刺探自须时日，二则亦须等待禄山入朝便于行事也。其北上途中诗作自不敢公开议论幽州危机，但其间草蛇灰线固亦有迹可寻。

如《登邯郸洪波台置酒观发兵》（诗题下原注："时将游蓟门"）题中之"发兵"，盖谓朝廷在禄山本镇兵外，又另行招募兵员以资其用。此种事例，《全唐诗》中数见之，如高适《送兵到蓟北》、储光羲《次元十载华阴发兵作时有郎官点发》、杜甫《后出塞五首》皆是。禄山每以"救边"为名，而行其扩大兵力之实。李诗首四句云："我把两赤羽，来游燕赵间。天狼正可射，感激无时闲。"句中之"赤羽"谓箭之羽染以赤色者，此喻兵略。两赤羽者，表里两手也。佯言"扫鬼方"，实则探虎穴以制逆藩也。句中之"天狼"，本是将星，以喻贪残之辈。安史乱后，白有《赠江夏韦太守良宰》一诗回忆此时事云："弯弧惧天狼，挟矢不敢张。揽涕黄金台，呼天哭昭王。"句中"天狼"指安禄山，此处亦指禄山无疑。其所以言"天狼正可射"者，可见途中已有所获知；其所以又言"挟矢不敢张"者，盖因玄宗之姑息，人皆知其将反而无敢言之者。"感激无时闲"者，心怀紧要之军机，沿途又获知若干情况，益感此行非同小可，故感奋激昂而无时或已也。由此可知燕南之游，耗时数月，实非徒然。诗中又有"请缨不系越，且向燕然山。"前句用《汉书·终军传》：终军自请于朝曰："愿受长缨，必羁南越王而致之阙下。"后句用《后汉书·窦宪传》：和帝时，车骑将军窦宪大破北单于，刻石纪功，有《燕然山铭》。二句意谓：已有立功报国之志，然不愿参加讨伐南诏不义之战，而意在收奇勋于北地。太白既知讨伐南诏为不义之战，岂能不知讨伐"两蕃"亦是黩武之行乎？由此二句亦可知李白之所谓"奇勋"，非指制服逆藩以消除幽州危机而何？

天宝十一载（752）十月，李白抵达幽州后，又有诗若干首，除写塞垣风光外，亦有深意存焉。

如《出自蓟北门行》写塞垣战事，佯言将帅之猛，救边之急；兵威匝地，杀气凌天，实则暗示安禄山势力之盛。

又如《幽州胡马客歌》中有"疲兵"之叹，又有"何时天狼灭，父子得安闲"之语，"天狼"亦指安禄山，盖塞垣士卒之所以受战争荼毒，实因安禄山轻启边衅以邀功，而视士卒生命如蝼蚁也。

又如《送崔度还吴》诗中，痛心疾首逾于常情，当是幽州危机从故人之子崔度处又有所获知，故借此以抒己怀。

又有《邹衍谷》一诗："燕谷无暖气，穷崖闭严阴。邹子一吹律，能回天地心。"此诗王本据《文苑英华》收入，编于《诗文拾遗》中，其他诸本皆编入附录中，不加闻问。唯拙编收入正文，且予以编年。此诗亦唯有编在天宝十一载（752）冬，李白在幽州时，方能领会其中深意。王注引《太平御览》："刘向《别录》曰：'方士传言，邹衍在燕，燕有谷，地美而寒，不生五谷。邹子居之，吹律而温气至，谷中生黍，至今名黍谷焉。'"此亦比兴之诗。邹衍，白自喻。吹律而回天地之心者，意欲促使朝廷省悟也。

又有《北风行》一诗，全诗如下：

烛龙栖寒门，光耀犹旦开。日月照之何不及此，惟有北风号怒天上来。燕山雪花大如席，片片吹落轩辕台。幽州思妇十二月，停歌罢笑双蛾摧。倚门望行人，念君长城苦寒良可哀。别时提剑救边去，遗此虎文金鞞靫。中有一双白羽箭，蜘蛛结网生尘埃。箭空在，人今战死不复回。不忍见此物，焚之已成灰。黄河捧土尚可塞，北风雨雪恨难裁。

"烛龙"二句暗喻安禄山盘踞幽州，其势已盛。"日月"二句意谓朝廷政令已不能行于北地，唯有逆藩肆虐于边陲。燕山雪花大如席，夸饰之辞，极言其地之苦寒，盖非此不足以喻危机之严重，非此不足以抒作者之殷忧也。二句暗示战乱将祸及全国。幽州思妇，王夫之云："前无含，后亦不应，忽然及此则虽道闺人，知其自道所感。"此言甚是。太白设身处地为苍生忧也。黄河句,《后汉书·朱浮传》:"此犹河滨之人捧土以塞孟津,多见其不知量也。"此处反其意而用之,以衬托下句。北风雨雪,语出《诗·北风》:"北风其凉,雨雪其雱。"朱熹《诗集传》:"言北风雨雪,以比国家危乱将至,而气象愁惨也。"二句意谓:捧土塞河,已属不自量力,然尚有可为;幽州之祸当如何消除,则殊难裁定矣,其恨也如何!此恨既是仇恨禄山祸国殃民,亦是怨恨玄宗养虎成患。

至此,塞垣真相已洞若观火,幽州之势已祸在眉睫。李白可谓已探虎穴而得虎子,遂于天宝十一载(752)岁梢自幽州南返。

李白既在幽州盘桓两月之久,安禄山能不召见?但据史载,是冬安禄山、安思顺、哥舒翰俱入朝,见两《唐书》及《通鉴·唐纪》。故李白得以不见而还,颇似天宝六载(747)王忠嗣应付安禄山办法。实则二人皆是师法孔子不见阳货①,"时其亡也而往拜之"。忠嗣先期而往,李白则迟迟其行,以致此行经年。由此益可知,李白此行绝非贸然行事,而是有勇有谋,处心积虑以为之。

然自《公无渡河》等诗观之,李白脱身亦非易事。《公无渡河》一诗,前人皆未得其解。此诗当与幽州之行联系考察,其意自明。

◆◆◆◆◆◆◆◆◆◆◆

① 《论语·阳货》:"阳货欲见孔子,孔子不见。归孔子豚,孔子时其亡也而往拜之。"阳货,名虎,字货,为季氏家臣而专鲁国之政,欲见孔子,将使之仕也。孔子时其亡也而往拜之,谓伺其不在家时而往辞谢之也。

五　有长鲸白齿若雪山

《公无渡河》,古乐府题名,即《箜篌引》。相传为朝鲜津卒霍里子高之妻丽玉所作。子高晨起撑船,见一白首狂夫,披发提壶,乱流而渡,其妻随而止之,不及,遂溺死。其妻歌以当哭:"公无渡河,公竟渡河。堕河而死,将奈公何。"曲终亦投河死。子高还,以语丽玉,丽玉伤之,乃引箜篌而写其声,名曰《箜篌引》。见崔豹《古今注》。

李白所拟者如下:

黄河西来决昆仑,咆哮万里触龙门。波滔天,尧咨嗟。大禹理百川,儿啼不窥家。杀湍堙洪水,九州始蚕麻。其害乃去,茫然风沙。披发之叟狂而痴,清晨径流欲奚为?旁人不惜妻止之,公无渡河苦渡之。虎可搏,河难凭,公果溺死流海湄。有长鲸白齿若雪山,公乎公乎挂罥于其间。箜篌所悲竟不还。

《公无渡河》亦是李白诗中难解者之一。

宋元明清以来诸家,多以此诗之乐府本事释之即止,似乎李白之乐府诗仅为拟古而拟古,别无他意。毛先舒《诗辩坻》甚至谓为"笔墨率肆，无足取焉"。大聩。

前贤中较有眼光者，虽能感知此诗必有所指，然不知所指何事。如元萧士赟谓为："讽止当时不靖之人自投宪网者，借此以为喻云耳。"清陈沆谓为："盖悲永王璘起兵不成诛死。"皆属臆测。

及至当代，郭沫若有所发明，并从头到尾一一具言其所喻。如"黄河西来决昆仑"，喻安史之乱；"披发之叟狂而痴"，李白自喻；"旁人不惜妻止之"，妻即宗氏等处，皆可谓切当，故多从之，詹锳甚至谓之为"堪称卓识"。但至诗中"有长鲸白齿若雪山"一句，谓为以之喻"从璘"一案中之"谗口嚣嚣"，遂又退回到陈沆旧说。詹锳最后则又退回到明朱谏《李诗选注》之皮相串讲，并谓"不必穷究诗外寓意"云云。

由于前贤智者千虑之一失，以致李白此诗迄今未得善解。为使此诗之真谛大白于世，笔者不揣冒昧试献愚者千虑之一得。

窃以为前贤之失仅在一点上，即不明李白幽州之行真相，未能将此诗与幽州之行联系而观；或仅在一句上，即对"有长鲸白齿若雪山"，视而不见，听而不闻；甚至仅在一个"鲸"字上，习焉而不察，一似无须注解者。遂致与此诗之宏旨失之交臂。岂不憾哉！

鲸者，海大鱼，妇孺皆知，何须置注？当代诸家于此皆不置一辞者，显系此故。然则诸位前辈曾无一人忆及《春秋左氏传》

宣十二年乎？"古者明王伐不敬，取其鲸鲵而封之，以为大戮。于是乎有京观，以惩淫慝。"此数语乃普通辞书注"鲸鲵"一词时常见者，亦不曾留意乎？

贤者识其大，不贤者识其小。笔者不贤，惯识其小，读书不敢只观大意，于李诗乐府尤不敢掉以轻心。故于"鲸鲵"此类普通词条亦追本溯源以解之。兹据《春秋左氏传》杜注、孔疏以及今人杨伯峻《春秋左传注》，摘录有关注释如下：

鲸鲵，杜注："大鱼名，以喻不义之人。"

京观，杜注："积尸封土其上谓之京观。"

不敬，杨注："成二年传云：'蛮夷戎狄，不式王命，淫湎毁常。王命伐之，则有献捷。王亲受而劳之，所以惩不敬，劝有功也。'于此可证'不敬'之义。""淫慝，即指'不敬'而言。"皆指邪恶势力。

鲸鲵，杨注："长百尺，雄曰鲸，雌曰鲵，此以喻大憝首恶耳。"憝，乱也。

窃按：宣十二年此段文字是在"止戈为武"前提下而言，故其措辞缓和而含蓄。大意是说：古代明智之君在平定叛乱时，只取其首恶判处极刑，积尸封土于上，以为犯上作乱之鉴戒。

自此以后，鲸，或鲸鲵，遂成为叛乱者（或其首恶）之代名词，成为诗文中喻指叛乱者（或其首恶）之通用词。

例如：李陵《答苏武书》："妻子无辜，并为鲸鲵"；曹冏《六代论》："扫除凶逆，翦灭鲸鲵。"梁湘东王《又答王僧辩等劝进令》："今淮海长鲸，虽云授首；襄阳短狐，未全革面。"

通观李集亦然，长鲸、奔鲸、鲸鲵乃代指安史叛军之习用语。如：

"君王弃北海，扫地借长鲸。"（《经乱离后天恩流夜郎忆旧游书怀赠江夏韦太守良宰》）此指安禄山窃据幽州诸郡。

"奔鲸夹黄河，凿齿屯洛阳。"（《北上行》）此指安、史叛军攻陷河北、河南，并占据洛阳。

"鲸鲵未翦灭，豺狼屡翻覆。"（《书怀示息秀才》）"鲸鲵"指安、史叛军，"豺狼"指官军中时而降贼，时而归顺之人。

"誓欲斩鲸鲵，澄清洛阳水。"（《赠张相镐二首》）此向张镐表示意欲参与平定安、史之乱。

"扫妖孽于幽燕，斩鲸鲵于河洛。"（《为宋中丞祭九江文》）此亦指平定安、史之乱。

杜甫诗中亦是如此：

威凤高其翔，长鲸吞九州。地轴为之翻，百川皆乱流。（《晦日寻崔戢李封》）（此指安、史之乱。）

燕蓟奔封豕，周秦触骇鲸。（《送郭中丞兼太仆卿充陇右节度使三千韵》）（此亦指安、史之乱。）

莫守邺城下，斩鲸辽海波。（《观兵》）（句中之"鲸"指安、史余党。)

由此可知本篇中之"长鲸"何指。尤其是"君王弃北海,扫地借长鲸"二句分明指出此"长鲸"非他"长鲸",乃是玄宗将东北大片国土尽付与之,纵之而成者。似此,其非指安禄山而何?

至于以"长鲸白齿"喻"谗口嚣嚣",则纯属杜撰。古代诗文中喻指"谗口"者,自有"青蝇""贝锦"之属。前者出于《诗·小雅·青蝇》,后者出于《诗·小雅·巷伯》。例不胜举。任是"谗口嚣嚣",使受谗害者恨不能"取彼谮人,投畀豺虎",亦从未有以"长鲸"为喻者。郭氏之言,英雄欺人。

"长鲸"之寓意既明,全诗之旨亦自然呈现。

《公无渡河》者,李白关于安史之乱之预言也。作于幽州之行之末,欲离幽州南返之际,用以预言滔天之祸,迫在眉睫。有如警钟,有如鸣镝,有如惊呼,有如呐喊,有如痛哭,有如号啕。"揽涕黄金台,呼天哭昭王"之作也。至于诗末所云"箜篌所悲竟不还",盖作此诗时能否脱身尚难料定,故有此语,亦极而言之也。

六　幽州之行余波

李白幽州之行至此似已了而实未了。天宝十二载(753)秋李白南下宣城,直到十四载(755)冬安史之乱爆发,皆遁迹于皖南山水间。有家难归,有国难投。其间,何昌浩竟又来访,强欲邀之北去,李白坚拒之,反劝何归隐。此事亦前此未发之覆,见《山鹧鸪词》与《泾溪南蓝山下有落星潭可以卜筑余泊舟石上寄何判官昌浩》二诗。因事与本章密切攸关,兹提前并志于此。

《寄何判官昌浩》全文如下:

蓝岑耸天壁,突兀如鲸额。奔蹙横澄潭,势吞落星石。沙带秋月明,水摇寒山碧。佳境宜缓棹,清辉能留客。恨君阻欢游,使我自惊惕。所期俱卜筑,结茅炼金液。

此诗题虽言"寄",实则何昌浩所在不远,观"佳境宜缓棹,清辉能留客。恨君阻欢游,使我自惊惕。所期俱卜筑,结茅炼金液"等数句可知。如昌浩远在幽州,则此等语,殊不可解。由此可知昌浩又南来访白,并已晤面。诗中尤可注意者,为"使我自惊惕"一句。"惊惕"即今所言警惕也。昌浩不能同游落星潭,李白"自惊惕"则甚? 试以之与《山鹧鸪词》联系考察,其答案自出。

《山鹧鸪词》全文如下:

苦竹岭头秋月辉,苦竹南枝鹧鸪飞。嫁得燕山胡雁婿,欲衔我向雁门归。山鸡翟雉来相劝,南禽多被北禽欺。紫塞严霜如剑戟,苍梧欲巢难背违。我心誓死不能去,哀鸣惊叫泪沾衣。

苦竹岭,在秋浦,与上篇作于同时同地,亦为比兴之辞。胡震亨云:"意当时有劝白北依谁氏者,而白安于南不欲去,托为鹧鸪之语以谢之。"其说甚是,惜尚隔一层,盖胡氏未知其前有幽州之行也。此诗之于上篇。亦犹天宝十载(751)《陌上桑》之于《赠何七判官昌浩》,两两相关,互为表里。前次以秦罗敷自喻,此次则以鹧鸪自喻。前次"托心自有处",此次则"誓死不能去"以至于"哀鸣惊叫泪沾衣"矣。此诗既明,则上诗"惊惕"之意可知,而且诗首四句"突兀如鲸额"等语,言外之意亦自呈现。犹言:当此大乱在即,你既不听我之劝,归隐林下;我亦对你心存戒惧,誓死不从也。其后何昌浩向背如何,不可考。自李白与其关系视之,两次来邀显系奉命行事。李白劝其归隐亦似其人尚可救药。若系逆胡死党,则幽州之行之末安禄山虽入朝未归,李白亦难以脱身矣。

纵观李白一生,其自少即心许"明时",功业之心极盛,而又不屑小就,诚如范传正《李白新墓碑》所云:"常欲一鸣惊人,一飞冲天。"其早年又从赵蕤习《长短经》,深受纵横之学影响,欲以奇谋伟策干帝王,而建盖世之功勋,故屡有履险犯难之事。尤以天宝后期,见朝政日非,君国倾危,虽屡言出世、弃世,实则其匡君济世之心无时或已。一旦有机会,便拂剑而起,探虎穴,入龙潭，在所不辞。其幽州之行诸诗，可谓"孤臣危涕，孽子坠心"之作。孟子曰："孤臣孽子，其操心也危，其虑患也深，故达。"达者，达于事理，见机特早也，亦即鲁迅所谓"于浩歌狂热之际中寒，于天上看见深渊"，"于无声处听惊雷"也。

李白既已下大决心，冒大危险，前往幽州；既已耗时一年，探得安禄山反势已成，而且祸在眉睫；既已预见黄河倒流，冲决昆仑，社稷有颠覆之虞，苍生有倒悬之危；己则如披发狂叟，乱流而渡，誓挽狂澜于既倒。似此，则其入长安陈献济世之策，自属势在必行。于是，遂于天宝十二载（753）早春二月，由崤、函一线第三次入长安。其妻宗氏虽百般劝阻，亦是置若罔闻矣。

第八章
良宝终见弃，徒劳三献君
—— 三入长安

一 长乐坡前逢杜甫（上）

闻一多先生在其《少陵先生年谱会笺》中，考定李杜二人天宝三四载东鲁游踪后，即以此语作结："俄而公将西去，白亦有江东之游，城东石门，一别遂无复相见之日矣。"关于李杜相逢，千余年来，前此诸家，后此诸家，皆作如是说，从无异议。

然而，史实果如是乎？窃有疑焉。十年以后，安史乱中，李白"从璘"罹祸，几陷死罪。在"世人皆欲杀"的情况下，杜甫何以敢于为李白大包大揽大鸣不平？若仅凭十年前几度寻常交游，便毫不疑十年后李白大节是否有亏，即连连写出怀李、梦李、寄李之诗多首，下笔不休，情见乎辞，未免盲目行事。杜甫岂是只顾私交不问大节之人？为此，笔者穷搜冥索，盖亦有年矣！兹试陈愚说如次：天宝十二载（753），即安史之乱前两年，五十三岁的李白与四十二岁的杜甫，曾在西京长安重逢，较之初逢，其意义之重大，有过无不及。

李杜重逢一事，亦是李白三入长安首要证据，虽然其滥觞也不过是小诗一首，此即一向受人误解之李白《戏赠杜甫》：

饭颗山头逢杜甫，头戴笠子日卓午。借问别来太瘦生？总为从前作诗苦。

此诗，首见于晚唐孟棨《本事诗》，次见于五代王定保《唐摭言》，两本字句稍有差异。诸本李白诗文集皆未收录，胡震亨本仅以之入附录，王琦本仅以之入诗文拾遗。千年以来多以之为李白嘲戏杜甫之作，甚至以为伪作。拙编《李白全集编年注释》稍加注意，并编在天宝四载（745）李杜同游诸诗之后，亦是姑妄系之，不足为训。及至近年，再三检查旧编，重新审视此诗，才感到它未可小视。

"西子蒙不洁，人皆掩鼻而过之。"要使这首小诗获得应有之青睐，必须首先还它白璧无瑕，澄清前此所遭误解。嘲戏及伪作之说，宋时严羽早已谓嘲戏之说是"以庸俗之见而度贤哲之心"。今人郭沫若亦谓嘲戏之说是"活天冤枉"，并详加解释："诗的后二句的一问一答，不是李白的独白，而是李、杜两人的对话。"

并再三举例说明:"唐代以诗歌取士,做诗的人们因用心做诗而致身体瘦削,并不是什么丑事。"郭说甚是,故今人多从之。嘲戏之说既不能成立,诗题亦为后人妄加。全诗口语化特点颇似口占,后人代为加题亦当按李集中《口号赠杨征君》等例,作《口号赠杜甫》为是。

然而"饭颗山"究在何处? 其与唐西京长安何涉? 何从而知此诗作于长安? 要解决此诗作地问题,又必须先从校勘与版本着手。

当代李白诗文集(全集与选集),皆据王琦本移录此诗如上,或收入正编,或收入附录。所作校勘皆据王本,所出校记自亦略同。如首句"饭颗山头"校记:"《唐摭言》作饭颗坡前,一作长乐坡前。"大抵皆如是而已。拙编亦因依赖前人校勘,不知"一作长乐坡前"之"一作"究竟是何版本。缺乏善本依据之"一作"向来有如庶出,因而心存疑虑,不敢贸然以定作地;又因五十年代上海古典文学出版社所出排印本擅改古本(书前说明据雅雨堂本,而书中内文却作"饭颗山头")使人误以"饭颗山头"为嫡是,"长乐坡前"为庶为误。虽然长乐坡即在西安东郊,竟然失之交臂。因循之误人也亦其矣! 近年在校勘上稍事追究,便知"一作长乐坡前"非庶非误,既有版本根据,其传承亦可得而知。清乾隆丙子(二十一年)雅雨堂本《摭言》即径作"长乐坡前",所据为南宋官刻本。书尾有南宋官刻本跋云:"唐以进士为重。《摭言》所载最为详备。刊之宜春郡斋。嘉定辛未重午日柯山郑昉跋。"嘉定，为宋宁宗年号。辛未，为嘉定四年（1211）。宜春郡，在今江西。郑昉之后，朱彝尊、王士正（禛）又从而跋之，称为善本。从朱、王二人跋中并可得知该书即朱氏所藏，且经其校雠者。故嘉庆间藏书家张海鹏云："《唐摭言》……后有嘉定辛未郑昉题识者，最为近古。"意即最为接近王定保原著也。

《本事诗》虽为唐人之作，实则已近五代；《唐摭言》虽为五代人之作，实则去唐未远。作者王定保为唐昭宗时宰相王溥之从孙，且书中故实多采之晚唐耆宿。故二书所载，未可遽定甲乙，更不可妄加改窜。如李白此诗首句，一作"饭颗山头"，一作"长乐坡前"，不妨两存，也许两者各有是处。但作前者，无可考；兼采后者，则可以考知作地，并从而考知其余。故又移录雅雨堂本《摭言》所载此诗如下：

长乐坡前逢杜甫，头戴笠子日卓午。借问形容何瘦生？只为从来学诗苦。

从此本末句观之，更是杜甫自谦口气。

前人虽皆以"饭颗山"本为底本，然皆注"长乐坡"，皆照抄《元和郡县志》关内道京兆府万年县："长乐坡，在县东北十二里，即浐川之西岸。旧名浐坂，隋文帝恶其名，改曰长乐坡。"若止于此，仍难明此诗有何用处。必须对长乐坡及其有关事项详加考索，方知端详。

唐制：凡县治设在京城内者称赤县。西京以万年、长安为赤县。万年县，即京城东部坊里及其近郊乡村；长安县，即京城西部坊里及其近郊乡村。浐水与灞水，皆南出终南山蓝田谷，北流经长安城东，至长乐坡北头以北合流入渭水，再东流入黄河。浐水距长安城最近处，仅十里左右。长乐坡，《元和郡县志》谓在万年县东北十二里，盖自城内县廨所在之宣阳坊起算。《唐两京城坊考》卷一谓在通化门东七里，盖自京城通化门起算。同书同卷又谓在光泰门东七里，盖自禁苑光泰门起算。禁苑为皇家园林，在京城北，周一百二十里，西包汉长安城。通化门为京城东向三门中最北一道，光泰门为禁苑东向二门中偏南一道。长乐坡既在通化门外，又在光泰门外。其南头在通化门外，其北头在光泰门外，南北约长十里许。

长乐坡有长乐驿。长乐驿为东出长安城第一站，朝野人士多在此迎送宾客。李商隐有《雨中长乐水馆送赵十五滂不及》一诗，可知长乐驿在坡之东，濒临浐水，故又名"长乐水馆"；李商隐上述诗云："碧云东去雨云西，苑路高高驿路低。"诗中所谓"苑路"，即坡之北头通向光泰门并由此而入东苑之路；诗中所谓"驿路"，即坡之南头通向长乐驿并由此过浐桥东北去灞陵驿之路。由此可知，长乐坡北头，当光泰门外处，地势最高。故程大昌《雍

第八章 良宝终见弃，徒劳三献君

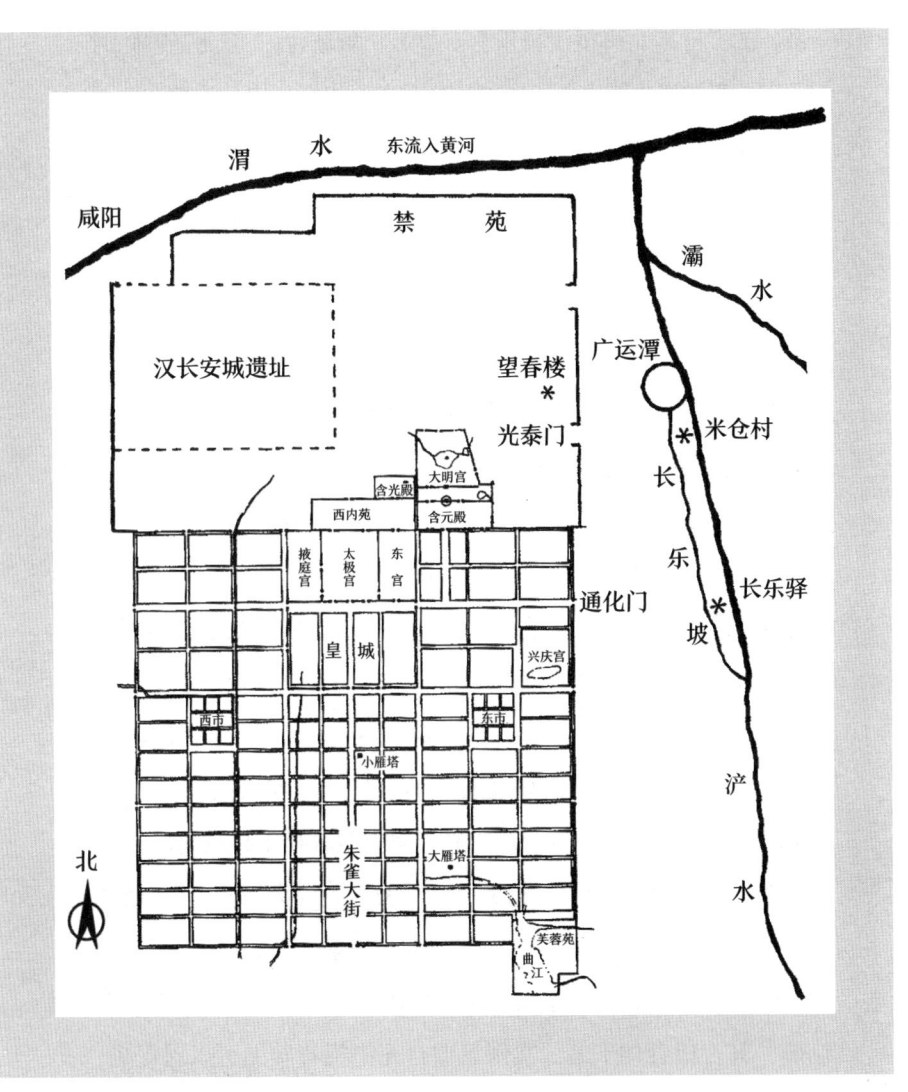

唐西京长安城东郊长乐坡位置示意图

录》云:"自其北可望汉长乐宫,故名长乐坡也。"但此乃就隋时而言,唐时建大明宫于长安城东北龙首原上后,自长乐坡北头西望,则是含元殿首入眼帘,更西之汉城宫殿不复见矣。

长乐坡今犹在,在西安城东北朝阳门外七公里。今西安城仅为唐长安城八分之一,故自城垣去长乐坡远于唐时。有长乐路(分西、中、东三段)通之,直抵浐河桥头。长乐东路自西而东横贯长乐坡,不但路面稍呈弓形,而且两侧尚有残坡,高出地面十余公尺。其北头与唐大明宫含元殿遗址(亦高出地面十余公尺)遥遥相对。

长乐坡位置及地势既明,再说苑东长乐坡下之广运潭。

《唐两京城坊考》卷一西京三苑"苑中宫亭二十四所"之一有望春楼,其下注云:"天宝二年,韦坚引浐水抵苑东望春楼下为潭,名广运潭。"同书同页广运潭下,又引《宋崔敦礼广运潭铭序》云:"唐天宝纪元之元年,陕郡太守韦坚有请治汉、隋运渠,起关门,抵长安,以运山东之赋,有诏从之。乃绝灞、浐,并渭而东,至永丰仓,复与渭合,又凿潭于望春楼下以聚舟。越二年潭成,天子临幸嘉焉,锡名广运。"此事两《唐书》韦坚传及食货志均有详细记载。《旧唐书·韦坚传》谓潭在"长乐坡下"。《新唐书·食货志》谓坚"于长乐坡濒苑墙凿潭于望春楼下,以聚漕舟。"其言望春楼下者,实则意谓自苑中望春楼上可以遥见也。

并谓玄宗欢悦,诏曰:"古之善政者,贵于足食,欲求富国者,必先利人。朕关辅之间，尤资殷赡，比来转输，未免艰辛，故置此潭，以通漕运。"于是以坚为天下转运使。

所谓漕运，乃指由水路运输江淮租米入关中。关中虽号沃野，然其地狭，所出不足以给京师，备水旱，故自秦汉以来即常转运东南之粟。汉隋漕路遗迹可寻，唐初未及治理，岁输粮不过二十万石。每遇水旱，即斗米千钱，不但百姓有冻馁之虞，帝王亦须率领百官就食于洛阳。自开元后期重视漕运以后，岁输粮常达二百五十万石，最多时达四百万石。韦坚之功主要在于修复自潼关至京城一段古代漕渠，使潼关内外永丰等仓之米直抵京城。所开之潭为漕运船只停泊之所，亦即漕运之终点。漕运而来数以巨万石计之租米必当就近入仓。米仓所在，既须近水便于卸载，又须地势高亢以免水患（沿河大仓莫不如此），其地实非长乐坡莫属。

光泰门外适有米仓村。见于《唐两京城坊考》之《西京三苑图》。内文光泰门下虽亦有相应注释，但过于简略。兹据《通鉴·唐纪》稍详如次：安史之乱结束后二十年间，藩镇林立，兵连祸结，朝廷唯事姑息，终于酿成朱泚之乱。德宗建中四年（783）冬十月，泾原节度使姚令言奉命率部救襄阳，过京城时竟因犒赏过薄而哗变。乱兵拥令言入城，欲行劫掠。继因德宗奔亡，乱兵竟进而拥立以太尉衔留居京师之旧帅朱泚为帝。朱泚遂以令言为帅，屯兵宫苑。兴元元年（784），神策军将领李晟奉诏收京。五月"乙未，李晟移军于光泰门外米仓村"，一再破贼于浐水之西，并一度乘胜入光泰门。"戊戌,晟陈兵于光泰门外",数使部将攻苑城,终由苑北神麚村破城而入。贼众溃而西遁,晟遂收复京师。李晟之所以能迅速收复京师,除其他原因外,当是得地利之助。《通典》论兵引《孙子》曰:"凡处军,……喜高而恶下,贵阳而贱阴,是为必胜。……丘陵堤防,必处其高阳,而右背之。此兵之利,而地之助也。"当时朱泚屯兵宫苑,其最高处为大明宫含元殿,苑东近郊与含元殿旗鼓相当之"高阳"处,亦非长乐坡莫属。似此,米仓村若非在长乐坡上,则李晟一再陈兵于此村何为?

米仓而成村当是太仓。唐代太仓所在地迄无定说,盖有多处。除在城内、苑内者外,东渭桥仓亦是太仓,见《新唐书·食货志》:"陕虢观察使李泌……输东渭桥太仓米至凡百三十万石";广运潭仓亦是太仓,见《旧唐书·敬宗本纪》:宝历二年秋七月癸巳"敕鄠县渼陂尚食管系,太仓广运潭复赐司农寺"。敕文中二句比并而观:"鄠县渼陂"者,即鄠县城西之渼陂也;"太仓广运潭"者,太仓下临之广运潭也,或广运潭上方之太仓也。此太仓非即长乐坡上之米仓村而何?

广运潭今已涸,但尚有遗迹可寻。自长乐东路北侧一小径,傍残坡北行四五里,至东十里铺村[①],隔西临(西安至临潼)公路、

[①] 东十里铺,明清以来地名,唐贞观年间谓之浐河铺。据村中《无量庙碑记》。

陇海铁路，与米家崖村相望。两村之间，紧靠浐河西岸，有一方圆数百亩之低洼地带，虽已成为庄稼地，但犹低于公路数公尺，低于铁路更甚，列车从米家崖南沿驶过时如在空际。此低洼地带即经过千年泥沙沉积之潭底也。若无历史地理学专家李健超教授事前赐教，以唐代灞桥遗址在今河床下七八公尺处为例，谈沧桑之变，笔者虽置身潭底亦不自知。归而验诸史念海先生主编之《西安历史地图集》亦符。

此潭初成之时，韦坚又命以小船多艘，载各郡特产以献；并命其属吏崔成甫鲜服靓妆立于船头，领唱《得宝歌》，使美女百人和之。自浐入潭，连樯而进，直抵望春楼下。不仅帝为之升楼，且召群臣临观，为一时盛事，见《旧唐书·韦坚传》。李白时在翰林，自亦在临观之群臣中，长乐坡、广运潭、米仓村等，皆尽收眼底，亦属不言而喻。

综上所述，一言以蔽之，所谓"饭颗山"者，实即其上有太仓之长乐坡也。太仓之米，千斯仓，万斯箱，炊而为饭，长乐坡岂非饭颗山乎？故知"饭颗山头逢杜甫"亦即"长乐坡前逢杜甫"，二而一也。此一诗之两传者，集中多有之。且太白屡有为山水命名之事，如改青阳九子山曰九华山，称南陵无名之山曰五松山，号沔城南湖曰郎官湖，集中亦多有之。《佩文韵府》中饭颗山条即自李白此诗始。似此，则"饭颗山"者，李白为长乐坡所取之诨名也。

二　长乐坡前逢杜甫（下）

　　李杜二人重逢之地既定，再说此诗之作时。从何而知李杜二人重逢于天宝十二载（753）春？

　　天宝四载（745）秋，李杜二人在东鲁分手以后，李白因前此"攀龙堕天"创巨痛深，曾大病一场。五载（746）秋病愈，欲借远游以消忧而南下吴越，行前有《梦游天姥吟留别》一诗，抒发被斥去朝之愤懑。李白从此流落江湖，滞留金陵数年。在此期间，玄宗日益荒淫无道，奸相李林甫专事逢君之恶，内则屡兴大狱，诛逐忠良，外则穷兵黩武，滥事征伐。李白由于对国运之忧虑以及个人沦落之悲愤，写出了一系列抨击时政的诗篇。天宝八载（749）青海石堡之役，为攻取吐蕃占据的弹丸之地，玄宗不惜牺牲巨万士卒之生命。当时举国为之震惊，宜乎李白怒飞鸣镝，奋不顾身也。此后九载（750）返东鲁，十载（751）即有幽州之行，十一载（752）"探虎穴"，已见前述。此期之玄宗可谓丧心病狂，此期之李白可谓忧心如醉。

　　天宝四载（745）秋，李杜二人在东鲁分手以后，杜甫旋即返河南故里。五载（746），为求取功名，遂入长安。六载（747），朝廷诏天下通一艺者诣京师，李林甫素忌文学之士，皆令落榜，并表贺入主，谓"野无遗贤"。杜甫、元结等人皆遇此厄。此后三年，屡求人汲引，皆无结果。天宝十载（751），杜甫四十岁，进《三大礼赋》，史称玄宗奇之，命待制集贤院，实则终成画饼。故陆游《题少陵画像》诗云："长安落叶纷可扫，九陌北风吹马倒。杜公四十不成名，袖里空余三赋草。"可谓善于写照。此期，杜甫本人诗作中自述贫困之情尤为真切。其《进三大礼赋表》云："顷者，卖药都市，寄食友朋"；其《奉赠鲜于京兆二十韵》诗云："有儒愁饿死，早晚报平津"；其《投简咸华两县诸子》诗云："饥卧动即向一旬，敝衣何啻联百结。君不见空墙日色晚，此老无声泪垂血！"……比来其生计艰难可知。何况又兼病疟，病后过友人王倚，王饷以酒食，感激作歌曰："……王生怪我颜色恶，答云伏枕艰难遍。疟疠三秋孰可忍？寒热百日相交战。头白眼暗坐有胝，肉黄皮皱命如线。……"杜甫一生贫病交加若是，致令王倚怪其"颜色恶"，李白惊其"太瘦生"，其舍此期何时？

此期杜甫诗中，较之嗟贫诉苦尤堪注意者，则是对时政之忧虑。其天宝十一载（752）《同诸公登慈恩寺塔》诗云："高标跨苍穹，烈风无时休。自非旷士怀，登兹翻百忧。……秦山忽破碎，泾渭不可求。俯视但一气，焉能辨皇州。……"诚如郭沫若所云："这和在同一年同一季节李白北游幽州，深感安禄山跋扈，登黄金台而痛哭，有同声相应之实。"其实，早在天宝中期，李白在江东怒飞鸣镝之际，杜甫亦有抨击时政之作，其中尤以《兵车行》一诗最为突出。开头："车辚辚，马萧萧，行人弓箭各在腰。爷娘妻子走相送，尘埃不见咸阳桥。牵衣顿足拦道哭，哭声直上干云霄"；中间："边庭流血成海水，武皇开边意未已。君不闻，汉家山东二百州，千村万落生荆杞。……"末尾："君不见，青海头，古来白骨无人收。新鬼烦冤旧鬼哭，天阴雨湿声啾啾。"其义愤不亚于李白。当时，万马齐喑，朝野缄口，唯有李杜二人在他们的诗篇中引吭长啸，发出时代的最强音。

总而言之，所谓大唐盛世，开元后期已逐渐沦为虚文；天宝以来表面歌舞升平，实则已是危机四伏；天宝季叶，更是急转直下，安史之乱已不在远。李杜二人虽然天各一方，却不约而同在各自作品中反映出时局之转折。总是一个怒飞鸣镝，一个就同声相应。虽然李白稍前，杜甫稍后，但同样的政治预感，同样的忧国情怀，在他们不少诗篇中达到惊人的一致。正是在如此背景下，在安史之乱爆发前两年，在天宝十二载（753）早春，李杜二人重逢于长安。也只有这时，杜甫贫病交加，瘦骨伶仃，使李白为之发出"太瘦生"或"何瘦生"的惊叹，而有《口号赠杜甫》一诗。此诗置之他处皆难以通融，唯系于此际则无不熨帖。

李白此诗，其所以一作"长乐坡前"而一作"饭颗山头"者，或出于以下情况：乍见之下，脱口而出，故初作"长乐坡前"；稍后得知杜甫近年窘况，竟濒于饿死，遂改为"饭颗山头"。将"太瘦生"之杜甫置于饭颗如山背景之前，顿使此诗成为一幅讽刺漫画，而时政可知。李白之为长乐坡起一诨名，其意盖在斯乎？

李杜二人既于天宝十二载（753）春重逢于长安，不论是先期有约，或是不期而遇，当前朝政（特别是幽州危机）势必成为促膝附耳之话题，剖心析肝自不待言。二人又有感时伤事之作，更是如桴鼓之相应。李白此行始末，在杜甫诗中多有迹可寻。

　　如《后出塞五首》借发兵蓟门写幽州危机。储光羲、李白皆有观发兵之作。储诗作于天宝二年（743）华阴郡；李诗作于天宝十一载（752）北上途中邯郸郡。储诗写其表："三陌观勇夫"；李诗窥其里："天狼正可射"。天狼，星名，象野将，喻贪残。此指安禄山。禄山屡以救边为名，赢得玄宗宠信，发兵以资其用，因以坐大。李白识其祸心，故云。杜诗则由储诗之门槛达李诗之堂奥。借一应募壮士前后思想变化，以刺朝廷发兵之非。诗中从"及壮当封侯"到"壮士惨不骄"；再到"主将位益崇，气骄凌上都。边人不敢议，议者死路衢"；终于有"坐见幽州骑，长驱河洛昏"之预感，恐负国家，遂遁去。其人其事，皆非亲历龙潭虎穴者不能知其详。显系出诸李白之口而入于杜甫之耳者。

　　又如《奉同郭给事汤东灵湫作》，借玄宗幸温泉祀灵湫见金背虾蟆一事，亦写幽州危机："坡陀金虾蟆，出见盖有由。至尊顾之笑，王母不肯收。复归虚无底，化作长黄虬。"仇注引卢元昌曰："虾蟆出，指禄山也。至尊笑，宠虾蟆也。王母不收，纵虾蟆也。……玄宗以虾蟆忽之，竟为长虬难制。灵湫一篇，其曲突之讽欤。"此解甚是。李白《北风行》曰："烛龙栖寒门。"《淮南子·地形》:"烛龙,在雁门北,……其神人面龙身而无足。"杜甫此诗曰:"化作长黄虬。"《玉篇》:"虬,无角龙,俗作虯。"皆以似龙之怪物僭拟真龙,暗写安禄山之反势已成。诗中之比兴相似乃尔,如出一人之手,非偶然也。

又如《渼陂行》一诗尤堪瞩目。诗写友人岑参邀游长安城西南郊之渼陂。平湖泛舟,本是赏心乐事,偶因骤雨,亦无妨碍。但刚一放舟入陂,即作忧伤之语若是:"天地黪惨忽异色,波涛万顷堆琉璃。琉璃汗漫泛舟入,事殊兴极忧思集。鼍作鲸吞不复知,恶风白浪何嗟及!"何嗟及,语出《诗·王风·中谷有蓷》:"啜其泣矣,何嗟及矣!"朱熹注:"言事已至此,未如之何,穷之甚也。"渼陂不过方圆十数里之湖泊,偶有风雨,亦不至波涛万顷,更何来"鼍作鲸吞",而竟有"何嗟及矣"之叹。何况旋即转晴,锦帆开张,棹歌齐发,主人舟子皆大开心颜。而诗末忽又作忧伤之语若是:"咫尺但愁雷雨至,苍茫不晓神灵意。少壮几时奈老何?向来哀乐何其多!"末句中"哀乐"一语为偏义复词,此处侧重"哀"义,犹言近来令人忧伤之事何其多也! 前人早已感知此诗怪异,但不知何以故,便胡乱猜测:或谓杜甫素不习水,故始终恐惧;或谓岑参好奇,故以奇怪出之;或谓此诗善于摹古,源于楚骚、汉谣云云。皆未得其解。郭沫若倒是得其秘意,看出是以天象变化影射时局变化,和《同诸公登慈恩寺塔》有同样预感。但两相比较,可以看出:前此忧时之作尚较缓和,此诗则似不可终日。若谓杜甫忧时乃与时并进，自然转急。然杜甫蛰居乡间，何来消息？何人能告与此等天将塌地将陷之消息？当时虽有高适、岑参、储光羲等友人往来京师，互有酬赠，但彼等此期诗作中何尝有丝毫不祥之感？高、岑等人登慈恩寺塔诗云："千里何苍苍，五陵郁相望"；"五陵北原上，万古青濛濛。"此以汉五陵喻唐诸陵也，心中是何等笃定！似此彼等与杜甫有何话说？由是可知，天宝十二载（753）春，李杜重逢于长安一事，是杜甫"忧端齐终南，澒洞不可掇"之契机。若非有故人自龙潭虎穴来，杜甫亲聆其独家掌握之大凶耗，亲见其无力回天之大悲恸，亲感其所感而亦有大变将起之感，又何能忧端如山，愁绪似海？

及至天宝十四载（755）十一月初，安史之乱前夕，所作《自京赴奉先县咏怀五百字》，更是如前人所云："肝肠如火，涕泪横流。"奉先本是京兆属县，此行不过暂离长安前往探亲，然与"尧舜君"（喻指玄宗）竟已情同"永诀"。（诗中有句云："生逢尧舜君，不忍便永诀。"）若非深感祸在旦夕，何至如此？无独有偶，李白在献策失败离开长安时，其《远别离》一诗亦情同永诀："远别离。古有皇英之二女，乃在洞庭之南，潇湘之浦。海水直下万里深，谁人不言此离苦？……"皇英者，娥皇与女英也。尧之二女，舜之二妃。相传舜征有苗，死于苍梧之野，二妃从之不及，沉于湘水，化为"湘灵"。拙编以为此诗中所咏"湘灵"一事，乃是李白以二妃与舜生离死别写其远游之际系念君国之情，虽可谓得其秘旨,然李白一人而以二女自喻,终觉无以自解。于今既知李杜重逢事,则此"二女"当是李白以之自喻又兼喻杜甫也。

总而言之,李杜重逢事如上所述,既有李白《口号赠杜甫》等一系列诗作为证,复有一系列影响与痕迹交相出现于二人此期诗作中。

然后吾人方知:安史乱中,李白"从璘"一案,在"世人皆欲杀"之际,杜甫何以敢于为之大鸣不平,而且再三再四形诸文字,盖知之深也。其所以知之深者,岂仅是天宝三四载一段友谊哉?必是此次重逢期间,彼此对时局之忧患意识达到高度一致,使二人成为生死之交。杜甫深信李白的忠贞大节不可移易,虽在缧绁之中非其罪也。故能不计祸福,不畏牵连,而有一系列"天壤间维持公道,保护元气文字"。如《天末怀李白》《梦李白二首》《寄李十二白二十韵》《不见》等诗,出于至诚,感人至深,信非偶然,良有以也。

三　献策无门

李白三入长安之行,次见于其所作《古风》其四十六(一百四十年)一诗:

一百四十年,国容何赫然!隐隐五凤楼,峨峨横三川。

王侯象星月，宾客如云烟。斗鸡金宫里，蹴鞠瑶台边。举动摇白日，指挥回青天。当涂何翕忽，失路长弃捐。独有扬执戟，闭关草《太玄》。

前人系此诗于天宝四载（745）或天宝十四载（755），均误。唐自高祖武德初年（618）至天宝四载（745）仅一百二十八年，不得云"一百四十年"。武德初年（618）至天宝十四载（755）为一百三十八年，虽近似诗中"一百四十"之数，然天宝十四载（755），李白在皖南，未至长安，而此诗显系写长安观感。兹将此诗与三入长安联系考察，则迎刃而解。武德初年（618）至天宝十二载（753）为一百三十六年，诗举成数，故云"一百四十年"。又诗中有"当涂何翕忽，失路长弃捐"之句。"翕忽"，意为迅疾，此言暴贵，当指杨国忠。国忠本是不学无行之人，天宝初年仅为蜀中一县尉；天宝四载（745）始因椒房之亲入侍宫中，专掌樗蒲（赌博）之事；数年之后，即天宝十一载（752），竟代李林甫而为相，兼领四十余使，势倾天下。故曰："当涂何翕忽。""失路"当指李白自己。白自天宝三载（744）去朝，流落江湖已达十年。故曰："失路长弃捐。"若谓天宝初年，李林甫已为相十年，不得云"翕忽"；李白时在翰林，亦不得有"长弃捐"之叹。又诗中之"扬执戟"，即扬雄。《汉书·扬雄传》："哀帝时，丁、傅、董贤用事，诸附离之者，或起家至二千石，时扬雄方草《太玄》，有以自守，泊如也。"

李白借以自喻。若谓待诏翰林时期，大唐国运尚未至成、哀之世，不得用扬雄草《玄》一事。扬雄《太玄经》拟《易》，多言吉凶祸福之事。"闭关"句或即隐指草制献策之奏疏，正是言幽州之祸，故将此诗系于本年三入长安之时。

其所草之"玄"，既属重大机密，自不能舍于逆旅之中，而应寄居某一僻静之处，其唯杜甫"贫居类村坞，僻近城南楼"之寓所乎？

李白三入长安之行，再次见于其所作《走笔赠独孤驸马》一诗。

> 都尉朝天跃马归，香风吹人花乱飞。银鞍紫鞯照云日，左顾右盼生光辉。是时仆在金门里，待诏公车谒天子。长揖蒙垂国士恩，壮心剖出酬知己。一别蹉跎朝市间，青云之交不可攀。傥其公子重回顾，何必侯嬴长抱关。

"独孤驸马"，当是独孤明。《新唐书·诸帝公主列传》中，驸马姓氏为独孤者，唯明一人，明尚玄宗女信成公主。有宅在长安宣阳坊，见徐松《唐两京城坊考》。

前八句，回忆天宝初待诏金马门时与独孤相识情景：独孤待以国士之礼，李白报以知己之情。"一别"二句，写去朝多年未能再与独孤相见；末二句，写目前处境困难，希望独孤顾念旧交，给以援手。句中用侯嬴事：嬴，战国时魏之隐士，年七十，为大梁夷门监者，信陵君以为上客，后以计谋助信陵却秦救赵。通篇情景（尤其是用侯嬴事）可见李白欲求助于独孤者，当系非常之事。其非献策事而何？

李白由于献策心切，而朝中无人可托，偶与独孤驸马路遇，遂走笔疾书小诗一首以赠。此事虽无结果，但亦可作"三入"之一例。詹本以独孤与诸杨忤而致失官，遂谓为"不可能"。（又是一个"不可能"！）窃以为独孤即使失官，而信成并未改嫁，则其人仍是帝婿，既未下狱，亦未长流，更未问斩，李白在长安街头，见他一面，赠诗一首，有何不可能乎？

李白三入长安之行，再次见于其所作《古风》其八（咸阳二三月）。

咸阳二三月，宫柳黄金枝。绿帻谁家子？卖珠轻薄儿。日暮醉酒归，白马骄且驰。意气人所仰，冶游方及时。子云不晓事，晚献长杨辞。赋达身已老，草玄鬓若丝。投阁良可叹，但为此辈嗤。

咸阳，代指长安，此为李诗中之常例。"绿帻"二句，用汉代董偃事。偃少时，随母卖珠，出入武帝姑母馆陶公主家，为主所宠幸，及长，号董君。武帝至主家，董君绿帻（汉时贱服）随主拜伏殿下，诏赐衣冠上坐。于是董君贵宠，天下莫不闻。见《汉书·东方朔传》。萧士赟云："是诗必有所感讽而作。"（见《分类补注李太白诗》）唐汝询云："所谓绿帻，必有所指。"（见《唐诗解》）今人马里千云："绿帻，似指杨国忠，国忠行事与董偃相类而恶过之。"（见《李白诗选》）以上诸家之说皆有见地。绿帻，当指杨国忠。国忠素无行，既为相，小人得志，猖狂无所忌。尝谓客曰："吾本寒家，一旦缘椒房至此，未知税驾之所，然念终不能致令名，不若且极乐耳。"与虢国夫人有私，于宣阳坊中构连甲第，昼夜往来，无复期度；或并辔走马入朝，公然调笑，不以为羞，道路为之掩目。见两《唐书》本传及《通鉴·唐纪》。杜甫《丽人行》，黄鹤系于本年春，仇兆鳌注："此刺诸杨游宴曲江之事。"太白此诗与《丽人行》为同时之作，诗中所谓"冶游"亦刺诸杨游宴曲江。所不同者，杜诗写实，刻画入微，定是亲见；李诗虚拟，逸笔草草，当是闻之杜甫。

　　李诗之末兼及献策，用扬雄"投阁"（跳楼）事，似已闻知向朝廷告发安禄山反者有杀身之祸。末二句意谓：一旦果遭毒手，徒为杨国忠辈嗤笑耳。

　　李白三入长安之行，再次见于《古风》其五十四（倚剑登高台）。

倚剑登高台，悠悠送春目。苍榛蔽层丘，琼草隐深谷。凤鸟鸣西海，欲集无珍木。鷽斯得所居，蒿下盈万族。晋风日已颓，穷途方恸哭。

此诗亦写三入长安见闻。《通鉴·唐纪》天宝十一载（752）秋八月，"杨国忠奏有凤皇见左藏库屋，出纳判官魏仲犀言凤集库西通训门。"同年冬十月，"改通训门曰凤集门。魏仲犀迁殿中侍御史，杨国忠属吏率以凤皇优得调"。此诗显系缘此事而发。李白曾称帝京为"秦海"，"西海"亦即"秦海"，隐指长安。"凤鸟"句（两宋本、缪本俱作凤皇），意谓凤凰虽在长安出现，然无梧桐可栖，指贤者。"鸒斯"句，意谓乌雀之属反而成群结伙，得其所哉，指杨国忠辈。"晋风"二句用阮籍事：籍时或率意独驾，不由径路，车迹所穷，辄恸哭而返。见《晋书》本传。白以之自喻，兼喻当时。其所以"晋风"为喻者，唐高祖李渊之先世在北周时为唐国公，渊袭其封。入隋后，为太原留守，其后遂于晋地起事，而有天下。故言"晋风"，实指唐风也。

"凤集门"事本在上年秋，时李白远在赴幽州途中，何由得知？或亦来长安后闻之杜甫。同时，"凤鸟鸣西海，欲集无珍木"二句中之"集"字亦堪玩味。集者，聚也，会合也，至少二人以上始得谓之"集"。似此，则此二句当兼指己与杜甫。

四　改寄希望于哥舒

李白三入长安之行，再次见于其所作《述德兼陈情上哥舒大夫》一诗。当因献策无门有祸，改寄希望于哥舒。此事亦与杜甫有关，因杜甫与哥舒之僚属田梁丘相识，杜集中有《赠田九判官梁丘》一诗可证。田梁丘，其先盖齐诸田之裔，远代仕汉，徙家于秦。世为京兆茂陵人。天宝间，哥舒翰收黄河九曲，西拓地数千里。由是选用能吏以充员位者，见善如不及。所被斟酌者，盖百余辈，皆经梁丘之手而由哥舒决定之。见于邵《田司马传》，载《全唐文》卷四二九。后为哥舒翰行军司马。见《旧唐书·哥舒翰传》。

《上哥舒》一诗，言短意长，言浅意深，故详加诠释如下：

述德、陈情，为唐时上权要诗习用语。哥舒大夫，即哥舒翰。初为王忠嗣部将，以骁勇闻，数击吐蕃有功，充陇右节度副使。天宝六载（747），忠嗣获罪，玄宗乃以翰代忠嗣为陇右节度使。八载（749）翰以攻取石堡有功，升赏有加，摄御史大夫。十一载（752）又加开府仪同三司。是冬，与安禄山俱入朝。见《旧唐书·哥舒翰传》及《通鉴·唐纪》。本年春，翰仍在朝中。此信息必是杜甫从田梁丘处获知者。全诗如下：

> 天为国家孕英才，森森矛戟拥灵台。浩荡深谋喷江海，纵横逸气走风雷。丈夫立身有如此，一呼三军皆披靡。卫青谩作大将军，白起真成一竖子。

灵台，心也。句谓哥舒胸有甲兵巨万。"浩荡"句，用《后汉书·马援传》中"谋如涌泉"一语变化而成。马援善用兵,见知于光武,后封为伏波将军。卒后,为人诬陷获罪,不得归葬。同郡朱勃诣阙上书,为其述功辩冤曰:"援奉诏西域,镇慰边众。乃招集豪杰,晓诱羌戎。谋如涌泉,势若转规。遂解倒悬之危,存几亡之城。"由"谋如涌泉"变而为"浩荡深谋喷江海",意在希望哥舒效法马援足智多谋,且有以上之。"纵横"句,拟哥舒为骏马,冀其急起奔驰,以赴国难。用《南齐书·丘巨源传》中"帝择逸翰,为蔚罗之会"一事。南朝刘宋后废帝时,江州刺史江阳王刘休范举兵反。左卫将军萧道成(后受禅为齐高帝)等将领,或出新亭,或屯白下,或戍石头,或卫殿廷。部署既毕,叛军随至,众即聚而歼之。并见《南史·宋本纪》。蔚罗,捕捉鸟兽之网;蔚罗之会,平定叛乱之役。以上二句,既是颂德,亦是陈情,既用马援"谋如涌泉"以激励之,又用萧道成"蔚罗之会"以策动之。希望哥舒速定大计,聚歼安禄山,以救国家而安天下。"丈夫立身"二句承上,意谓哥舒诚能如是,得道多助,必为众望所归。卫青,汉武帝时名将,前后多次出击匈奴,屡立战功,官至大将军。《史记》《汉书》皆有传。白起,战国时秦昭王名将,前后攻取韩、楚、赵等国七十余城,长平之役坑杀赵降卒四十万。《史记》有传。末二句意谓:哥舒诚能如是,彼卫青、白起虽为古代名将,但徒知攻城掠地耳,自然望尘莫及矣。

窃按哥舒翰之为天宝名将,全在边功;其边功又以天宝八载（749）青海石堡之役特受恩宠。而哥舒之遭物议亦在此役，盖以其穷兵黩武，残民以逞，大违持重安边之道，故李杜皆有诗抨击之。祸首固为玄宗，但哥舒亦不能辞其咎。似此，哥舒有何德可颂？故知此诗中揄扬之辞，非谓已然，乃谓将然；非是滥事吹捧，乃是跂予望之。其所以拟哥舒为骏马者：一是由于哥舒先世为突骑施之首领，突骑施为西突厥之一部。突厥马体魄健壮，善走致远，为唐时战马之主要来源。武德以来，突厥贡马史不绝书，开、天之世，犹有突骑施贡马记载。李白集中《天马歌》云："天马来出月支窟。"月支，又作月氏，汉时西域国名。原在祁连山下，后为匈奴攻破，一部迁至伊犁河上游，称大月氏。唐时突骑施所在，即汉时大月氏故地，"天马"之故乡也。以上据汉、唐纪传外，并参考［法］沙畹《西突厥史料》；二是由于哥舒之名"翰"与"鶾"通。据《说文》："翰"为山鸡，从羽倝①声；"鶾"为长毛马，从马倝声。同音假借，其来已久。《易·贲》："白马翰如。"疏："鲜洁其马，其色翰如。"《礼记·檀弓》："殷人尚白……戎事乘翰。"注："翰，白色马也，……又作鶾。"故知哥舒之名翰，既因其来自天马之故乡，又取义于《易·贲》与《礼记·檀弓》。其姓名之含义在唐时至显，李白以骏马拟之实属自然。此句不但以骏马拟之，且以"逸翰"（疾驰之骏马）为"蔚罗之会"属望之，

◆◆◆◆◆◆◆◆◆◆◆

① 倝，音幹（gàn）。见《康熙字典》人部。

更以"走风雷"期许之。《易·屯》:"云雷屯,君子以经纶。"疏:"言君子法此屯象,以经纶天下。"屯,难也。后世因谓世运艰难为"屯难","屯难"之世亦是志士仁人大有作为之时。故言"君子法此屯象,以经纶天下"。似此,则李白对哥舒期许之高,属望之殷可知矣。然其事亦太险矣,较之哥舒翰守潼关时,其大将王思礼密说之,请上表诛国忠,有过无不及。故翰不应,且拒之曰:"如此,乃翰反,非禄山也。"

或谓:此诗既是如此曲折幽深,哥舒一介武夫如何懂得?史称哥舒能读左氏《春秋》,通大义。"大义",非大意,大概,大略。《汉书·刘歆传》云:"及夫子没而微言绝,七十子终而大义衰。"微言与大义并举,故知"通大义"者,即能通《春秋》寓褒贬,别善恶之微言大义也。史又称,忠嗣获罪,翰被召入朝。受封已毕,极言忠嗣之冤,涕泣而道,玄宗感悟而宽之。忠嗣未陷极刑,翰之力也,朝野称其义。皆见两《唐书》本传。李杜二人必是有鉴于此,故以兴寄遥深之诗以上之,以微言大义以感之。是时朝野上下皆知幽州危机日亟,哥舒素与禄山有隙,岂能不知?故可断言,此诗之沉思翰藻对于哥舒非若后世之难解;"逸翰"之语,"蔚罗之会",在当时亦非僻典。至于诗上不报,当系因哥舒深知幽州之事难于回天,而自度亦非回天之人,非若李白诗人性格,多凭一腔热情行事。况哥舒此时已老而且病,次年即以风疾归休长安。再次年,安史之乱作矣。

此诗金匮既启，深覆尽发，前此种种疑点（或疑其太潦草，或疑其有阙文，或疑其为伪作），皆迎刃而解，如土之委地。似此，其非本年三入长安之作而何？

五　去去复去去

李白三入长安之行，再次见于其所作《古风》其五十一（殷后乱天纪）一诗。

殷后乱天纪，楚怀亦已昏。夷羊满中野，菉葹盈高门。比干谏而死，屈平窜湘源。虎口何婉娈？女嬃空婵娟。彭咸久沦没，此意与谁论？

萧士赟云："此诗，比兴之诗也。其作于贬责张九龄之时乎？"（《分类补注李太白诗》）陈沆云："此叹明皇拒直谏之臣，张九龄、周子谅俱窜死。"（《诗比兴笺》）

前人皆谓此诗有感于时事而发，良是。但以此诗缘开元二十五年（737）张九龄、周子谅事而发，则非。"殷后""楚怀"，此昏暴之君也，开元季叶之玄宗在李白心目中何至于此？夷羊在野，荆棘盈门，此乱亡之象也，开元季叶之时局何至于此？开元季叶之李白亦绝不至以朝廷为"虎口"。诗中之比兴当指天宝中叶迭遭诛逐之忠良，如王忠嗣等人，屈平当系自喻。此类比兴仅见于此期，而为他期所无。

"虎口"句，意谓朝廷已如虎口，尚有何事可为之缠绵留恋者？"女嬃"句，两宋本、缪本均作女颜，作女颜为是。婵娟，美好貌，以喻己之忠贞，意谓空有忠贞之心而终归徒劳。"彭咸"句，彭咸，殷之贤大夫，谏君不听，自投水死。意谓"愿依彭咸之遗则"，又恐于事无补，不知如何是好。

李白三入长安之行，再次见于其所作《酬王补阙惠翼庄庙宋丞泚赠别》一诗。

学道三十春，自言羲皇人。轩盖宛若梦，云松长相亲。偶将二公合，复与三山邻。喜结海上契，自为天外宾。鸾翮我先铩，龙性君莫驯。朴散不尚古，时讹皆失真。勿踏荒溪波，揭来浩然津？薜带何辞楚，桃源堪避秦。世迫且离别，心在期隐沦。酬赠非炯诫，永言铭佩绅。

王琦题注："诗题疑有舛错。按睿宗子申王㧑，开元八年（720）薨，谥惠庄太子。宋泚必为惠庄太子陵庙丞者也。翼则王补阙之名耳。'惠翼'当作'翼惠'为是。"可从。诸太子庙在长安，各有庙令一人，庙丞一人，司祭祀之事。开元二十二年（734）有诏停止官祭，并废其令丞，但后又恢复。其兴废难以确考，且观此诗中所反映之时局：

如"薜带何辞楚，桃源堪避秦"。王注："薜带用屈原语。屈原既为楚所放逐，迁于沅湘之间，作《九歌》，其《山鬼》一章云'被薜荔兮带女萝'，盖指山鬼而言。此用其意，指屈原以薜荔为带矣。""何辞楚"，何不辞楚，与下句"堪避秦"为互文。二句既以屈原辞楚、秦人避世自喻，则时局可知。

再如"世迫且离别，心在期隐沦"，句中之"迫"当是危急之意。《史记·项羽本纪》："（樊）哙曰：'此迫矣，臣请入，与之同命。'"既言"世迫"，时局益可知。

李白前两次入长安，虽均以失败告终，有关诗作中也充满失意情绪，但对朝廷并未真正失望，或未完全失望。初入长安之作，即使是感慨仕途艰难至于失声横涕之《行路难》《蜀道难》诸诗，也只是在最后表示"归去来"、"长咨嗟"而已。在离开长安以后所作《梁园吟》《梁甫吟》诸诗，在感慨之余还有一个光明的尾巴。如"歌且谣，意方远。东山高卧时起来，欲济苍生未应晚"。或"张公两龙剑，神物合有时。风云感会起屠钓，大人岘屼当安之"。在《将进酒》中，则是一边感慨年华易逝，一边又自我安慰："天生我材必有用，千金散尽还复来。"其所以如此，乃是时代使然。开元年间政局无论如何还给李白以很大希望。再入长安去朝后的作品虽然更加悲愤，但在《梦游天姥吟留别》一诗中，也只是把矛头指向朝中权贵："安能摧眉折腰事权贵，使我不得开心颜。"

即使在天宝中叶抨击朝政最激烈的《答王十二寒夜独酌有怀》一诗中,矛头指向玄宗,也只是:"严陵高揖汉天子,何必长剑拄颐事玉阶。"仅把自己比作严光,把玄宗比作光武。其所以如此,亦是时代使然。天宝中期政局虽然已是阴影重重,可尚未使李白绝望,玄宗"圣主"形象在李白心目中尚未最后坍塌。唯有天宝季叶,李白从幽州之行回来后,唐帝国严重的政治危机才使他诗中频频出现大厦将倾、忧心如焚的调子;出现世风日颓,世道交丧的感慨;出现高举远引,遁世避乱的意向。也只有到这时,李白才开始把玄宗比作殷纣王、楚怀王、死期在即之秦始皇,同时把自己比作被放逐的屈原。故知此诗必是"三入"之作,其系年根据不待外求。

以上二诗皆是献策无门,上诗不果,意欲离去时作。

李白离京前后,尚有以下诸诗,皆是一片去去之声。

《古风》其三十六(抱玉入楚国):

> 抱玉入楚国,见疑古所闻。良宝终见弃,徒劳三献君。直木忌先伐,芳兰哀自焚。盈满天所损,沉冥道为群。东海泛碧水,西关乘紫云。鲁连及柱史,可以蹑清芬。

开头四句自然是用《韩非子·和氏》献璞故事。但和氏并未"徒劳三献","良宝"并未"终见弃"。和氏以璞首献楚厉王,王以为诳而刖其左足；再献楚武王，王又以为诳而刖其右足。及楚文王即位，和乃抱其璞而哭于楚山之下，三日三夜，泪尽而继之以血。王闻之，使人问其故，并使玉人理其璞，而得宝焉，遂命曰和氏之璧。李白用这一典故显然有所改造。明郭云鹏重刊《李太白文集》引徐祯卿笺谓："此白自伤才不遇世，思远举以全身也。"深得此诗之旨。李白改造这一典故正是用以作为自身怀才不遇的写照。"抱玉入楚国"者，怀才入长安也。初入长安，乘兴而去，败兴而返；二入长安，仰天大笑而来，低头挥泪而返；三入长安，最后又如"辞楚"、"避秦"。故曰"良宝终见弃，徒劳三献君"也。"东海泛碧水"用鲁仲连事：为齐收聊城，义不受赏，逃隐于海上。"西关乘紫云"用老子事：为周柱下史，后周德衰，乃乘青牛出关。两句亦表示远举全身之意。故此诗亦是此行所作，当作于离长安前后。

《古风》其三十一（郑客西入关）：

郑客西入关，行行未能已。白马华山君，相逢平原里。璧遗镐池君，明年祖龙死。秦人相谓曰，吾属可去矣。一往桃花源，千春隔流水。

"郑客"，亦作郑容。《搜神记》卷四："秦始皇三十六年，使者郑容从关东来。将入函关，西至华阴，望见素车白马，从华山上下。疑其非人，道住止而待之。遂至，问郑容曰：'安之？'答曰：'之咸阳。'车上人曰：'吾华山使也，原托一牍书，致镐池君所。子之咸阳，道过镐池，见一大梓，有文石，取款梓，当有应者，即以书与之。'容如其言，以石款梓，果有人来取书。云明年，祖龙死。"祖龙，谓秦始皇。此诗即用此事并兼用桃花源事暗喻当时已有乱亡之兆，时君末日且至矣。

《拟古》其十二（去去复去去）：

去去复去去，辞君还忆君。汉水既殊流，楚山亦此分。人生难称意，岂得长为群？越燕喜海日，燕鸿思朔云。别久容华晚，琅玕不能饭。日落知天昏，梦长觉道远。望夫登高山，化石竟不返。

此诗首二句化用《古诗十九首》："行行重行行，与君生别离。"但《古诗》中之"君"，谓夫君；此诗中之"君"则谓时君，仍是以男女之情喻君臣之际。长安之行，虽三入三出，但前二次离去时，未有"不返"之语。此言"望夫登高山，化石竟不返"，决绝之辞，唯此次有之。太白因预感大乱即起，返京无日矣。其后果然。

六 《远别离》别解

李白三入长安之行，最后一首诗是《远别离》。

《远别离》,古乐府诗题。前人谓太白于古乐府诗题无一弗拟,但尚未注意到几乎无一不为时事而拟。每当其他形式与体裁不足以充分展其意,骋其情时,必以古乐府出之。

远别离。古有皇英之二女,乃在洞庭之南,潇湘之浦。海水直下万里深,谁人不言此离苦?日惨惨兮云冥冥,猩猩啼烟兮鬼啸雨。我纵言之将何补?皇穹窃恐不照余之忠诚。雷凭凭兮欲吼怒,尧舜当之亦禅禹。君失臣兮龙为鱼,权归臣兮鼠变虎。或云尧幽囚,舜野死。九疑联绵皆相似,重瞳孤坟竟何是?帝子泣兮绿云间,随风波兮去无还。恸哭兮远望,见苍梧之深山。苍梧山崩湘水绝,竹上之泪乃可灭。

"皇英"为娥皇、女英,尧之二女,舜之二妃。相传舜南征有苗,二妃追之不及,溺于湘水,其魂魄神游洞庭之渊,出入潇湘之浦。见《水经注·湘水》。"海水"二句,王琦注:"二句是倒装句法,谓生死之别永无见期,其苦如海水之深,无有底止也。"其说是。"我纵言之"一句,疑前人传抄有误,应是"窃恐皇穹不照余之忠诚,我纵言之将何补?"否则与前不相叶韵矣。雷为阴阳错行之象,《庄子·外物》:"阴阳错行,天地大骇,于是有雷有霆。""雷凭凭"二句,上句指幽州危机,下句谓江山易主。尧、舜、禹禅让,后世以为美谈,然文献上亦另有说法。传说尧晚年德衰,为舜所囚,见《史记·五帝本纪》张守节"正义"引《竹书纪年》。"重瞳"代舜,据说舜目重瞳;九疑是山名,即"苍梧之山",《山海经·海内经》:"南方苍梧之丘,苍梧之渊,其中有九疑之山,舜之所葬,在长沙零陵界中。"郭璞注:"其山九溪皆相似,故云九疑。"二妃闻舜死,相与痛哭,泪下沾竹,遂成斑纹。见《述异记》。末数句,以舜与二妃之生死别离,预言时君悲惨结局,兼以皇英自喻,言自己从此与时君永无相见之日,其恨绵绵,无有绝期。

前人关于此诗,亦诸解纷纭,殆若聚讼。约而言之,可分为三说。第一说认为是:唐肃宗上元年间,权臣李辅国矫制迁太上皇(即玄宗)于西内,太白有感而作。此说宋人多主之。王世懋《艺圃撷余》、沈德潜《说诗晬语》亦持此说。第二说认为是:安史之乱中,长安沦陷,玄宗出奔,马嵬兵变,杨妃赐死,太白有感而作。此说,陈沆《诗比兴笺》主之。今人徐嘉瑞亦持此说。第三说认为是:天宝季叶,玄宗倦于政事,大权旁落,太白感而作。旨在借用舜与二妃生离死别,警告玄宗:"无借人国柄,借人国柄,则失其权,失其权则虽圣哲不能保其社稷妻子。"或略而言之,谓为"著人君失权之诫"。此说萧士赟《分类补注李太白诗》及胡震亨《李诗通》主之。今人多从此说。朱谏《李诗辨疑》竟断为伪作。

窃以为:《远别离》一诗早已见于唐人殷璠编选之《河岳英灵集》,此集"起甲寅"〔高宗永徽五年(654)〕,"终癸巳"〔天宝十二载(753)〕。则此诗之作必不能迟于天宝十二载。故第一说和第二说以及伪作之说,均不攻自破。第三说虽似可取,诗中确有"著人君失权之诫"之语,但以之笺释全诗,则是以偏概全。须知诗题为"远别离",诗中又有"谁人不言此离苦"之句,篇末更是痛哭流涕,以离愁别恨作结。离别之情可谓贯串始终,吾人岂能熟视无睹,充耳不闻?然则"此离"云何?其义安在?

欲探此诗之秘,须从李白平生之志着眼,从本年长安之行入手,远溯屈赋《哀郢》之意,近观太白此期诸作,其苦心孤诣自然呈现。兹略而言之:太白本年入长安陈献济时之策失败后,深感朝政昏暗达于极点,而幽州之祸迫在眉睫。虽忧心如焚,然无可奈何,故唯有高举远引,以避祸乱。但在临行之际,却不免徘徊流连,感慨万端。既对国家命运忧虑不已,又为壮志未酬抱恨无穷。事涉禁忌,情在难言,故借二妃与舜生死之别,抒其去国离都之情。太白此时情景亦唯有二妃与舜生死之别可以仿佛,故既以之发端,又以之结尾。"海水"二句,谓生离死别之苦,亦谓己去国辞都之苦。"日惨"二句,以之形容天宝季叶政局,至为切当。"我纵"二句,即后作《赠韦良宰》诗中所云"君王弃北海,扫地借长鲸。……心知不得语,却欲栖蓬瀛"之意。"雷凭"二句,谓危机日亟,祸乱将作,虽尧舜之君当此滔天之祸,亦难

第八章 良宝终见弃，徒劳三献君

保其位，"君失"句，谓诛逐忠良，如李邕、王忠嗣等人。"权归"句，谓奸佞当道，如李林甫、杨国忠、安禄山之流。"或云"四句，谓古之圣君贤臣之间亦或有权位之争，当今父子君臣之间自亦难免。一旦祸起萧墙，亦恐有"幽囚"、"野死"之虞。"帝子"以下至于篇末，虽写二妃，实抒己怀。盖在去国远游之际，痛感平生之志终成泡影，有如二妃之悲剧。

此诗中亦有杜甫在。开篇即明确"古有皇英之二女"，李白一人何能以"二女"为喻？故知李白以娥皇自喻，而以女英喻杜甫也。由此亦可知，李白三入长安陈献济时之策，杜甫始终相伴相随也。

郭沫若在《李白与杜甫》一书中，曾谓李白初入长安为一千多年来被人忽视的"暗礁"。比起"初入"来，"三入"这座"暗礁"之被发现，尤为困难。一则是"三入"本身带有秘密性质；二则李诗感时伤事之作本有深婉特点；三则当天宝季叶，政治黑暗，言者有罪，动辄得祸，因此"三入"诸诗较之他期更为幽深曲折。但只要按照天宝后期政治形势，按照李白此期行事及思想感情，按照李白此期诸作艺术特点，综合考察，潜心探求，便可以发现"三入"踪迹在一系列作品中闪现。草蛇灰线，虽隐而显。幽愤秘旨，虽曲而达。如欲无视，其可得乎？

第九章
白发三千丈,缘愁似个长

—— 遁迹宣城

一 心潮逐浪《横江词》

天宝十二载(753)秋,李白自梁园南下宣城。

江南西道宣州(宣城郡),治宣城。天宝时期管县十:宣城、南陵、泾县、当涂、秋浦、绥安、溧水、溧阳、宁国、太平,约当今安徽省皖南地区。

行前,有诗《寄从弟宣州长史昭》,诗曰:

尔佐宣城郡,守官清且闲。常夸云月好,邀我敬亭山。五落洞庭叶,三江游未还。相思不可见,叹息损朱颜。

《新唐书》两表中名昭者甚多,不知孰是。稍后有诗《赠从弟宣州长史昭》，此二昭当是一人。李白南下宣城前后皆与之联系，其得以客居宣城三年，多赖此人关照。

行前，曾北往曹州（济阴郡）辞行，有诗《留别曹南群官之江南》（王琦本题注：唐人谓曹州为曹南）。诗中有句云："十年罢西笑，揽镜如秋霜。……范蠡脱勾践，屈平去怀王。……朝云落梦渚，瑶草空高唐。……登岳眺百川，杳然万恨长。"皆言天宝三载（744）被斥去朝以来，对朝廷深感失望之意，以及此次南下倍感凄恻之情。

友人独孤及（725—777）有《送李白之曹南序》云："是日也，出车桐门，将驾于曹。仙药满囊，道书盈箧。……送子何所，平台之隅。"李白诗中亦自言"身佩豁落图，腰垂虎盘囊。仙人借彩凤，志在穷遐荒"。可见此行装束完全是一派道教徒游仙模样，以示决心出世之意。

又有《书情赠蔡舍人雄》一诗，内容与上诗略同。

二诗之末，言及去向，皆闪烁其词。一曰："却恋峨眉去，弄景偶骑羊"；一曰："别离解相访，应在武陵多。"似不欲外人知其行踪者。

南下至和州（历阳郡）。州治历阳，其东南二十六里有横江浦，隔江与宣州当涂县采石矶相对，古为要津。横江，又指历阳与当涂之间一段江面，江水因受天门山阻遏，由东流改为北流，故称横江。江面较下游瓜洲渡为狭，南来北往人多从此渡，然微风辄浪作,不可行。见《元和郡县志》《太平寰宇记》及陆游《入蜀记》。李白自此渡江,有《横江词六首》,借横江风波挥斥此期幽愤。

《横江词六首》全文如下:

其 一

人道横江好,侬道横江恶。一风三日吹倒山,白浪高于瓦官阁。

其 二

海潮南去过寻阳,牛渚由来险马当。横江欲渡风波恶,一水牵愁万里长。

其 三

横江西望阻西秦,汉水东连扬子津。白浪如山那可渡?狂风愁杀峭帆人。

其 四

海神来过恶风回,浪打天门石壁开。浙江八月何如此?涛似连山喷雪来。

其　五

横江馆前津吏迎，向余东指海云生。郎今欲渡缘何事？如此风波不可行。

其　六

月晕天风雾不开，海鲸东蹙百川回。惊波一起三山动，公无渡河归去来。

此诗，《乐府诗集》收入卷九十"新乐府辞"。自古诸家好评如林，但仅二三家稍得其意内言外。如唐汝询有"河山动摇，乾坤板荡"之感，虽亦知其然，而不知其所以然。

当代诸家多以此诗为开元十三年（725）李白初下江东时模山范水之作。非。

此诗六首皆极写横江风波，回环往复，一唱三叹，愁肠百结，忧心如醉，其情调与初游江东诸作殊不相类。李白初游江东之时，风华正茂，裘马轻肥，不逾一年散金三十余万，有落魄公子悉皆济之。当斯时也，彼尚未经历人世坎坷，几不识忧患为何物，其诗中何来"一水牵愁万里长"之感？亦未有长安之行，只知"大道如青天"，讵料"我独不得出"，其诗又何来"横江西望阻西秦"之感？李白初游江东之日，恰是玄宗东封泰山告成功于天地之时,其诗中更何来"河山动摇,乾坤板荡"之感? 故知此诗必非开元十三年(725)初下江东之作。

窃考李白生平,唯有天宝十二载(753)南下宣城之行,其阅历、心境与此诗相符。天宝十二载春,白自幽州南返,随即有三入长安之行。盖欲就塞垣真相,向朝廷陈献济世之策,以期戢祸乱于未发。然报国无门,献策未果。白虽忧心如焚,其奈无计可施。唯有高举远引,全身避祸,故于是年秋南下宣城。南下途中,行经横江渡时,因横江风波之触发,遂借以挥斥此期之忧愤。

《文心雕龙·物色》云:"诗人感物,联类不穷。流连万象之际,沉吟视听之区。写气图貌,既随物以宛转;属采附声,亦与心而徘徊。"刘彦和"随物宛转""与心徘徊"八字,实诗艺之三昧,亦鉴赏之金针。明乎此理,即可知李白之于横江风波大书特书,固系当时所见,亦属心境使然。白此时心境虽对朝廷濒于绝望,然在远游之际,系心君国,眷恋长安,复又忧心忡忡,恨思绵绵。此期诸诗虽屡言出世,希风广成,实则匡君济世之心,壮志未酬之恨,念兹在兹,无时或忘。故登山则此情满于山,观海则此意溢于海。横江渡头风高浪急之景,云愁雾惨之象,天摇地动之势,若非自此情此意观之,亦未必至于斯极。其所以至于斯极,正缘作者自此情此意观之。于是,牛渚马当尽为愁媒,江风海云皆成恶兆,浪打天门恍若社稷之将倾，海鲸东蹙势如幽州之乱作。虽非刻意比附，自然情寄言外。故知《横江词六首》乃物以情观，比兴之作，非只写长江天险而已。

至于其五"郎今欲渡缘何事？如此风波不可行"二句，固从梁简文帝《乌栖曲》"采菱渡头拟黄河，郎今欲渡畏风波"二句变化而来，然已非原意，其中"郎"字当作别解。复旦大学《李白诗选》注云："郎，古时对青年男子的称呼"；题解又云："横江馆津吏称作者为郎，说明李白这时年纪尚轻。"非。前此系年致误，或即以此。

按"郎"之为义甚多：一为星宿名，太微宫后二十五星为郎位；二为官名，战国始置，秦汉以后遂为朝廷官吏通称；三为古时男子之通称；四为奴仆对主人之尊称；五为姓氏。此诗中之"郎"当作第二解，即郎官之意。《史记·司马相如传》："赋奏，天子以为郎。"意即以为郎官。《汉书·明帝纪》："馆陶公主为子求郎。"意即为子求郎官。杜甫诗《承闻河北诸道节度入朝欢喜口号绝句十二首》："抱病江天白首郎"；又《历历》："为郎从白首"，蔡梦弼注云："公在蜀为尚书员外郎，故云。"岑仲勉《唐史余渖》卷一"郎、官"条释之甚详。略谓："观宾王集以官、郎对举，则其用略同。前人云：'郎官上应列宿，掌王诏命。'官与郎之称岂其取义于此乎？（《日知录》二四亦言郎名起自郎官）"岑氏又云："郎与官或以为妇妾称夫之词。据余揣之，阀阅之家，虚荣心重，父母妻妾，咸此相期。上行下效，遂成普俗。"由此观之，"郎"之本义实为郎官，其第三、四义亦从此义衍出。日本早稻田大学教授大野实之助所编著之《李太白诗歌全解》，于此诗中之"郎"译为"大人"，亦显系取义于郎官。唯唐时对官吏尚无"大人"之称，不如径译为"郎官"较为妥善。李白曾待诏翰林，故津吏称之为"郎官"。

二 举杯消愁"登楼歌"

李白在宣城期间，故人李华来访，陪登郡城谢朓楼。有诗《宣州谢朓楼饯别校书叔云》，全文如下：

弃我去者，昨日之日不可留；乱我心者，今日之日多烦忧。长风万里送秋雁，对此可以酣高楼。蓬莱文章建安骨，中间小谢又清发。俱怀逸兴壮思飞，欲上青天揽明月。抽刀断水水更流，举杯消愁愁更愁。人生在世不称意，明朝散发弄扁舟。

此诗题目，两宋本、缪本、萧本、胡本、王本俱注云："一作《陪侍御叔华登楼歌》。"詹锳云："此诗《文苑英华》题作《陪侍御叔华登楼歌》，当以一作为是。"（《李白诗文系年》）詹氏且有专文论证，可从。"侍御叔华"，即监察御史李华，华字遐叔，两《唐书》有传。史谓其任监察御史期间，"宰相杨国忠支娅所在横猾，华出使，劾按不桡，州县肃然。为权幸见疾，徙右补阙"。华又以文章著名，其代表作有《含元殿赋》《吊古战场文》。白逝世后，华为撰墓志铭。

此诗作时，詹锳已据两《唐书·李华传》、独孤及《李华集序》，考知其上限，谓作于天宝十一载（752）以后，亦可从。其下限可据以考知者，有李华《御史大夫厅壁记》《御史中丞厅壁记》（载《全唐文》卷三一六），一作于天宝十四载（755）六月十五日，一作于天宝十四载九月十日。前《记》之末云："初厅壁列先政之名，记而不叙，公以为艰难之选，将俟后人。谓华尝备属僚，或知故实。授简之恩至，属词之艺寡，无以允乎非常之待，所报者质直而少文。"后《记》之末云："华昧学浅艺，承命维谷。群言之首，非所克堪。然故吏也，勉以酬德。"由此可知，天宝十四载李华已不在御史府而在右补阙任。似此，则其任监察御史出按州县，与李白相遇于宣城，若非天宝十二载（753）秋，即为天宝十三载（754）秋。

当时盛唐已如大厦将倾，祸在眉睫，而李白报国有心，回天无计。避居宣城，意在忘世，实则一腔孤忠，满怀幽愤，无时不在胸中激荡。此期乃李白无可奈何之日，椎心泣血之时也。此诗之作时既明，其作意自可知，而其章法亦自显。

首二句，非如前人所谓"发兴无端"，实是其来有自。此乃李白与故人在谢朓楼头，促膝谈心，抚今思昔，酒酣耳热，不胜感慨，胸中多日蕴积之思想感情遂喷薄而出，而又以高度概括出之。二句中有一部开元、天宝历史在。唯其高屋建瓴，厚积薄发，故其势如风雨骤至，而有此惊挺不凡之发端。

　　"长风"二句"落入"，但非为入题而入题，实乃由此而升堂入室。既因"多烦忧"而"酣高楼"，则其酣饮之际所畅写之心曲可知。然事干朝政，焉能直言？故借谈诗论文以寄其密意。此所以其下忽然出现"蓬莱文章"四句，非无因也。

　　"蓬莱文章"注家皆谓指汉时东观藏书，固是。然李白此时于文章何以独标东观？按"蓬莱文章"，《文苑英华》作"蔡氏文章"。蔡氏，当指蔡邕。邕，博学多识，曾参与《东观汉记》之编著，其史笔不在班固之下，文辞犹且过之。所上朝廷诸疏议，切中时弊，光焰照人。惜遭遇侘傺，沦落在野；后又以失身于董卓，为王允诸人所不容；求续成《汉记》以自赎，又不许，卒死狱中。郑玄闻而叹曰："汉世之事，谁与正之？"见《后汉书·蔡邕传》。李白此诗于文章独标东观，而原稿或作"蔡氏"，盖有感于邕之事欤？"建安骨"，谓建安风骨。建安七子慷慨以任气，磊落以使才，虽在季世，卓越千古。"小谢"，谓谢朓。朓诗清新俊发，亦旷世逸才，惜为人诬陷，冤死狱中。李白于南朝三百年间标举"小谢"，既因其才难得，亦哀其志未酬也。"俱怀"二句，不仅概括以上诸人而言，亦白自言其志。李华虽以文章蜚声一代，然史称其"文辞绵丽，少宏杰气"。似此，则"蓬莱文章"四句，或亦有与华共勉之意。

李白常以孔子著《春秋》自喻其诗作，李阳冰《草堂集序》亦以《春秋》誉之，故知白与华共勉之意不在文辞也。"唐世之事，舍吾与君，其谁正之！"当此"多烦忧"之日，白与华登楼谈诗，酣饮论文，其意盖在斯乎？

然终以报国无路，忧思难排，故有"抽刀"二句，而以"散发弄扁舟"作结。"散发"，用《后汉书·袁闳传》："延熹末，党事将作，闳遂散发绝世。""弄扁舟"，用范蠡事。最后四句皆愤激语也，不可以消极出世思想视之。

综上所述，足见此诗乃天宝季世，大乱前夕，忧时伤事之作，非仅饯别酬赠之什。

前人或谓李诗浅露，注目易尽。此浅尝辄止者之言，不足为训。唯王夫之独具只眼，其《唐诗评选》云："供奉深。"信然。

李白与李华匆匆一聚，旋即别去，谁知竟成永诀。十年后，白卒于当涂，华为撰墓志铭以悼之。

三　一去不返崔成甫

至宣城后三月，故人崔成甫自湘阴贬所来访。

成甫与宣城太守宇文审有旧①，来宣城后自然与宇文太守先有一番应酬，宇文邀成甫游敬亭山，时白登城南响山，未能同游，遂有诗二首送达成甫，中有"咫尺不可亲，弃我如遗舄"等语，显系有所误会。实则成甫远道来此，与宇文叙旧，往来应酬，皆为李白故，否则白在宣城焉能居留三年之久。

　　当是由崔成甫引荐，李白有《赠宣城宇文太守兼呈崔侍御》长诗一首，为干谒陈情之作。首表素志与心迹，次叙幽州之行，再次言来宣城后三月闲居生活，再次赞扬宇文惠政，末陈攀援之意，并盼成甫顾念旧交。诗中有句云："怀恩欲报主，投佩向北燕。弯弓绿弦开，满月不惮坚。……枪枪突云将，却掩我之妍。多逢剿绝儿，先着祖生鞭。据鞍空矍铄，壮志竟谁宣？蹉跎复来归，忧恨坐相煎。无风难破浪，失计长江边。"此段叙述幽州之行，佯谓武艺不及幽州健儿无成而归，显系托词。诗中又云："危苦惜颓光，金波忽三圆。时游敬亭上，闲听松风眠。或弄宛溪月，虚舟信洄沿。颜公二十万，尽付酒家钱②。兴发每取之，聊向醉中仙。

◆◆◆◆◆◆◆◆◆◆◆◆
① 宇文太守，或为宇文融之子审。融以聚敛得幸，曾居宰相百日。后获罪，死流途中。子审，进士第，累迁大理评事。杨国忠专政，滥杀岭南流人，审为岭南监决处置使，活者甚众，见《新唐书·宇文融传》。此期白诗中有"九卿天上来"，又有"君从九卿来"，当即指宇文曾任大理评事一职。
② "颜公"二句，用南朝郡守颜延之与诗人陶潜事。二人交好，延之每往必酣饮至醉。临去，留二万钱与潜。潜悉送酒家，稍就取酒。见《宋书·陶潜传》。此以颜公喻宇文太守，以陶喻己。

过此无一事，静谈《秋水》篇。"此段叙述来宣城生活，虽似悠闲，亦感无聊，故欲进一步有求于郡守："敢献绕朝策，思同郭泰船。"绕朝，秦大夫；策，马鞭。春秋时晋士会奔秦，晋阴使人说之归国。士会将行，绕朝赠之以策，曰："子无谓秦无人，吾谋适不用也。"见《左传》文公十三年。后世遂以"绕朝策"喻指未曾施展之谋略。郭泰，字林宗，博通坟典，居家教授。游洛阳，谒见河南尹李膺，膺大奇之，遂相友善，于是名震京师。后归乡里，衣冠诸儒送至河上，林宗唯与李膺同舟而济，众仰之如神仙。见《后汉书·郭泰传》。此以郭泰自喻。由此可知，李白赠诗之意。因事关重大，李诗未敢深言，宇文太守亦未深问，成甫更无能为力。

成甫不久即辞去。李白有《寄崔侍御》一诗，当作于此时此地。诗云：

宛溪霜夜听猿愁，去国长如不系舟。独怜一雁飞南海，却羡双溪解北流。高人屡解陈蕃榻，过客难登谢朓楼。此处别离同落叶，明朝分散敬亭秋。

首联言己之羁旅情怀。次联上句怜成甫将返湘阴贬所，下句抒己思念朝廷之情。再次二句：陈蕃榻，《后汉书·徐穉传》："蕃在郡不接宾客，唯穉来特设一榻，去则悬之。"以东汉贤太守及名士喻宇文及成甫。

李白与崔成甫自此一别，亦成永诀。七年以后，白流落洞庭之野，至湘阴访成甫，唯见成甫所遗之《泽畔吟》一集，白为作序以悼之。

李白在宣城，既有郡守、长史、县令等照拂，温饱无虞；当地人士，如崔八丈、崔氏昆季、窦主簿、僧人会公等，亦时与其往还。李白性喜奇禽异鸟，而宣城各县多有之，尤以黄山胡公所畜，远近闻名。白正欲以高价购求之，而胡公竟慨然相赠，唯求李白一诗。白欣然命笔，立成《赠黄山胡公求白鹇并序》。

序曰：

闻黄山胡公有双白鹇，盖是家鸡所伏，自小驯狎，了无惊猜，以其名呼之，皆就掌取食。然此鸟耿介，尤难畜之。余平生酷好，竟莫能致。而胡公辍赠于我，唯求一诗，闻之欣然，适会宿意。因援笔三叫，文不加点以赠之。

诗曰：

请以双白璧，买君双白鹇。白鹇白如锦，白雪耻容颜。照影玉潭里，刷毛琪树间。夜栖寒月静，朝步落花闲。我愿得此鸟，玩此坐碧山。胡公能辍赠，笼寄野人还。

宣城风土人情之美，似乎使李白忘忧解愁，直欲终老此乡，但稍一触发，或偶一转念，便感到寂寞如山，忧愁似海。

四　一别永诀元丹丘

天宝十三载（754）早春，李白故人江宁县令杨某邀白来游金陵，白应邀前往。东下途中，先往横山石门访元丹丘。丹丘早已于李白探虎穴、入龙潭两年中，自河南叶县石门南来江南横山石门。横山，在当涂、丹阳二县之间，与金陵之钟山遥遥相对。天宝九载（750），李白曾至其地访道友周惟长，小住旬日，故此来称之为旧居，有《下途归石门旧居》一诗。王琦注云"题下似缺别人字"，良是。或竟是缺"别元丹丘"四字，至于是无意佚去，抑是有意为之（或因丹丘不欲外人知其幽居之处），则不得而知矣。诗为聚首以后，临别时作。

全诗如下：

吴山高，越水清，握手无言伤别情。将欲辞君挂帆去，离魂不散烟郊树。此心郁怅谁能论？有愧叨承国士恩。云物共倾三月酒，岁时同饯五侯门。羡君素书常满案，含丹照白霞色烂。余尝学道穷冥筌，梦中往往游仙山。何当脱屣谢时去？壶中别有日月天。俯仰人间易凋朽，钟峰五云在轩牖。惜别愁窥玉女窗,归来笑把洪崖手。隐居寺,隐居山,陶公炼液栖其间。灵神闭气昔登攀,恬然但觉心绪闲。数人不知几甲子,昨来犹带冰霜颜。我离虽则岁物改,如今了然识所在。别君莫道不尽欢,悬知乐客遥相待。石门流水遍桃花,我亦曾到秦人家。不知何处得鸡豕? 就中仍见繁桑麻。翛然远与世事间,装鸾驾鹤又复远。何必长从七贵游,劳生徒聚万金产。把君去,长相思,云游雨散从此辞。欲知怅别心易苦,向暮春风杨柳丝。

"有愧叨承国士恩"谓天宝初元丹丘荐己入朝。国士即国中杰出之士;叨承,谦辞也。此句表明白所别之人,非元丹丘莫属。素书,道家之书也,道书常以白绢、朱砂写之,故云。"何当"二句谓弃世学仙,屣,便鞋,脱屣言其便易;"壶中"为道家常用语,相传古有得道之人,常悬一壶如五升器大,变化为天地,中有日月如世间,夜宿其内,人称之为壶公。见《云笈七签》。钟峰即钟山,在金陵;"在轩牖"谓在石门山可遥见金陵。玉女窗,在嵩山;洪崖为古时仙人,此代指丹丘。以上二句谓昔日与丹丘相别于嵩山,今在横山相逢。"陶公"谓陶弘景,南朝高士,齐高帝为相时,引为诸王侍读,后退居茅山(一说横山),自号华阳隐居。梁武帝早年亦与之游,及即位后,书问不绝,时人谓为"山中宰相"。《南史》有传。此以喻丹丘。"石门流水"以下四句,以《桃花源记》

中景物拟石门。末二句言与丹丘别时惆怅之情，犹如风中柳丝，摇荡不定而又纷乱难理。

此诗作于何年？因何而作？何以伤感若是？凡此种种，前人皆付之不解。郭沫若谓为李白逝世前与道士吴筠诀别之作。吴筠与李白交游及其荐白入朝事，已为新说否定，诗中所别之人并非吴筠。此诗当与李白三入长安联系而观，其作时、作意以及诗中所别之人，皆可见端倪。

关于诗中所别之人，既为一道流，太白又与之相交甚厚，且因其推荐而受玄宗知遇，在长安共同度过一年以上生活。此人当是元丹丘，而与吴筠无涉。又据任华《杂言寄李白》一诗可知元丹丘行踪。诗中有句云："中间闻道在长安，及余戾止，君已江东访元丹。"按李白初入长安出京后即东游梁宋，遍登嵩山三十六峰，然后憩元丹丘颍阳山居，当年及次年均未至江东。李白再入长安出京后，与杜甫、高适同游梁宋毕，从高天师受道箓于济南紫极宫，冬返东鲁，当年及次年亦未至江东。初入、再入出京后均无"江东访元丹"事，故知出京后不久即"江东访元丹"，必是三入长安出京后行踪，即天宝十二载（753）南下宣城以后事。

李诗屡言出世，总在每次从政活动失败之后，已有规律可循。三入长安献策失败后，李白深感社稷有危亡之虞，个人亦至垂暮之年，益感报国无日，唯有高举远引，全身避祸，故出世思想特甚。天宝十二载（753）出京后诸诗皆可见之。太白与丹丘多次聚首，亦多次赋别，未有如此诗之伤感者，以致给人以"诀别"之感，或以来日大难，聚会无期之故。从此一别，也确实再未相见。

李白继自金陵至扬州，在故人常二南郭幽居盘桓。忽闻来华多年之日本友人晁衡（原名阿倍仲麻吕）去冬随遣唐使归国，海上遇难。遂作《哭晁卿衡》一诗以悼之。诗曰：

日本晁卿辞帝都，征帆一片绕蓬壶。明月不归沉碧海，白云愁色满苍梧。

帝都，谓长安。明月，喻晁衡。苍梧，古传东北海中有郁洲，自苍梧之野徙此，犹有南方草木云。末句意谓中日两国亲友同致哀悼之情。

其后证实，日本遣唐使船虽遇难，晁衡幸免，复返中国。然李白与之亦未获再见。

天宝十三载（754）五月，李白在扬州与士人魏万相识，一见泯合，遂同舟入秦淮，复游金陵。并尽出其文稿，嘱魏万编集作序。别时赠万以诗，题曰：《送王屋山人魏万还王屋并序》。序曰："王屋山人魏万，云自嵩、宋沿吴相访，数千里不遇。又乘兴游台、越，经永嘉，观谢公石门，后于广陵相见。美其爱文好古，浪迹方外，因述其行而赠是诗。"

魏万后名颢，上元初（760）登第。其所编《李翰林集》曾刊行二卷，见詹锳《李白全集校注汇释集评》后附《李白集版本源流表》。有《李翰林集序》一文传世，虽然钩章棘句，但与李阳冰《草堂集序》及范传正《李白新墓碑》并传千载，亦是考知李白生平重要文献之一。

可能由于李白遁迹宣城期间，出游金陵、扬州之故，致使范阳节度使判官何昌浩闻讯再度来邀白北去，白坚拒之（详见第七章幽州之行）。

五　山崖水畔，心怀冰炭

何昌浩之重来，自然是一个信号，一个危急信号。而李白只有遁迹宣城山水之间，坐待滔天大祸。其心情之痛苦，何可言喻？

除郡城附近山水外，又数游泾县，有诗多首。县令汪伦且邀白至其泾川别墅盘桓，款待甚殷。有诗《过汪氏别业二首》纪其事。临别，汪伦亲送李白至桃花潭，并使村人踏歌以表惜别之意。白立时口占一绝以赠：

李白乘舟将欲行，忽闻岸上踏歌声。桃花潭水深千尺，不及汪伦送我情。

汪伦其人，自宋以来，有谓为村人者，有谓为县令（或致仕县令）者，有谓为当地豪士者。详见李子龙《关于汪伦其人》一文，载《李白学刊》。

又数游南陵五松山，有诗多首。除县丞常某陪游并互有赠答外，李白又曾至山民家过夜。有诗《宿五松山下荀媪家》，诗曰：

我宿五松下，寂寥无所欢。田家秋作苦，邻女夜舂寒。跪进雕胡饭，月光明素盘。令人惭漂母，三谢不能餐。

雕胡，野生植物，生水中，至秋结实，即雕胡米也。古人以为美馔，今饥岁人犹采以当粮，见《本草纲目·谷部》。漂母，洗衣妇。汉淮阴侯韩信微贱时，钓于城下。诸母漂，有一母见信饥，饭信，竟漂十余日。后信封侯，以千金答谢之。朱谏《李诗选注》云："言老妪进雕菰之饭，素盘有洁白之色，情如漂母之待韩信也，我非韩信之比，未免有愧于心，乃三谢其意，而不敢享其所进之食也。"

又数游秋浦，有《秋浦歌十七首》，当为先后之作。兹选六首如下，略志秋浦景物及作者情怀。

其 一

秋浦长似秋，萧条使人愁。客愁不可度，行上东大楼。正西望长安，下见江水流。寄言向江水，汝意忆侬不？遥传一掬泪，为我达扬州。

秋浦，宣城郡县名，又水名，县即因水而得名，在宣城郡西部，滨长江。"东大楼"，即大楼山，在县东南，故云。诗言"望长安"而结句云"达扬州"者，犹《横江词》所谓"汉水东连扬子津"也，愿己之泪与天汉之水相接也。

其 二

秋浦猿夜愁，黄山堪白头。清溪非陇水，翻作断肠流。欲去不得去，薄游成久游。何年是归日，雨泪下孤舟。

陇水，陇山之水。《乐府歌辞·陇头歌》云："陇头流水，鸣声呜咽。遥望秦川，心肝断绝。"二句意谓：清溪虽非陇水，亦成断肠之流也。

其 六

愁作秋浦客，强看秋浦花。山川如剡县，风日似长沙。

王琦注："《一统志》：秋浦……四时景物，宛如潇湘、洞庭。"此二句不仅写景，亦兼言情，意谓秋浦山川有如东晋名士避世之剡县，风日有如汉臣贾谊谪居之长沙。唐汝询云："不言怀抱而

言风日，正见诗人托兴深微处。"(《唐诗解》)

其　十

千千石楠树，万万女贞林。山山白鹭满，涧涧白猿吟。君莫向秋浦，猿声碎客心。

其十四

炉火照天地，红星乱紫烟。赧郎明月夜，歌曲动寒川。

王琦注云："炉火，杨注以为炼丹之火，萧注以为渔人之火，二火俱不能照及天地，其说固非。胡注谓山川藏丹处，每夜必发火光，所在有之。……此解亦未是。琦考《唐书·地理志》，秋浦固产银、产铜之区，所谓'炉火照天地，红星乱紫烟'者，正是开矿处冶铸之火，乃足当之。"说是。又云："郎，亦即指冶夫而言，于用力作劳之时，歌声远播，响动寒川，令我闻之，不觉愧赧。"窃按：王注赧字未当。郭沫若谓是冶铸工人因炉火烘烤而面发赤，故称之为"赧郎"。可从。

其十五

白发三千丈，缘愁似个长。不知明镜里，何处得秋霜。

个，唐时俗语，犹今所谓"这样"。萧云："此诗滞形泥迹之人多致疑三千丈之语，盖诗人遣兴之辞，极其形容耳。"黄叔粲云："因照镜而见白发，忽然生感，倒装说入，便如此突兀，所谓逆则成丹也。"（《唐诗笺注》）此诗不仅在技法高妙，盖非此不足以写其无限愁肠也。

在宣城期间，尚有《古朗月行》《古风》其二（蟾蜍薄太清）等诗，皆忧时伤事之作。

《古朗月行》全诗如下：

> 小时不识月，呼作白玉盘。又疑瑶台镜，飞在青云端。仙人垂两足，桂树何团团。白兔捣药成，问言与谁餐？蟾蜍蚀圆影，大明夜已残。羿昔落九乌，天人清且安。阴精此沦惑，去去不足观。忧来其如何？凄怆摧心肝！

此诗通篇以月之明暗圆缺喻朝政之变化，寄托对天宝季叶时局之殷忧。前人虽皆知此为比兴之诗，然囿于"日君象，月后象"或"日君象，月臣象"之观念，终于未得其解。通观李集，明月用作比兴，皆为太白心之所系，情之所钟者。"君象""臣象"之说不适用于李诗。此诗前八句喻开元前期，太白少时开元之治方兴未艾，如朗月之在儿童心目中然。后八句，比喻天宝后期，朝政日非，君王日惑，犹如月之被蚀。蟾蜍，指李林甫、杨国忠、安禄山、杨玉环等人。"羿昔"二句，缅怀有如后羿之人为国除害，以安社稷（其所缅怀之后羿当非泛言）。阴精，月也，二句自鲍照《代白头吟》"周王日沦惑"化出，言时君已如周幽王，"弱植不足援"，己身唯有高举远引。然终以心系君国，故忧伤欲绝。诚如陈沆《诗比兴笺》所云："危急之际，忧愤之辞。"《古风》其二（蟾蜍薄太清）与此诗之旨略同。

天宝十四载（755）秋，白在秋浦有《秋浦寄内》，中有句云："我自入秋浦，三年北信疏"；又有《自代内赠》，中有句云："游云落何山，一往不见归。估客发大楼，知君在秋浦"；又有《秋浦感归燕寄内》，中有句云："我不及此鸟，远行岁已淹。寄书道中叹，泪下不能缄。"三诗合而观之，当是天宝十二载（753）秋李白离家后便音信杳无，直至十四载（755）有估客北上至梁宋，白始接连作此三诗托交与宗氏。由此亦可见其行踪之隐秘，不欲外人知其去处。

六　犹寄希望于万一

然而可怪者，李白似乎同时又有所期待，而且殷切期待有人来访，试看以下数诗：

其一《独坐敬亭山》：

众鸟高飞尽,孤云独去闲。相看两不厌,只有敬亭山。

此诗若作风景诗观,大聩;亦非前人所说"索知音于无情之物"。此小诗殊未可小视,其中有李白心中此期特有之大孤独。

其二《宣城清溪》:

清溪胜桐庐,水木有佳色。山貌日高古,石容天倾侧。彩鸟昔未名,白猿初相识。不见同怀人,对之空叹息。

其心中之大孤独,是因为"不见同怀人"——"石容天倾侧"之"同怀人"。

其三《古风》其十三(君平既弃世):

君平既弃世,世亦弃君平。观变穷太易,探元化群生。寂寞缀道论,空帘闭幽情。驺虞不虚来,鸑鷟有时鸣。安知天汉上,白日悬高名。海客去已久,谁人测沉冥?

徐祯卿云:"此篇白自托于君平之辞也。"(四部李集)

朱谏云:"言君平能知道而安贫,有如驺虞、鸾鷟为希世之瑞,生不虚生,而言则多中,非特为人间之瑞而已。虽天汉之上亦知其名,诚有若海客之所传闻者。今海客之去已久,无人复见河边之牵牛矣，谁能测其至术之深沉而窈冥者乎？虽有君平，世人莫得而识也。是则非唯君平之弃世，而世实弃乎君平也。要之欲知吉凶者，须致敬以质于君平。欲知理乱者，须尽礼以致乎贤者，斯可也。"（《李诗选注》）

以上，徐说虽得其要而失之过简；朱说虽串讲始终而失于含糊。皆由于未知此诗作于何时，不详此诗缘于何事。试置于此期幽州危机背景之下，系于遁迹宣城之年，或可得其真谛。

此诗全篇皆以君平自喻。严君平，汉代高士，蜀郡人，深于老、庄之学，达乎天人之际，卖卜于成都市，以"湛冥"见称。附见《汉书·王贡两龚鲍传》。相传有人居海滨者，乘槎泛海，至一处，有城郭状，遥望宫中多织妇。见一丈夫牵牛饮于河畔。问是何处？答曰："君还至蜀郡，访严君平则知之。"后至蜀问君平。答曰："某年月日，有客星犯牵牛宿。"计其年月，正是此人到天河时。见《博物志》卷三。白诗以君平自喻者，言己亦如君平之"湛冥"，能预知天下治乱也。然今无如"海客"之人来访，己所知之"天象"无以告之。虽己遁迹弃世，实则世人弃己也。眼见大乱将临，恨也何如！

其四《感兴》其三：

> 裂素持作书，将寄万里怀。眷眷待远信，竟岁无人来。征鸿务随阳，又不为我栖。委之在深箧，蠹鱼坏其题。何如

投水中，流落他人开。不惜他人开，但恐生是非。

此诗不须注，注亦不能解；而须联系上诗以及其他有关诸作反复揣摩之，庶几可窥其秘旨。"古者谓使为信"（《东观余论》），远信，远方之使者。"委之在深箧"者，当系"探虎穴"所得之情报，入龙潭而欲献无门之奏章也。李白念兹在兹，望眼欲穿，而迄无人来，世果弃君平矣。大乱在即，计无所出，不禁异想天开，欲任其箧中物流落人间，公诸于世。但以兹事体大，而不敢造次，不知如何是好。其惶惶不可终日之心情可知也。

李白徜徉于山水之间，遁迹于人世之外，不但未能得到解脱，反而几乎熬煎出神经病来。

在遁迹宣城期间，李白又曾与权昭夷等人从事采药炼丹。最后，数人皆前往潇湘，高举远引。临行前，李白送彼等至金陵赋别。有诗《答高山人兼呈权顾二侯》一首，《金陵与诸贤送权十一序》一篇。詹锳系之于天宝十三四载。以十四载为是。序之末云："吁！舍我而南，若折羽翼。时岁律寒苦，天风枯声。……举目四顾，霜天峥嵘。衔杯叙离，群子赋诗以出饯。酒仙翁李白辞。"由此可知作序之时地。此即安史之乱前夕也，不数日而大乱作矣。

回首宣城三年所作诗中种种奇怪难解之处，皆涣然有若冰之释矣。

　　李白遁迹宣城时期,避之唯恐不及者,乃安禄山之使者何昌浩也;其望眼欲穿以待之者,乃哥舒翰之使者田梁丘也。前者虽已再至而白亦已坚决拒之,但仍恐其三至劫已以去也。后者虽已托其上诗哥舒,毕竟未能面陈其策,更不知哥舒意向何如,故心眷眷而意悬悬,仍寄希望于万一也。《古朗月行》一诗中所缅怀之后羿,非远在西北边陲之哥舒翰而谁何?但近两三年中,西北边陲另有一番"盛况"。天宝十二载(753)五月,哥舒大败吐蕃,拔洪济、大漠门等城,悉收九曲部落之地,因而又以陇右节度使兼河西节度使,并进封西平王。于是以早在其幕中之田梁丘为判官,并委以招贤纳士之任。高适入哥舒幕为掌书记,即在此期。有称贺哥舒之诗多首,如《九曲词三首》之其二:"万骑争歌杨柳春,千场对舞绣骐驎。到处尽逢欢洽事,相看总是太平人。"而最足以显示出高适之得意者,则莫过于其《塞下曲》中最后八句:"万里不惜死,一朝得成功。画图麒麟阁,入朝明光宫。大笑向文士,一经何足穷?古人昧此道,往往成老翁!"似此,则上自西平王,下至田秘书及高书记,何能感知东北边陲之祸已在眉睫?即使有所感知,亦若秦人之视越人之肥瘠。李杜二人付与他们之重托又焉能放在心上?无论呈递到哥舒手中与否,皆同。当时,陇右节度使幕府,河西节度使幕府,皆在西海(即今青海湖)东南岸上,衮衮诸公皆是"海客",但无一人欲知"天意",亦无一人欲访"君平",而且"寂寞缀道论,空帘闭幽情"之严君平,正是他们大肆嘲笑之人。

"众人皆醉我独醒",哀哉李太白!

第十章
黄河西来决昆仑 ①
—— 安史乱作

一 奔亡道中

天宝十四载（755），十一月甲子（初九日），安禄山发所部兵及同落、奚、契丹、室韦凡十五万众，号二十万，反于范阳。引兵而南，烟尘千里。时海内承平日久，吏民累世不识兵革，猝闻范阳兵起，远近震骇。河北皆禄山统内，所过州县，望风瓦解，守令或开门出迎，或弃城窜匿，或为所擒戮。但亦有起兵讨贼者，如常山太守颜杲卿、平原太守颜真卿等人。

朝廷闻变，掉以轻心，以为不日可克。诏以安西节度使封常

---

① 据［日］花房英树《李白歌诗索引》，李集中凡"西来"一语，皆作向西而来解。"黄河西来"，即黄河倒流。

清为平卢、范阳节度使,至东京募兵,旬日得六万人,皆市井子弟。又以荣王琬为元帅,右金吾大将军高仙芝副之,于西京募兵十一万,亦皆市井子弟。此辈后在与敌相接时一触即溃,叛军因而得以长驱直前。

十二月丁亥(初三日),安禄山自灵昌渡河,连陷灵昌、陈留、荥阳等郡。丁酉(十三日),陷东京洛阳。

是时朝廷征兵诸道皆未至,关中恟惧。会禄山方谋称帝,留东京不进,故朝廷得为之备,兵亦稍集。但因玄宗使宦官监军,将帅大感掣肘;又偏信宦官之言,遽杀封、高二人,致使后来者寒心。河西陇右节度使哥舒翰病废在家,玄宗强使之任兵马副元帅,将兵十余万镇守潼关①。翰风疾颇甚,军中之事不能躬亲,多委之下属。潼关险固,据而守之,亦可保西京无虞,然玄宗又不纳忠言,偏信国忠,竟至自毁金汤。

天宝十五载(756),正月,乙卯朔,禄山自称大燕皇帝于洛阳。

上年十一月,玄宗以朔方兵马使兼九原太守郭子仪为朔方节度使,子仪又荐李光弼为河东节度使。二人捐弃前嫌,协力东讨。

◆◆◆◆◆◆◆◆◆◆◆

① 潼关,在关内道华州华阴县东北三十余里。上跻高隅(崤山之西端),俯视洪流(黄河南下东转处)。河山之险,迤逦相接。盖神明之奥区,帝宅之门户,兵家必争之地也。见《元和郡县志》。

本年五月，郭李二将与史思明战于嘉山（在常山郡东），大破之，军声大振，于是河北十余郡皆杀贼守而归朝廷。禄山大惧，议弃洛阳，走归范阳，计未决。其"平西大使"崔乾祐以羸卒诱使哥舒翰出战，以破潼关而取西京。玄宗又听信杨国忠之言，促翰进兵收复洛阳。翰恳切陈辞，以为不可。郭子仪、李光弼亦上言：请乘胜引兵北取范阳，覆其巢穴，质贼党妻子以招之，贼必内溃。潼关大军唯应固守，不可轻出。玄宗为国忠所惑，皆不听。续遣中使促之，项背相望。翰不得已拊膺恸哭，引兵出关。遇贼于灵宝西原，中其伏兵，大败。本欲复守，其部将百余骑围之曰："公以二十万众一战弃之，有何面目见天子？且公不见高仙芝、封常清乎？"执之以降（后终为禄山所杀），潼关遂破。此六月辛卯（初九日）事也。

潼关既破，玄宗从国忠幸蜀之策。六月甲午（十二日）既夕，命龙武大将军陈玄礼整比六军，次日黎明，独与贵妃姊妹、皇子、皇孙及高力士、杨国忠等出禁苑西门（延秋门），经咸阳一线而去。丙申（十四日）行至京兆府兴平县马嵬驿，兵变，杀国忠，杨妃亦被迫"赐死"。及行，父老数千人遮道请留，玄宗按辔久之，令太子干后宣慰父老。父老共拥太子马，不得行。玄宗待太子久不至，乃分兵二千人从之。六月辛丑（十九日），玄宗发扶风，宿陈仓（即今宝鸡），遂南下入蜀。太子北上朔方赴灵武，因曾遥领朔方节度使，灵武为其治所（在今银川市南）。

安禄山不意上遽西幸，凡十日，乃遣其将孙孝哲入长安，孙贼果于杀戮，诛及婴幼，长安自然陷于浩劫中。张垍等人降贼，禄山以垍为相。

以上为安史之乱初起时大局志要①。

乱起之前，李白适在金陵送别友人权昭夷（即权十一）等西去潇湘。有文《金陵与诸贤送权十一序》及诗《答高山人兼呈权顾二侯》。诗中有句云："顾侯达语默，权子识通蔽。"上句用《中庸》："国有道，其言足以兴；国无道，其默足以容"；下句用《论语》："邦有道则仕，邦无道则可卷而怀之。"由此可以窥知诗之作时。权昭夷为李白来宣城后结识之友人，近年同在秋浦炼丹，故系此诗于本年。序中有句云："时岁律寒苦，天风枯声。……举目四顾，霜天峥嵘。"可知已届冬令。范阳兵起在本年十一月初九日，消息传至江南，当在月之中旬，此一诗一文或即作于乱起之前夕。

李白在金陵闻乱后，随即北上梁园，携宗氏南奔。见《北上行》一诗。胡震亨云："魏武《苦寒行》……备言从军北上所历之苦，白拟之，改为《北上行》，而其辞有屯洛等语，似借咏禄山、思明之乱。"说是。太白惯于拟古以写今，不仅写时局之艰，亦

◆◆◆◆◆◆◆◆◆◆◆

① 据两《唐书》、《通鉴·唐纪》及《安禄山事迹》等史籍，择善而从。其月日干支互有出入者，参照上海古籍出版社点校本《安禄山事迹》，曾贻芬先生校勘记酌定之。

写己身行路之难。首二句"北上何所苦？北上缘太行"者，并非实指太行，盖言此行之苦，有若攀越太行。昔日之通途今成峻坂巉岩者，缘于"奔鲸夹黄河，凿齿屯洛阳"也。

叛军渡河后，睢阳曾一度陷敌手。因东平太守吴王祗、济南太守李随等皆起兵讨贼，伪睢阳太守被杀，使贼不敢东略地，睢阳因得以暂时保全。故李白得以至睢阳城郊之梁园携宗氏南奔，但不及往东鲁携子女同行，后乃托其门人武谔往救其子女。见《赠武十七谔》一诗。

又有《奔亡道中五首》写沦陷区见闻及己之感慨，兹录如下：

其 一

苏武天山上，田横海岛边。万重关塞断，何日是归年？

唐汝询《唐诗解》云："奔亡之余，难以返国，故以苏武、田横自比。"

其 二

亭伯去安在？李陵降未归。愁容变海色，短服改胡衣。

后汉崔骃，字亭伯，弃官而去。此以喻指当时守吏遁逃者。李陵，汉将，败降匈奴。此以喻指当时官军败降者。其所以用崔、李喻之者，念其不得已也。海色，晦色也①。后二句喻指中原士庶，晦其容而短其服，苟全性命于乱世也。

其 三

谈笑三军却，交游七贵疏。仍留一支箭，未射鲁连书。

前二句谓己欲效鲁仲连谈笑却秦军，只惜旧日交游之"七贵"（喻有权力地位者），今已久无往来。后二句谓己有鲁连却敌解围之策，尚未得施展，意欲寻觅适当之人以为凭借。

其 四

函谷如玉关，几时可生还？洛川为易水，嵩岳是燕山。俗变羌胡语，人多沙塞颜。申包惟恸哭，七日鬓毛斑。

前四句皆言内地已同边塞。耳闻羌胡之语，眼见沙塞之颜，犹言中原已陷敌手。末二句，自喻，欲效春秋时楚大夫申包胥入秦乞师而不可得，唯有恸哭而已。

◆◆◆◆◆◆◆◆◆◆◆◆

① 海，通晦。《博物志》引《尚书·考灵曜》云："海之言昏晦无所睹也。"又《释名·释水》云："海，晦也。主承晦浊，其色黑而晦也。"故可假借海色为晦色。

其 五

淼淼望湖水，青青芦叶齐。归心落何处？日没大江西。歇马傍春草，欲行远道迷。谁忍子规鸟，连声向我啼？

此首末句，分明已是江南暮春之景，所见淼淼之水，其唯丹阳湖乎？则其时已入天宝十五载（756）矣。

又有《古风》其十九（西上莲花山），当亦作于奔亡之余，南来之后。诗曰：

西上莲花山，迢迢见明星。素手把芙蓉，虚步蹑太清。霓裳曳广带，飘拂升天行。邀我登云台，高揖卫叔卿。恍恍与之去，驾鸿凌紫冥。俯视洛阳川，茫茫走胡兵。流血涂野草，豺狼尽冠缨。

萧士赟云："安史乱离之际，朝廷借回纥兵收复两京，故曰'茫茫走胡兵'。复用官爵赏功，不分流品，故曰'豺狼尽冠缨'也。太白此诗，似乎纪实之作，岂禄山入洛阳之时，太白适在云台观乎？"王琦云："此诗大抵是洛阳破没之后所作。胡兵，谓禄山之兵；豺狼，谓禄山所用之逆臣。"窃按：萧说非，王说是。是时，中原横溃，李白不得已避乱东南，而魂系中原，故托游仙之词以寄东京沦陷之痛。其所以托为游仙者，正以其驰骋幻想则无远弗届也。否则即使"适"在华山之巅，常人之目力又焉能"俯视洛阳川，茫茫走胡兵"？况此时之潼关，外有强敌，内有重兵，双方对峙，插翅难越。李白何由入关而又"适"在华山云台观乎？况有宗氏同行！

此时，李白若非在当涂，即在金陵，旋即携宗氏避地宣城。

二 "避地剡中"真相

未几，忽有"避地剡中"之行。行前有《经乱后将避地剡中留赠崔宣城》一诗。诗之前半部分感慨战争，痛心疾首："中原走豺虎，烈火焚宗庙。太白昼经天，颓阳掩余照。王城皆荡覆，世路成奔峭。四海望长安，飐眉寡西笑。苍生疑落叶，白骨空相吊。……"后半部分却作出世语云："我垂北溟翼，且学南山豹。……忽思剡溪去，水石远清妙。……闷为洛生咏，醉发吴越调。……独散万古意，闲垂一溪钓。"此诗乍看，殊不可解。

东北行至溧阳，在一"扶风豪士"家作客，有《扶风豪士歌》一诗。开头部分也是对中原战事痛心疾首："洛阳三月飞胡沙，洛阳城中人怨嗟。天津流水波赤血，白骨相撑如乱麻。"接写自己："我亦东奔向吴国"，"来醉扶风豪士家"。然后又写"扶风豪士"如何倜傥不凡，热情好客，大摆筵席，而且"吴歌赵舞香风吹"。于是开怀畅饮，兴高采烈。最后写道："抚长剑，一扬眉，清水白石何离离！脱吾帽，向君笑。饮君酒，为君吟。张良未逐赤松去，桥边黄石知我心。"此诗乍看，亦令人惑。

与故人张旭相遇，在溧阳酒楼痛饮一番，又有《猛虎行》一诗。开头也是对战事十分关切，甚至于"肠断"、"泪下"："朝作《猛虎行》，暮作《猛虎吟》。肠断非关陇头水，泪下不为雍门琴。旌旗缤纷两河道，战鼓惊山欲倾倒。秦人半作燕地囚，胡马翻衔洛阳草。一输一失关下兵，朝降夕叛幽蓟城。巨鳌未斩海水动，鱼龙奔走安得宁？"然后以张良、韩信自喻，并以萧何、曹参许张旭。最后写道："溧阳酒楼三月春，杨花茫茫愁杀人。胡雏绿眼吹玉笛，吴歌《白纻》飞梁尘。丈夫相见且为乐，槌牛挝鼓会众宾。我从此去钓东海，得鱼笑寄情相亲。"仍然以忧国忧民始，以痛饮狂欢终，连续三诗皆是如此。

此三诗颇为后世诟病：

罗大经云："当王室多难，海宇横溃之日，作为歌诗，不过豪侠使气，狂醉于花月之间耳。社稷苍生曾不系其心膂。"（《鹤林玉露》）显系因《扶风豪士歌》《猛虎行》而发。

胡震亨云："洛阳光景作快活语，在杜甫不会，在李白不可。"（《李诗通》）

郭沫若云："在国难临头的时候，求仙固然不应该，'奔亡'也同样不应该。这种退撄逃跑思想一直纠缠着他。……应该说是

李白一生中所犯的最大错误。"甚至称他是"逃亡分子",骂他是"胡涂透顶"。(《李白与杜甫》)

余人则多以为伪作,如萧士赟云:"此诗似非太白之作。……首尾不相照,脉络不相贯,语意斐率,悲欢失据,必是他人诗窜入集中者,岁久难别。"

王琦虽力辩其非伪,然于其首尾不照,悲欢失据,亦仅以"其悲也以时遇之艰,其欢也以得朋之庆"二语解之,终究难以使人释然。

窃以为,李白果真如前人诟病者,则毋庸为之讳,强为之讳亦属徒劳。然细按其来龙去脉,李白实属冤枉。且随之前去,探其所谓"避地剡中"究系何事。

李白继续折向东南行,夏初至余杭郡(即今杭州)。秋初离杭西返,在杭居留两月有余。除访徐王延年、延陵兄弟外,曾卧病宾馆若干日,其间并未前赴剡中。遍检李集剡中之作,皆属开元初期及天宝中期,未有只字片语属于乱后者。可见其所谓"避地剡中"之行,仅至杭州而止,余杭即其最后目的地。临去时有《感时留别从兄徐王延年从弟延陵》诗一首。

此诗是太白处心积虑之力作。中有改朝换代之巨变,内藏皇室内争之秘密,甚至祸起萧墙之危机。作者以事干大忌,不敢明言,遂闪烁其辞,以致难解。故吾人必须反复沉潜,竭泽而渔,方能得其苦心孤诣。其覆既发,"避地剡中"之真相自现。

《感时留别从兄徐王延年从弟延陵》全诗如下：

天籁何参差，噫然大块吹。玄元包橐籥，紫气何逶迤。七叶运皇化，千龄光本支。仙风生指树，大雅歌螽斯。诸王若鸾虬，肃穆列藩维。哲兄锡茅土，圣代罗荣滋。九卿领徐方，七步继陈思。伊昔全盛日，雄豪动京师。冠剑朝凤阙，楼船侍龙池。鼓钟出朱邸，金翠照丹墀。君王一顾盼，选色献蛾眉。列戟十八年，未曾辄迁移。大臣小喑呜，谪窜天南垂。长沙不足舞，贝锦且成诗。佐郡浙江西，病闲绝趋驰。阶轩日苔藓，鸟雀噪檐帷。时乘平肩舆，出入畏人知。北宅聊偃憩，欢愉恤惸嫠。羞言梁苑地，烜赫耀旌旗。兄弟八九人，吴秦各分离。大贤达机兆，岂独虑安危？小子谢麟阁，雁行忝肩随。令弟字延陵，凤毛出天姿。清英神仙骨，芬馥苣兰蕤。梦得春草句，将非惠连谁？深心紫河车，与我特相宜。金膏犹罔象，玉液尚磷缁。欹枕寄宾馆，宛同清漳湄。药物多见馈，珍羞亦兼之。谁道溟渤深？犹言浅恩慈。鸣蝉游子意，促织念归期。骄阳何火赫，海水烁龙龟。百川尽凋枯，舟楫阁中逵。策马摇凉月，通宵出郊圻。泣别目眷眷，伤心步迟迟。愿言保明德，王室伫清夷。掺袂何所道，援毫投此辞。

此诗确如朱谏《李诗选注》所云："一韵七十二句，叙事详赡，次第分明，辞气典雅而切实，与《赠韦江夏》诗略似。盛唐大方家之作无出其右者。惟杜子似之。"可见此诗从表面亦可感知非同寻常，惜朱氏仅知其然而不知其所以然。窃观此诗气象之肃穆，措辞之审慎，较之《赠江夏韦太守良宰》有过无不及。赠韦之作乃是长流赦还后，意欲借其鼎助以图东山再起，事关重大，故尽其才力以为之。此篇既是有过无不及，必是其内容之重大更有甚于赠韦诗者。

太白报国之心亦已久矣，乱起之后此念尤为迫切，或欲效申包胥作秦庭之哭，或欲效鲁仲连收一箭之功，但以一介布衣，赤手空拳，无可凭借，难以实行。此种心情前已见于《奔亡道中五首》。南来宣城后，一旦忆及（或得知）昔日交游之"七贵"中有嗣徐王延年者，才兼文武，当年雄豪。今佐郡浙西，此去非远，便以为长剑堪托。托言"避地剡中"，实则专为徐王延年而来。

李白既然专程来杭，而又托言"避地剡中"，究竟意在何许？试就此诗逐段观之：首言唐运之始兴，次言国祚之绵延，再次言延年当年所受恩眷之隆，再次言延年迭遭贬谪之冤，以及此次来杭期间对己款待之诚等节，皆属易解。唯独中间"佐郡浙江西，病闲绝趋驰"以下，极写延年深自韬晦，至于"出入畏人知"，已令人奇怪所惧何事；继而又出现"羞言梁苑地，烜赫耀旌旗"，"大贤达机兆，岂独虑安危"等句，则更令人不知所云矣。朱谏之所以能感知此诗非同寻常,而终究不明其故者,盖仅就此诗点而评之也。前人点评往往若此,孤立而观,不究其余。以致买椟还珠,甚至郢书燕说者,比比皆是。若太白此等大诗,尤须遵循知人论世之法,置于当时背景之下,与其前后左右之诗联系而观,方能得其真谛。通观李集,凡辞意闪烁之处,惝恍难明之处,多有深意。正如陈沆所云:"洄洑之下,必有渊潭。"此诗中之"渊潭",即本年之皇室危机也。

据两《唐书·玄宗纪》及《通鉴·唐纪》记载:天宝十五载(亦即肃宗至德元载,756),七月甲子(十二日),玄宗于奔蜀途中,次剑州(普安郡)。丁卯(十五日)下诏,以太子亨为天下兵马元帅,都统朔方、河东、河北等诸道路节度使,收复两京;以永王璘为山南东道、江南西道等路节度使,出镇江陵。史称"制置"。而同时,七月甲子,肃宗已自行即位于灵武,改元至德,以玄宗为太上皇。此事固因道里遥远,消息隔绝所致,但其父子之间相猜已久,政出两歧亦非偶然。此乃本年首要事件,且有祸起萧墙之虞。此时此际延年所"达"之"机兆"非此而何?消息传至江东固须时日,然延年自有"兄弟"在朝中。所谓"兄弟八九人"当指从祖兄弟而言,延年女婿赵国珍此时亦自黔中幕府北上勤王,屯兵南阳。见《旧唐书·赵国珍传》《旧唐书·高适传》。以上诸人中与延年当有信使往还,故延年可得早"达机兆"。当其与李白晤谈之际,遂以汉梁孝王事为戒,以顾全大局为辞,表示不敢轻举妄动。似此，则李白之来杭，如非游说徐王延年起兵勤王，别无可解。中间辞意闪烁，惝恍难明一段，即二人推心置腹之密谈也。因事干大忌，故以隐晦之笔墨出之。

安史乱起之后，地方官吏及民间忠义之士，起兵勤王者，大有人在。朝廷多予以认可，或予以鼓励。但宗室起兵则当别论。因宗室权位之争不绝于史，尤以父子、兄弟、叔侄之间为然。故宗室起兵，虽称勤王，不能免于嫌疑。至德之初，易代之际，徐王延年又适为当年受玄宗恩眷甚隆者，一旦起兵，其必受肃宗猜忌。故延年与白知难而退，讳莫如深。

李白报国之策，顿成泡影，其情之沮丧，可以想见。其卧病宾馆，或即因此故。及至离杭时，其别情何以凄楚异常，亦可不言而喻。诗末"愿言保明德，王室仒清夷"二句，并非祝愿太平之套语。不言社稷苍生，而言"王室"者，盖此时唯有伫望王室太平，国事始可为也。正如杨万里诗云："好山万皴无人识，都被斜阳拈出来。"然不得全诗之真谛，亦难以领会此二句有似斜阳一抹之妙。

题言"感时留别"，而诗中并无一语涉及安史之乱，则其所"感"之"时"即指本年皇室危机，更有何疑？作者固已著其幽旨于题端，寓其密意于篇内，亦可谓隐而显，曲而达矣。

至此，返观昔人视为"首尾不照""悲欢失据"之三诗（《经乱后将避地剡中留赠崔宣城》《扶风豪士歌》《猛虎行》），实则忠贞之情一以贯之。其悲也以时局之艰，其欢也以报国有路。其奔亡道中念兹在兹之"一枝箭""鲁连书"，此时太白心中已是书在箭上，箭在弦上，即将发而射之，以救中原横溃之局矣。其枉道溧水访扶风豪士，及偶遇张旭于溧阳酒楼，所作歌诗皆有邀彼等共襄盛举之意。二诗之末，一则曰："张良未逐赤松去，桥边黄石知我心。"意谓己之所以不甘于避地隐居者，盖有壮志待酬也。二则曰："我从此去钓东海，得鱼笑寄情相亲。"意谓己志得展，决不相忘也。以"猎""钓"喻取功名，亦是李诗常调。

虽然，李白游说徐王延年事终成泡影，今日视之，未免可笑，然其救国之志不可诬也。

三　盛唐挽歌"词二首"

肃宗至德元载（756）秋，李白自金陵或当涂携妻宗氏溯江西上，同入庐山避乱。有诗《赠王判官时余隐居庐山屏风叠》。诗中有句云："大盗割鸿沟，如风扫秋叶。吾非济代人，且隐屏风叠。中夜天中望，忆君思见君。明朝拂衣去，永与海鸥群。"其所以忽作此等消极出世语者，即因卦枕受挫，故大感泪丧如此也。

其"词二首"，《菩萨蛮》与《忆秦娥》，当即作于此期庐山中。兹录其全文如下：

菩萨蛮

平林漠漠烟如织，寒山一带伤心碧。暝色入高楼，有人楼上愁。玉阶空伫立，宿鸟归飞急。何处是归程？长亭更短亭。

忆秦娥

箫声咽，秦娥梦断秦楼月。秦楼月，年年柳色，灞陵伤别。乐游原上清秋节，咸阳古道音尘绝。音尘绝，西风残照，汉家陵阙。

《菩萨蛮》《忆秦娥》二词，黄昇《绝妙词选》推为"百代词曲之祖"。刘熙载《艺概》谓此"两阕"，"足抵少陵《秋兴八首》。想其情境，殆作于明皇西幸后乎？"王国维《人间词话》云："太白纯以气象胜。'西风残照，汉家陵阙'，寥寥八字，遂关千古登临之口。"以上诸家皆以二词属李白，且评价极高。但亦有人对此二词持怀疑态度，其说始于明胡应麟《少室山房笔丛》。王琦《李太白全集》亦谓"其真赝诚未易定决"。今人亦颇有疑之者，某些诗词选集竟摒弃不收，某些文学史亦避而不提。李白千古名篇沦为伪作，实为一大憾事！

诸家评论中，刘熙载《艺概》所云："想其情境，殆作于明皇西幸后乎?"可谓"天才的猜测"(马恩经典著作中常用此语)。然若非深悉李白其为人之品格与其艺术之特点,亦难作出此天才猜测。兹试置此二词于其固有之背景下,即安史乱中,两京沦陷后,避地庐山时,逐句解说如次:

先说《忆秦娥》。

唐时曲调有《忆汉月》、《忆先皇》、《忆江南》。此调若非本有而失传,即是李白拟其例而自创。题目虽是《忆秦娥》,而内容实为秦娥忆。内容实写"秦娥"之"忆",而题作《忆秦娥》者,盖遵诸调之例。

"箫声咽":

词以箫声起兴。想其情景,当是李白闻箫声呜咽而兴远慕之情。集中有《秋浦清溪雪夜对酒客有唱鹧鸪者》诗一首,诗云:"客有桂阳至,能唱山鹧鸪。"集中又有《山鹧鸪词》一首。詹锳谓此词"或为唱山鹧鸪者所作新词",可信。似此,则《忆秦娥》一词也可能是:客有以洞箫吹奏《忆秦娥》曲子者,李白倚其声而填此词。它可能是此曲之新词,也可能就是此曲之始词。

"秦娥梦断秦楼月":

"秦娥",秦地美女,李白自喻。通观李集可以发现,他多次以男女之情托喻君国之思。李白早在开元十八年(730)初入长安时,就写过一首《秦女卷衣》:"天子居未央,妾来卷衣裳。顾无紫宫宠,敢拂黄金床。水至亦不去,熊来尚可当。微身奉日月,飘若萤之光。愿君采葑菲，无以下体妨。"大意是秦地宫女尽心侍奉皇帝，希望得到宠幸；实际上是李白借此表达自己意欲效忠君国之情。诗中之"秦女"就是李白自己。天宝三载（744）去朝以后又写过一首《邯郸才人嫁为厮养卒妇》："妾本丛台女，扬蛾入丹阙。自倚颜如花，宁知有凋歇。一辞玉阶下，去若朝云没。每忆邯郸城，深宫梦秋月。君王不可见，惆怅至明发。"胡震亨云："胱盖设言其事，寓臣妾沦掷之感。"李白此诗亦然。"每忆邯郸城，深宫梦秋月"，似是"邯郸才人"想念赵都，实是自己去朝以后思念长安。

李集中以美女、宫女自喻者，指不胜屈，堪称常调。既然如此，则词中以"秦娥"自喻，并非偶然。

"梦断"，有人释作"梦醒"，误。"断"，此处当作隔绝解。庾信《拟咏怀二十七首》之七："榆关断音信，汉使绝经过。"李白《寄远十二首》之五："春风复无情，吹我梦魂断。"《奔亡道中五首》之一："万重关塞断，何日是归年。"句中之"断"，皆是隔绝之意。曾季狸《艇斋诗话》云："少游词'高城望断，灯火已黄昏'，用欧阳詹诗，云：'高城已不见，况复城中人。'"由此可见"望断"即望不见。同样，"梦断"即梦不见。宋词："梦魂纵有也成虚，那堪和梦无"；"故倚单枕梦中寻，梦又不成灯又烬"；"最苦梦魂，今宵不到伊行"，皆写思念之极，欲梦亦不可得。"秦娥梦断秦楼月"句意类此。

李白诗中多次写月，多次用月亮象征他心之所系，情之所钟。在《峨眉山月歌》等诗中，月亮象征故乡；在《王昭君二首》等诗中，月亮象征故国；在《闻王昌龄左迁龙标遥有此寄》等诗中，月亮象征友谊。从待诏翰林后期所作之《月下独酌四首》、《子夜吴歌四首》、《把酒问月》以及借宫怨以抒怀之《玉阶怨》、《长门怨二首》等诗中，皆可看出，长安明月更给他留下深刻印象，对他有特殊意义。天宝十二载（753）所作《古朗月行》尤堪注意。在此诗中，李白以"朗月"比喻开元前期朝政，以蟾蜍所蚀之缺月比喻天宝后期朝政，并为国运之盛衰感慨不已，忧心忡忡。李诗中既有此规律可循，则此词中之"秦楼月"也是一种象征。象征他曾经三入三出之帝京长安。

自此以下，皆是"秦娥"所"忆"。

"秦楼月，年年柳色，灞陵伤别"：

此处叠一句。据任半塘《唐声诗》云，叠句之出现，一是形式需要——"适应歌谱"；一是内容需要——"必叠一句，其意方显"。由此亦可窥见，当时很可能已经有此种曲调，李白是倚声填词。由此亦可窥见，"秦楼月"为作者"意"之所在。正是由于此句寓意深远，故作者言之不足而又重言之，以罄其"意"。

"年年柳色"，概括帝京风貌。韩愈咏长安诗云："最是一年春好处，绝胜烟柳满皇都。"可作此句注脚。

"灞陵伤别"，长安东灞陵有桥，来迎去送，皆至此为离别之地。但此句非泛指一般离别，而是特指天宝三载（744）去朝。临行，有《灞陵行》等诗，皆"骊歌断肠"之作，可作此句注脚。

"乐游原上清秋节，咸阳古道音尘绝"：

"乐游原"，在长安城东南隅。原是汉宣帝乐游苑故址，故又称"南苑"。隋时凿为池，引终南山渠水入，号"芙蓉池"。唐开元中大加扩修，改名"曲江池"。两岸宫殿连绵，楼阁起伏，花树环绕，烟水明媚。每年三月三日、九月九日，京城士女皆来此游乐。刘禹锡《曲江春望》云："三春车马客，一代繁华地。"钱起《乐游原晴望上中书李侍郎》云："爽气朝来万里清，凭高一望九秋轻。"杜甫《哀江头》云："忆昔霓旌下南苑，苑中万物生颜色。……清渭东流剑阁深，去住彼此无消息。"以上诸诗可为此二句注脚。

"咸阳古道"，秦汉以来，西去西域，南下蜀中，皆由此路。安史乱中，长安沦陷，玄宗奔蜀，亦由此路。据《通鉴·唐纪》载：天宝十五载（756）六月辛卯，潼关破。消息传至京师，玄宗从杨国忠幸蜀之计。乙未，黎明，出禁苑西门（延秋门），食时，至咸阳。丙申，至马嵬驿，兵变，国忠被杀，贵妃赐死。丁酉，发马嵬，继续西行。己亥，至扶风郡。辛丑，至陈仓（即今宝鸡）。然后转向西南，经散关入蜀。"音尘绝"，指玄宗出奔后，音信杳无，既不知君王行在，又不知朝廷庙略。国命如丝之感，忧心如焚之情，自在言外。

"音尘绝,西风残照,汉家陵阙":

此处又叠一句,其作用与"秦楼月"叠句同。正因为"音尘绝"包含上述重大内容,故有"西风残照,汉家陵阙"此一结语。

唐诗中常以汉指唐。白居易"汉皇重色思倾国",其实是"唐皇重色思倾国";杜甫"汉家山东二百州",其实是"唐家山东二百州";李白亦然。其《寄王屋山人孟大融》诗中自叙云:"中年谒汉主,不惬还归家。"其《别韦少府》诗中自叙云:"欲寻商山皓,犹恋汉皇恩。"诗句中"汉主""汉皇"皆指玄宗。故知"汉家陵阙"实指"唐家陵阙"。由此可知,"西风"二句,不是写景,而是感时;不是怀古,而是伤今,是对唐帝国濒临灭亡之写照,也是李白无限忧伤心情之写照。

再说《菩萨蛮》。

《忆秦娥》既与李白生活经历、思想感情以及创作中某些规律若合符契,《菩萨蛮》之探索亦当从李白生活经历、思想感情以及创作中某些规律去取得印证,从而得出合理解释。

李白在安史乱起后行踪大致如下:

天宝十五载(756)春,洛阳沦陷,中原横溃。李白时在东南一带。从《经乱后将避地剡中留赠崔宣城》、《猛虎行》、《扶风豪士歌》、《感时留别从兄徐王延年从弟延陵》等诗看来,李白对战局非常关心,并想有所作为。他之"避地剡中",是游说徐王兄弟起兵勤王，未果。李白奔走数月，终归徒劳。闻知长安沦陷，玄宗弃国出奔后，遂携宗氏入庐山。

李白虽然避乱庐山，而忧时报国之心无时或已。所以是年岁杪，永王璘派谋士韦子春上庐山征召李白入幕，李白欣然应召。他在《赠韦秘书子春》中写道："苟无济代心，独善亦何益"；又写道："披云睹青天，扪虱话良图"；又写道："终与安社稷，功成去五湖。"从这些诗句可以看出，他见到永王使者时，竟感到拨云见天一样，竟感到自己像晋时即将起而为相的王猛一样，因此大谈起济苍生安社稷之"良图"。可见他"隐居"庐山屏风叠时，报国之心是何等迫切焦急；韦子春上山以前，心中又是何等寂寞无奈。

显然就在这年秋天避地庐山之时，就在这种忧国不已与报国无路的情况下，有此"词二首"。《忆秦娥》是闻箫起兴，心悲故国。《菩萨蛮》是登高望远，怀念长安。

"平林漠漠烟如织，寒山一带伤心碧"：

"平林"，平原上之树林；"漠漠"，广布貌；"烟如织"，烟雾弥漫。此"烟"当是暮霭，其下"暝色"句可证。此虽写景而不只是写景，也是主人公迷茫而哀伤的心情之写照，这种心情又是当时时局之反映。再看次句就更为明显。山虽寒而犹碧，本是可悦之景，反成伤心之色，自是心情使然。此与杜甫"感时花溅泪，恨别鸟惊心"同是一理。首二句已露出危亡之秋，感时伤事消息。

"暝色入高楼，有人楼上愁"：

此"人"是诗中主人公，亦是李白自己，是李白在庐山屏风叠登楼远望。"平林"句为望中远景，也只有自山上远望山下始能见"平林漠漠"之景。"寒山"句为望中近景。山而能感其寒意，辨其碧色，当在近处；山虽寒而犹碧，亦符合庐山秋日景色。

"玉阶空伫立，宿鸟归飞急"：

"玉阶"，石砌之美称，当即上述"楼"下之石砌。"空伫立"之人亦即"楼上愁"之人，都是李白自己。想是他在楼上远望良久，又到阶前伫立多时。楼上远望，唯见暮霭弥漫，虽有寒山一带犹呈碧色，却反而使人伤心；阶前伫立，唯见宿鸟归飞，急于投林，亦使人触景伤情。鸟犹如此，人何以堪之意，自在言外。

"何处是归程？长亭更短亭。"

上句问，下句答。自问自答，自思自忖。唐时，十里一长亭，五里一短亭，供行人休息。"长亭更短亭"，言长亭之外又有短亭，短亭之外还有长亭，形容道路连绵。二句意谓，道路连绵无尽，不知归程究竟在何处，犹言欲归无处。正由于远望多时，伫立良久，终不知归程何处，故曰"空"。"有人楼上愁"，其所愁者即此欲归无处之苦也。

而李白此时之归心又不可等闲视之，当与他一生的思想感情联系而观，更当与其去朝后的思想感情联系而观，尤当与其经乱后之思想感情联系而观。虽然李白老家在西蜀，后婚于许氏遂家安陆，再后又移家东鲁，最后婚于宗氏又家梁园，但其归心却常系长安。他一生思念长安之感情远远超过思念家乡之感情。"长相思，在长安。""狂风吹我心，西挂咸阳树。""总为浮云能蔽日，长安不见使人愁。"或竟以长安为家："一为迁客去长沙，西望长安不见家。"同样，《菩萨蛮》中远望思归之情也是如此。"何处是归程？长亭更短亭"，亦是"西望长安不见家"之意，亦是"秦娥梦断秦楼月"之意。皆是李白当唐帝国危亡之秋，怀念长安，心系故国，感到有"家"难归，有国难投之忧伤心情。

总而言之，此二词显示出两京沦陷后之人事、时地、思想、感情等种种特点，似此，舍安史乱中之李白，其谁能作？

第十一章
鱼龙陷人，成此祸胎
——"从璘"冤案

一 天有二日，政出两歧

先是天宝十四载（755）十一月，安史乱作。次年（756）正月初一，安禄山即在洛阳僭号称帝。六月，叛军破潼关，玄宗携杨妃并率太子亨等仓皇出奔。马嵬兵变后，父子分道扬镳：玄宗南下入蜀，太子北上朔方。玄宗在入蜀途中，七月甲子（十二日）行次剑州（普安郡），丁卯（十五日）有《命三王诏》①。诏以太子亨充天下兵马元帅，领朔方、河东、河北、平卢节度都使，收复长安、洛阳；以永王璘充山南东道、江南西道、岭南、黔中节度

---

① 《命三王诏》题名为后人所加，未能概括全部内容。当时唯称"制置"，见《旧唐书·房琯传》。

都使，江陵大都督如故；盛王琦充广陵大都督，领江南东路及淮南、河南等路节度都使；丰王珙充武威都督，仍领河西、陇右、安西、北庭等路节度都使。应需士马、甲仗、粮赐等，并于当路自供，其署置官属及本路郡县官，并任自简择，署讫闻奏。详见《唐大诏令集》卷三十六。

当玄宗七月丁卯（十五日）下诏命诸子分总天下节制时，太子亨已于七月甲子（十二日）在灵武（今宁夏银川市）自行即皇帝位，改元至德，是为肃宗，而以玄宗为太上皇。因道路遥远，三十日后肃宗使者方奉表至蜀，玄宗亦方命使者奉玺册赴灵武传位。至德元载（756）八月十六日玄宗《令肃宗即位诏》中，虽追认既成事实："况我元子，其睿哲聪明……付之神器，不日宜然。……宜即皇帝位。"并表示接受太上皇称号，但仍保留干预军国大事之权："其四海军郡，先奏取皇帝进止，仍奏朕知。……其有与此便近，去皇帝路远，奏报难通之处，朕且以诰旨随事处置，仍令所司奏报皇帝。待克复上京以后，朕将凝神静虑，偃息大庭。……"详见《唐大诏令集》卷三十。

由是天有二日，政出两歧。父子成仇，兄弟参商，半年以后，竟至演成一场内战。

玄宗虽命诸子分总天下节制，其中盛王琦、丰王珙皆不出阁，唯永王璘赴镇。至德元载（756）九月，璘至江陵，招募将士数万人，以薛镠、李台卿、韦子春等人为谋主，以季广琛、浑惟明等人为大将。时江淮租赋山积于江陵，两《唐书》本传称其"恣情补署""破用巨亿"，"见富且强，遂有窥江左意"。

肃宗闻璘出镇，敕璘归觐于蜀，璘不从。肃宗召谏议大夫高适与谋，适陈江东利害，且言璘必败之状。十二月，置淮南节度使，领广陵等十二郡，以高适为之；置淮西节度使，领汝南等五郡，以来瑱为之；使与江东节度使韦陟共图璘。见《通鉴·唐纪》肃宗至德元载。

十二月甲辰（二十五日），永王璘擅引兵东巡，沿江而下，军容甚盛，然犹未露割据之谋。会吴郡采访使李希言平牒璘，璘遂被激怒曰："寡人上皇天属，皇帝友于。……简书来往，应有常仪，今乃平牒抗威，落笔署字，汉仪隳紊，一至于斯！"乃使浑惟明取希言，季广琛攻广陵采访使李成式。璘进至当涂，李希言、李成式各遣将吏拒之，璘斩丹阳太守阎敬之以徇，其余则迎降于璘，江淮大震。高适、来瑱、韦陟会于安陆，结盟誓众以讨之。同上书，兼采两《唐书·永王璘传》。

至德二载（757）二月戊戌（二十日）永王璘败死。司马光《通鉴·考异》曰："新旧纪、传、实录、唐历皆不见璘败时在何处。唯云：'璘进至当涂。'若在当涂，不应登城望见瓜步、扬子。……余详考下文，璘所登以望瓜步、扬子者，盖登丹阳郡城也。璘自当涂进兵，击斩丹阳太守阎敬之，遂据丹阳城，然后可以望见扬子及瓜步江津之兵。及其败也，自丹阳奔晋陵以趣鄱阳，其道里节次可验。"温公所言极是①。

璘军溃败后，璘南奔鄱阳，欲往岭表。江西采访使皇甫侁遣兵追讨，擒之，潜杀于传舍。

璘未败亡时，太上皇曾有诰旨，略曰："朕乘舆南幸，遵古公避狄之仁；皇帝受命北征，兴少康复夏之绩。犹以藩翰所寄，非亲莫可。永王璘，谓能堪事，令镇江陵，庶其克保维城，有裨王室。而乃弃分符之任，专用钺之威，擅越淮海，公行暴乱。违君父之命，既自贻殃；走蛮貊之邦，欲何逃罪？据其凶悖，理合诛夷。尚以骨肉之间，有所未忍。皇帝诚深孝友，表请哀矜。……可悉除爵土，降为庶人。"详见《唐大诏令集》卷三十九。璘既死，皇甫侁将璘家属送往成都，上皇伤悼久之。肃宗闻之，谓左右曰："皇甫侁执吾弟，不送之蜀而擅杀之，何邪？"遂废侁不用。见《新唐书·永王璘传》，《通鉴·唐纪》同此。

由前所颁《命三王诏》《令肃宗即位诏》及《降永王璘为庶人诏》皆可得知：李璘出镇江陵，确属奉诏行事。所谓"恣情补署"、"破用巨亿"等情节，诏文中本有明文规定："应须士马、甲仗、粮赐等，并于当路自供"，"署置官属……任自简择，署讫闻奏"。至于引师东下，有"窥江左意"，若非玄宗面授机宜，亦是玄宗

◆◆◆◆◆◆◆◆◆◆◆

① 李白至德二载（757）春有《南奔书怀》诗，一作《自丹阳南奔道中作》，即纪璘溃败事，可参。

所默许者，或竟是"其有与此（蜀中）便近，去皇帝（灵武）路远，奏报难通之处，朕且以诰旨随事处置"者。如果确属永王擅自行事，则太上皇自当就近召回，何须肃宗远道敕归？及至兄弟交兵，难以收拾，太上皇为卸一己之责，只好斥以"擅越淮海，公行暴乱"，但尚欲以"降为庶人"保其不死。殊知未必"擅越"者，却遭"擅杀"。

皇室内部尔虞我诈之事，难知其详，姑置不论。且说李白与此何干？

二　别内、赴征、入幕

至德元载（756）九月，永王璘出镇江陵时，李白与其妻宗氏俱在庐山中。璘重其名，命其谋士韦子春三次（大约自十月至十二月）亲往庐山征聘，辟为僚佐。其间，宗氏曾加以劝阻，白亦颇为犹豫，但终于以"苟无济代心，独善亦何益"，决定应聘，见《赠韦秘书子春》一诗。临行有《别内赴征三首》。其二云："出门妻子强牵衣，问我西行几日归？归时倘佩黄金印，莫见苏秦不下机。"前二句写宗氏劝阻。此时永王军幕尚在江陵，白初拟西上，故曰"西行几日归"。后二句，写己之答辞，用战国苏秦事：苏秦，字季子，习纵横家言，初说秦惠王，书十上而不用，落魄而归，妻不下纴，嫂不为炊，父母不与言。后乃往说六国，使合纵以抗秦，得佩六国相印，为纵约长。见《战国策·秦策》。此处反其意而用之。郭沫若译其后二句云："如果我佩着黄金印回来，你不要看到我这个庸俗的苏秦而不肯理睬我吧。"从此二句，可以看出：李白此行并非轻率从事，而是经过慎重考虑，并已有成竹在胸。从诗之其三"夜坐寒灯连晓月"句，可以得知，其时已在至德元载（756）岁杪。当李白正欲西去江陵应聘时，永王水师已顺流而下至寻阳，白遂下山入幕。其时或已在至德二载（757）岁首矣。

李白入永王璘幕后，有《永王东巡歌十一首》，当是早已准备现成，在入幕之初即献与永王者。后世多以此诗为颂诗，为永王璘歌功颂德。璘既获罪，此诗遂亦成为李白附逆作乱之罪证。实则此诗乃讽喻之作，谲谏之章，欲献奇策以济时艰。详后。

李白入幕后又曾参加过一次宴会，有《在水军宴赠幕府诸侍御》一诗。侍御，此指永王幕中同僚。瞿、朱注："唐制：节度使下参佐多假宪衔，故以侍御称之。"此诗内容，除对永王璘有所揄扬外，兼亦抒己报国之志，并与同僚共勉："齐心戴朝恩，不惜微躯捐。"而其中要在"浮云在一决，誓欲清幽燕"二句。此二句必须与《永王东巡歌十一首》联系而观，方知其意：非是泛言平叛，亦是欲献奇策以济时艰。

李集中又有《送羽林陶将军》一诗，当亦作于此时。《新唐书·百官志》："左右羽林军，大将军各一人，正三品；将军各二人，从三品。"陶将军，名字不详，当是玄宗从已入蜀之禁军中派遣入永王军幕者。诗为小律，共六句："将军出使拥楼船，江上旌旗拂紫烟。万里横戈探虎穴，三杯拔剑舞龙泉。莫道词人无胆气，临行将赠绕朝鞭。"詹锳以此诗系天宝三载（744）二月，谓为河南尹裴敦复、晋陵郡太守刘同升、海南郡太守刘巨鳞出师讨伐海贼吴令光入寇，陶将军出使江南，李白为之送行而作。非是。窃以为区区海贼，偶寇永嘉，既已有上述中原府尹与海疆郡守联合出师，旋即平定，又何须朝廷派京师禁军将领率水军远征？既是海贼，无非抢劫，无论其得手与否，终将入海而去。茫茫大海，焉能称为"虎穴"，又焉能从而"探"之？若将此诗系于此时此地之永王军幕中，则无不贴切。"探虎穴"一语，早已见于李白幽州之行诗中，此处显系"清幽燕"之同义语，"绕朝鞭"则为"吾谋适不用"之潜台词。试与以上二诗联系而观，则三诗之义皆豁然呈现：先是李白陈其《永王东巡歌十一首》于永王，未见动静；次是在水师宴会上又即席赋诗，提出"清幽燕"，亦未受注意；再次是在送陶将军楼船东下时，与陶试言其事，冀其鼎助，亦无非是请陶代向永王建言"清幽燕"。"清幽燕"者，捣老巢也。

此三诗皆先后作于至德二载（757）正月，永王水师东下（自寻阳至当涂一段）途中。在此期间，李白迄未能受到永王召见，更说不上剖心析肝，永王亦未授予一官半职。李白在一而再，再而三试探以后,言者谆谆,听者藐藐,遂有抽身之意。在其最后所作《与贾少公书》之末有云:"徒尘忝幕府,终无能为。唯当报国荐贤,持以自免。斯言若谬,天实殛之。"观其语气之恳切,当非虚语。同时果有推荐钱少阳之作。

三　入狱、流放、遇赦

孰料李白正欲抽身之际,永王水师已行至丹阳,迅雷不及掩耳,内战一触即发。李白自乱军中逃出,欲还庐山,行至彭泽被捕,遂入寻阳狱中。其时约在至德二载(757)二月中旬。总之,李白在永王幕中不过一月有余。

李白入寻阳狱后,在狱中多次向有关人士(多系玄宗旧臣)上书赠诗,申诉自白;其妻宗氏亦为之奔走求援。先后有《系寻阳上崔相涣三首》《狱中上崔相涣》《上崔相百忧章》《万愤词投魏郎中》《寻阳非所寄内》《中丞宋公以吴兵三千赴河南军次寻阳脱余之囚参谋幕府因赠之》等诗多首,纯属鸣冤叫屈,不曾低头认罪。

兹录《系寻阳上崔相涣三首》如下:

其 一

邯郸四十万,同日陷长平。能回造化笔,或冀一人生?

邯郸二句，用《史记·廉颇蔺相如列传》秦赵长平之役。秦赵之军相拒长平四十余日，赵军败，数十万之众遂降秦，秦悉坑之。比喻永王军败丹阳，伤亡甚众。能，能否也。或，或可也。皆希冀之辞。一人，谓己。

其 二

毛遂不堕井，曾参宁杀人？虚言误公子，投杼惑慈亲。白璧双明月，方知一玉真。

毛遂，赵平原君门客中最杰出者。野人毛遂堕井死，平原君大恸，后乃知误传。曾参杀人事亦类此，其母惧，投杼逾墙而走，后亦知误传。明月，珠也。双，此处作相偶，相匹解。上句意谓：白璧之光洁堪与明月之珠媲美。下句意谓：两相比较，方知"一玉"（即白璧，谓己）之真。

其 三

虚传一片雨，枉作阳台神。纵为梦里相随去，不是襄王倾国人。

虚传二句，用宋玉《高唐》《神女》二赋事，意谓皆属虚妄。即使梦里相随而去，亦非襄王中意之人。四句皆以喻"从璘"之冤枉。

此三首，纯用比兴，且事涉男女，或以为不伦，遂以为非上崔相涣之作，甚至非太白所作。实则此三首较其他呼天抢地之作，尤为情真意切。而不知李诗比兴者，反以玉为珉。

或云李白在八方求援中曾寄希望于高适。李集中确有一诗《送张秀才谒高中丞并序》。诗前序云："余时系寻阳狱中，正读《留侯传》。秀才张孟熊蕴灭胡之策，将之广陵谒高中丞。余喜子房之风，感激于斯人，因作是诗以送之。"此事，或许是张孟熊素仰太白其人其诗，又正欲往淮南节度使高适处入幕，遂欲借此机会在高、李二人之间斡旋一番，一则使高适略尽朋友之义，二则为李白罹难缓颊。在张孟熊固是好心，在李白则实感大难。最后只好半推半就，姑妄试之。全诗主要是送别张秀才，鼓励张秀才，诗中涉及高适处则只有几句，既不是叙别忆旧，动以友情；更不是磕头作揖，乞予援手。而是放言高论，纵谈时局："胡月入紫微，三光乱天文。高公镇淮海，谈笑廓妖氛。采尔幕中画，戡难光殊勋。我无燕霜感，玉石俱烧焚。但洒一行泪，临歧竟何云？"前人读之，已觉有异。严羽评本载明人批云："此收归自叙，似不难工，何乃如此草草打发？"詹本按云："结尾有求又不愿明求，故迅即收尾。"

窃以为，若再仔细琢磨，岂止是有求而不愿明求，竟是别有一番意思。至德二载（757）自春徂秋，中原形势严峻，尤以睢阳为甚,连连为叛贼大军围攻。守吏许远、守将张巡等,皆忠勇过人,以其地为往来要冲,江淮屏障,遂不惜牺牲,决心死守以待援军。同平章事张镐,兼河南节度使,闻睢阳急,倍道兼进,檄淮南北、浙东西诸节度使,使共救之,皆拥兵自保而不受命。其中即有在内战之余闲置于扬州之高适。李白送张秀才诗中对高适之尊敬及恭维,乃是奉劝高适速至河南平叛以建立大功,己之冤案仅点到为止。此在李白已是向高适曲腰矣。但在高适听来却正是戳在自己胁下软肋处。因彼除在哥舒翰守潼关时曾为佐吏外,平叛战场上并无尺寸之功,遂不免对李白之奉劝及恭维反而心生嫌隙。何况他只能唯肃宗之命是从,焉敢应张镐之檄行事。李白临终前所作《笑歌行》诗中所云"曲腰向君君不知",当即指此事而言。

是年八月,经御史中丞宋若思、宣慰使崔涣为之推覆清雪,上奏朝廷曰:"……臣所管李白,实审无辜。怀经济之才,抗巢由之节,文可以变风俗,学可以究天人。一命不沾,四海称屈。……特请拜一京官,献可替否,以光朝列。则四海豪俊,引领知归。……"书上不报(即今所谓未见批复)。白惧祸事复发,遂离宋幕,"卧病"宿松山中。有《赠闾丘宿松》《赠闾丘处士》诗各一首。前者为当地县令,后者为当地隐士,皆李白"卧病"宿松山时之居停主人,当是侠义之士,方敢收留李白。当朝廷批复下来时,却是:长流夜郎。于是李白从此二位义士家被搜捕而去，重又投入寻阳狱中，等候流放。其后所作《江上赠窦长史》诗中所云："汉求季布鲁朱家，楚逐伍胥去章华。"① 即忆指此事。

至德二载（757）十二月，两京收复，玄宗驾返长安，朝廷颁《两京收复大赦诏》，"赐民酺五日"，白有《流夜郎闻酺不预》一诗，诗曰："北阙圣人歌太康，南冠君子窜遐荒。汉酺闻奏钧天乐，愿得风吹到夜郎。"其情之难堪，可想而知。诏中又以成都为南京，又有《上皇西巡南京歌》，其歌强颜为欢。似欲寄希望于太上皇，焉知太上皇此时自顾不暇，焉能怜念及他？ 于是李白遂一并而怨之。譬如其诗中所谓"鱼龙陷人，成此祸胎"；"子胥鸱夷，彭越醢醯"；"汉谣一斗粟，不与淮南春。兄弟尚路人，吾心安所从？"等等，皆对朝廷有所讽刺。尤其是《独漉篇》首四句："独漉水中泥，水浊不见月。不见月尚可，水深行人没。"犹言讵料报国之举，终成水中之月，更谁知水中有灭顶之渊乎？ 此犹魏颢《李翰林集序》中所云："宗室有潭者，白陷焉。"

至德三载，亦即乾元元年（758），春，白赴流途，自寻阳启程。宗氏及其弟宗璟为白送行，白有《窜夜郎于乌江留别宗十六璟》《双燕离》二诗。溯江而上，沿途逗留，有诗多首。如《张相

---

① 季布，项羽将，数窘汉王。及羽灭，高祖以千金求布。布初匿于濮阳周氏，周乃髡钳之，并与家僮数十人卖与鲁之大侠朱家。

公出镇荆州寻除太子詹事余时流夜郎行至江夏与张公相去千里公因太府丞王昔使车寄罗衣二事及五月五日赠余诗余答以此诗》,是酬张镐之作。镐素有德才,玄宗奔蜀时徒步扈从,俄遣至肃宗所,擢谏议大夫,寻拜相,终不能用,除为太子宾客。见《旧唐书·张镐传》。玄宗旧臣,除张镐外,尚有崔涣、宋若思等皆遇类似厄运。又有《题江夏修静寺》,题下原注:"此寺是李北海旧宅。"李北海,即李邕,天宝六年(718)遇害,李白过其江夏旧宅悼之,亦以自悼也。又有《望鹦鹉洲怀祢衡》,鹦鹉洲,在汉阳西南长江中,乃江夏太守黄祖杀东汉名士祢衡处,或云黄祖杀祢衡埋于此处。诗悼祢衡,亦复自伤。诗中有"寡识冒天刑"之语,按黄祖杀祢衡,或曹操借刀杀人,皆与当时朝廷无关,均不得称为"天刑",唯有李白此时所"冒"者恰是"天刑",故知诗意在刺肃宗。

乾元二年(759),李白五十九岁,春在流途中,行至巫峡。前去即将南下黔中道夜郎流放地(今贵州西北部)。本年三月丁亥,"以旱降死罪,流以下原之。"见《新唐书·肃宗纪》。白至夔州遇赦获释,可谓绝处逢生。返至江陵,有《早发白帝城》一诗:

朝辞白帝彩云间,千里江陵一日还。两岸猿声啼不尽,轻舟已过万重山。

《水经注·江水》："自三峡七百里中，两岸连山，略无阙处，重岩叠嶂，隐天蔽日，自非亭午夜分，不见曦月。至于夏水襄陵，沿溯阻绝。或王命急宣，有时朝发白帝，暮宿江陵，其间千二百里，虽乘奔御风，不以疾也。……每至晴初霜旦，林寒涧肃，常有高猿长啸，属引凄异，空谷传响，哀转久绝。故渔者歌曰：'巴东三峡巫峡长，猿鸣三声泪沾裳。'"故知李白此诗所谓"千里江陵一日还"，语出《水经注》，并非实写，盖以之抒发初获释后欣喜急切之情也。

李白获释后，还至江夏，有《自汉阳病酒归寄王明府》一诗，中有句云："今年敕放巫山阳，蛟龙笔翰生辉光。"而放还东下所作《早发白帝城》一诗，则云"朝辞白帝彩云间，千里江陵一日还。"于是有人说李白遇赦获释是在巫山，又有人说是在夔州。兹对二说略陈愚见。

先说"巫山阳"。巫山之阳自然就是巫山之南。据《水经注·江水》注巫山县："城缘山为墉，……东西北三面皆带傍深谷，南临大江。"可见巫山县城在巫山南麓，亦即大江北岸，山南水北为阳，"巫山阳"就是巫山县城。

既然李白称是"敕放巫山阳"，何以放还东下时却是"早发白帝城"？既已在巫山遇赦获释，又上溯百有余里至夔州则甚？莫非"兄九江兮弟三峡"，他真有个兄弟在夔州城里？非也。所谓"敕放"，并非一听见朝廷赦令，押解他的差役便奉旨行事，打开枷锁把他一放了之。别说差役，就是巫山县大堂也无权放他，尽管赦令已风传到或下达到巫山县。因为从遇赦到获释，其间还有一番礼仪与手续，而且须到州治所在之地办理完毕，犯人才能获得自由之身。

此处，且请将《开元礼》"皇帝遣使诣诸州宣赦书"两段条款耐心看来：

其日，本司设使者次于州之大门外道右，南向。使者至，掌次者引就次，以赦书置于案。应集之官至州门外服朝服，非朝服者公服。本司设使者位于厅事阶间，南向。设刺史位于使者位之南，北面。设应集之官位于刺史之后，文官在东，武官在西，每等异位，重行北面，相对为首。又设门外位：文官于门东，西向，武官于门西，东向，俱每等异位，重行，以北为上。本司录州见囚，集于州门之外，北面西上。赞礼者引应集之官俱就门外位。刺史朝服以出，行参军引立于东南，西向。使者出次，赞礼者引立于门西武官之前，少北，东向。史二人对举案，立于使者西南，俱东面。立定，行参军引刺史迎于大门外之南，北面再拜。行参军引刺史先入，立于内门外之东，西面，州官立于其后。（见《通典》卷一三〇）

赞礼者引使者入门而左，持案者从之。使者诣阶间就位，南面立；持案者立于使者西南，东面。行参军引刺史，赞礼者引应集之官以次入就位。立定，持案者以案进使者前，使者取赦书，持案者退复位。使者称："有制。"刺史以下皆再拜。宣赦书讫，又再拜，舞蹈，又再拜。本司释囚。行参军引刺史进使者前，北面受赦书，退复位。赞礼者引使者出，持案者从之，俱复门外位。行参军引刺史，赞礼者引州官以次出，复门外位。刺史拜送。赞礼者引使者还于次，行参军引刺史入，赞礼者引州官各还次。（同上）

在皇帝遣使诣诸州宣赦书之前，先在京师宣赦书。由宰相主持其事，由刑部尚书及刑部侍郎具体操办。朝廷文武群官皆集朝堂，然后到顺天门外行礼如仪。礼毕，释京师现囚。并以赦书下颁诸州。见《通典》卷一三〇。

京师一宣赦书，消息自然传遍天下。想是李白上三峡至巫山县时，巫山县大堂命他在州里去听候正式宣赦，办理一切手续。所以李白才上溯至夔州州治奉节，也就是白帝城。故有《早发白帝城》一诗。

由此看来，巫山说与夔州说，虽二实一。"今年赦放巫山阳"与"朝辞白帝彩云间"并无矛盾。但在学术文字中，以夔州为宜，不但正式宣赦释放是在夔州，巫山县亦在夔州境内。

至此，李白"从璘"一案，仅是告一段落，并未彻底了结，当时谓之"虽蒙恩赦，未获昭雪"。即朝廷仅因其在赦令范围之内而予以释放，并未宣布他无罪。直至其逝世之前，李白犹是不清不白之身。

李白"从璘"一事颇遭世人非议，在当时谤议尤为沸腾，竟至于"世人皆欲杀"之境地。固然，杜甫诗句中所谓之"世人"，实指以肃宗为代表之朝廷舆论。当时在朝者，亦并非全是如此。无论在朝在野同情其不幸者亦颇有人在，其中杜甫义薄云天，尤当大书特书。详后。

后世之人自然多哀其不幸，不以为非，更不以为罪。清代注家王琦之言可为代表。其所著《李太白年谱》至德二载纪述"永王璘弄兵之始末"后云："太白入其幕中，世颇非之，然考天宝末年，宗室诸王若吴王祗、虢王巨，皆受命将兵，文人才士岂无入其幕者？太白之受辟于永王璘，何以异是？后之擅领舟师东下，命将交兵，其始岂遽料其至此乎？《新唐书》载季广琛谓诸将之言曰：'吾与公等从王，岂欲反耶？上皇播迁，道路不通，而诸子无贤于王者，如总江淮锐兵，长驱雍洛，大功可成。今乃不然，使吾等名挂叛逆，如后世何！'太白初见，要亦类此。太白本传谓：'永王璘辟白为府僚佐，及璘起兵，白逃还彭泽。'是广琛奔走广陵之日，即太白逃亡彭泽之日也。乃广琛以拥众归降，位至节度；太白以只身逃遁，不免窜流。固遇之幸不幸也。"王琦此言大体可从，尤其是末二句，不平之情，溢于言表。

但《永王东巡歌十一首》俱在，当作何解？

四 《永王东巡歌》中之讽喻与谲谏

千年以来，多以为《永王东巡歌》是颂歌。而永王璘有"擅兵"之罪，"谋反"之名，于是遂疑李白大节有亏。尤以宋儒朱熹为甚，其言曰："李白见永王璘反，便从臾之，文人之没头脑乃尔！"（见《朱子语类》）清儒洪亮吉亦持此见，其言曰："诗人不可无品，至大节所在，更不可亏。"（《北江诗话》）甚至至今仍然啧有烦言。有欲为李白辩护者，亦仅哀其不幸而已。拙编（初版）即有此病。迨至近年，潜心研读有关典籍以及该诗，始有所悟：《永王东巡歌》者，讽谕之诗，谲谏之章也[①]。

由于封建社会之"人主"有生杀予夺之权，仁人志士欲展其才智以报效国家，唯有借"人主"之权势与地位，而以建言与献策为手段。能获采纳者百不得一，若一旦拂逆其意，辄有杀身之祸。故自先秦以来，即有讽喻之诗，谲谏之章。所谓讽喻者，以婉转之言而鼓励之；所谓谲谏者，以权变之言而劝诫之。皆须不

---

① 早在五十年代，乔象锺先生于此即已有先见之明，只惜其未曾逐首笺释。详见其所著《李白论》一书，齐鲁书社1986年版。

即不离，闪烁其词，而又万变不离其宗。虽加藻饰，有似颂扬，实则意在使之悦耳受听，以便继而使之心领神会。犹如筌者所以在鱼，得鱼即可忘筌，而不得以筌为鱼。俾使言者无罪，闻者足戒。然后视其采纳与否，以定进退。李白自幼即遍观诸子百家，焉能不知韩非子之《说难》，又焉能不知有讽喻与谲谏之术？何况已从嗣徐王延年处略悉朝廷内情，故其受永王征聘决不是贸然从事。韦子春三上庐山，前后为时三月，李白始决定应聘，良有以也。

《永王东巡歌》必须置于当时背景下读之，方能得其秘要。兹试逐首笺之如下：

其一："永王正月东出师，天子遥分龙虎旗。楼船一举风波静，江汉翻为雁鹜池。"此诗首须注意第二句："天子"，此处兼指玄宗与肃宗。玄宗既然早在奔蜀途中即已有《命三王诏》，此诏既未宣布作废，永王自然奉诏出镇。虽然肃宗后来诏命永王归觐于蜀，李白何由得知？今见永王出师，自然以为是父子兄弟同德同心遥分龙虎之旗（喻军权），也就笼而统之称为"天子遥分"。既指昔日之天子，亦指今日之天子，犹如其五之"二帝"。三、四两句，颇似预祝永王马到成功，实则暗示永王当以汉梁孝王骄恣为鉴戒。何以知之？唯梁孝王苑囿中方有"雁池"也。以下诸首亦多如此，几乎每次稍加颂扬之后，即有所规劝，或有所建言。先给吃块巧克力，然后提提小耳朵。老臣之教导幼主，固如是也。虽然永王"亦既抱子",其子玚已是随军将士①。

其二:"三川北虏乱如麻,四海南奔似永嘉。但用东山谢安石,为君谈笑静胡沙。"此首以谢安自喻,非是大言不惭,而是已有成竹在胸,自然当仁不让,并且更有深意在焉。《世说新语·文学》:"谢公因子弟集聚,问:'毛《诗》何句最佳?'遏(玄小字)称曰:'昔我往矣,杨柳依依;今我来思,雨雪霏霏。'公曰:'订谟定命,远猷辰告。'谓此句偏有雅人深致。"窃以为李白在此诗中自比谢安,非同一般高自期许,实则暗用《诗·大雅·抑》其二:"无竞维人,四方其训之。有觉德行,四国顺之。订谟定命,远猷辰告。敬慎威仪,维民之则。"兹据毛传、郑笺诸典籍,综合释其大意如下:莫强于得人,人皆以为训。正其道而行,四方心自顺。大谋为天下,远图须早定。及时播国中,将士皆效命。威仪奕奕然,谁人不尊敬?由此观之,李白盖有感于永王师出无名(见后作《天长节度使鄂州刺史韦公德政碑》:"曩者,永王以天人受钺,东巡无名。"),故在毛遂自荐之际,既予以颂扬,

◆◆◆◆◆◆◆◆◆◆◆

① 李白作此歌时,显然受《抑》诗之启发。《诗·大雅·抑》,全诗共十二章,《诗·小序》谓为"卫武公刺厉王亦以自警"之作;高亨《诗经今注》谓为卫武公(姬和)九十五岁所作,劝告东周执政者修德慎行,并指责"小子"的昏聩,全诗确系一位老臣规谏幼主之辞。如其十二:"呜呼小子,未知臧否。……匪面命之,言提其耳。借曰未知,亦既抱子"等多处,皆使人联想及《永王东巡歌》。

又意存讽谏。千言万语总在"讦谟定命，远猷辰告"。

其三："雷鼓嘈嘈喧武昌，云旗猎猎过寻阳。秋毫不犯三吴悦，春日遥看五色光。"此首后二句非谓已然，实谓将然；似是颂扬军纪严明，实则建言永王注意军纪，因此时尚未至三吴地界也。此句应解作：秋毫无犯，三吴自悦，否则反是。以下各首所言之地，亦未必是已至之所，恐亦是将然之辞。一则因其献诗永王当在入幕之初，二则永王水师过当涂后内战遂作矣。

其四："龙盘虎踞帝王州，帝子金陵访古丘。春风试暖昭阳殿，明月还过鳷鹊楼。"此首虽言"龙盘虎踞帝王州"，本是五百年前老话，并未言永王长驻此处。其后三句："访古丘"，"春风试暖"，"明月还过"均是暂时经过之意。若是怂恿永王割据江左以金陵为都，末二句即当作"春风永暖昭阳殿，明月长映鳷鹊楼"矣。

其五："二帝巡游俱未回，五陵松柏使人哀。诸侯不救河南地，更喜贤王远道来。"所谓"诸侯不救"，非不欲救，实不能救。其所以不能，皆因朝廷无远谋，仅能使官军与安史相持于数百里之间，卒之屈身厚币以假外援，借回纥兵收复两京，而大河南北糜烂如故。末句"更喜贤王远道来"，前人曾谓句首之"更"字与上句"不"字不应（见严羽评本），实则未得其解。此处之"更"字，其声为平，其义为改；此处之"远"字，其声为去，其义为迁。全句意谓：中原人民改寄希望于永王迁道而来。既非谓其从江陵远道而来，更非冀其"总江淮锐兵，长驱雍洛"，如季广琛之言。雍者，西京之地；洛者，东京之地。收复东西两京，责在肃宗，肃宗亦唯有成此大功，方能保其皇位，永王焉得越俎代庖？且长驱雍洛，何用水师？故中原人民改寄希望于永王另从迂道而来也。此句不但是一首之警策，而且是全篇之旨要。但须与其九合而笺之，纵而论之，方见分晓。

其六："丹阳北固是吴关，画出楼台云水间。千岩烽火连沧海，两岸旌旗绕碧山。"此首点出水师前去将近沧海，促使永王注意：海上有路可通幽燕。第三句尤其大有深意，意谓："千岩烽火"（即全国战事）皆系于海上一线也。

其七："王出三江按五湖，楼船跨海次扬都。战舰森森罗虎士，征帆一一引龙驹。"此首与上首其意略同，但在进一步引起永王注意：扬州乃出海之地。次，停留。凡师一宿为舍，再宿为信，过信为次。显系讽谕永王可驻于此（亦是将然之辞），由此出海北上以"清幽燕"。否则"虎士"与"龙驹"何用？

其八："长风挂席势难回，海动山倾古月摧。君看帝子浮江日，何似龙骧出峡来？"此首前二句意谓：水师若至扬州出海之地，退则徒劳无功，进则摧古月，清幽燕，大功可成。后二句则是再次提醒永王身份：位则帝子，权则龙骧（晋时将军王濬），总之勿作他想。

其九："祖龙浮海不成桥，汉武寻阳空射蛟。我王楼舰轻秦汉，却似文皇欲渡辽。"此首前三句全属藻饰，纯在铺垫，以衬托出文皇（唐太宗）跨海征东事。以此鼓励永王效其高祖跨海征东而采纳己之奇计，即从海路北上，"探虎穴"，"清幽燕"，中原之敌自解。扬汤止沸，不如釜底抽薪也。

窃按此计并非李白凭空幻想，实乃安史乱起后，郭子仪、李光弼首献之于玄宗，李泌再献之于肃宗，皆未获采纳者。其所以未获采纳，皆因"人主"眼光短浅，急功近利之故。前者见于《通鉴·唐纪》至德元载（756）六月，哥舒驻守潼关之时，嘉山大捷以后，郭、李向玄宗上言；后者见于至德元载十二月，李泌为肃宗画策。皆主张迂回敌后，覆其巢穴。"贼退则无所归，留则不获安，然后大军四合而攻之，必成擒矣。"其下，胡三省注云："使肃宗用泌策，史思明岂能再为关、洛之患乎！"今李白重又献此策于永王，可谓与郭、李等所见略同。但亦有不同之处：前此皆主张从陆上迂回，以出敌后；李白则主张从海上迂回，以出敌后。

海上一线之可行性，见诸杜诗《后出塞五首》其四："献凯日继踵，两蕃静无虞。渔阳豪侠地，击鼓吹笙竽。云帆转辽海，粳稻来东吴。越罗与楚练，照耀舆台躯。"渔阳，郡名，秦置，属幽州。辽东南临渤海，故曰辽海。仇本引朱注："海运，当始于隋大业中，……唐太宗屡讨高丽，舟师皆出莱州，其馈运当从隋故道。骆宾王《讨武曌檄》云：'海陵红粟，仓储之积靡穷。'盖隋唐时，于扬州置仓，以备海运馈东北边。禄山镇范阳，蕃汉士马,居天下之半,江淮挽输,千里不绝。所云'云帆转辽海'者,自辽西转馈北平也。"海上一线之可行性,又见于杜诗《昔游》:"幽燕盛用武,供给亦劳哉!吴门转粟帛,泛海陵蓬莱。"仇注引《博议》云:"唐运江淮租税,以给幽燕,此天宝间海运也。"杜甫既知此海上运输线,李白焉能不知? 在李集中曾多次提及"海客"一词,除个别诗句用典外,其余皆谓海上经商之人。且不说李白有可能投资海上贸易,至少其友人中有三五"海客"。李白移家东鲁后所结交之裴十七仲堪,其人即"海岱豪"(海陆巨商),详见第四章。又,李白一生多次往来居留扬州,其东道主中必有"海客"之流。其《估客行》(应作《海客行》)一诗云:"海客乘天风,将船远行役。譬如云中鸟,一去无踪迹。"由首句"乘天风"一语,即可知此诗非是观光之作,而是送别之作。因海上经商最关紧要者,即"乘天风"。天风顺,则自南至北,或自北至南,仅须二十日左右,而且履险若夷,否则反是。详见顾炎武《日知录》卷二十九海运。又,《梦游天姥吟留别》诗中有句云:"海客谈瀛洲,烟涛微茫信难求。"此"海客"亦是李白友人。二人谈话内容绝非仅"谈瀛洲"。海客本非学道求仙之人,谈及海上仙山自然无多话可说。谈及海上贸易及交通,自会滔滔不绝,李白焉有不听之理? 当时海上交通情况,李白所知者绝不比杜甫少,只会比杜甫更多。何况隋唐之世,山东半岛与朝鲜半岛隔海相望,彼此常有商贾来往,沿海从事贩运之"海客"大有人在,非只朝廷船队往来而已。

其十:"帝宠贤王入楚关,扫清江汉始应还。初从云梦开朱邸,更取金陵作小山。"此首末句之所以成为话柄者,皆因其九未得其解也。其九豁然,此首末句亦随之而解。汉淮南王刘安所谓之大山、小山,犹《诗》之大雅、小雅。见顾炎武《日知录》卷二十五。大雅言国之大政,小雅言国之小政。用以喻权位,大山指国君,小山自然指藩王。"开朱邸","作小山",皆是暗示永王始终以国之屏藩自处,勿作非分之想。

其十一:"试借君王玉马鞭,指挥戎虏坐琼筵。南风一扫胡尘静,西入长安到日边。"此首诗意甚明:李白虽然希望能受永王重用,但大功告成之后,他李白也罢,永王也罢,终归是大唐帝国之臣藩。

"愿言保明德,王室仾清夷。"上年留别徐王延年诗中之句,本年《永王东巡歌》中亦时时可闻也。《永王东巡歌》如此读法,无处不通,无处可疑。李白之忠贞大节有如杲日。但可惜李白一片苦心终成泡影,反贻人以话柄。

既然如此,《永王东巡歌》之"讽谕"与"谲谏",岂非对牛弹琴? 似此,李白亦太缺乏知人之明。但是,两《唐书·李璘传》分明皆称其"聪敏好学",其所倚重之大将季广琛亦称:"(玄宗)诸子无贤于(永)王者。"李白《歌》中弦外之音,李璘并非不能领会。毛诗"主文谲谏"之义,《世说新语·文学》谢安与子弟谈

《诗》故事，在唐时本属小儿科，童子课，李璘在"十王府""百孙院"中早已倒背如流，烂熟于胸。但诗书古训怎当得父皇在其出镇时面授之机宜，李白则更不知其父子间说些甚来。

但吾人从王夫之《读通鉴论》可以窥知其秘。其书卷二十三论玄肃父子之间猜忌之深，肃宗存心之险，甚至言及："(若)非邺侯之善处，则南宫禁锢，不待他日，且使自毙于成都，恶尤烈于卫辄矣①。群臣表至，玄宗乃曰：'今日为天子父乃贵。'所以明其不复愿为天子而自保其余年也。"每读至此，不禁悚然而思：玄宗使璘东巡，乃为狡兔三窟之计，除成都外另觅一栖身之地，以保其余年乎？似此，则璘亦枉死于其父兄之手矣。

五　世人皆欲杀，吾意独怜才

安史乱起时，杜甫在京兆府奉先县探视家小。闻乱后遂携家北往同州白水县暂依舅氏。潼关破，关辅守吏或逃或降，玄宗亦弃国出奔，杜甫遂携家益往北去，直至坊州鄜县西北之羌村，北距延安不远矣。

至德元载（756）七月，闻肃宗在灵武即位，欲往投奔。不意

---

① 卫辄，卫灵公孙，其父太子蒯聩出奔在外，辄立为出公，拒而不纳其父。见《春秋左氏传》哀公二年。

陷贼中，幸而未受注意，仅被遣还长安而止。杜甫因得见沦陷后之西京于水深火热之中，而有《悲陈陶》《悲青坂》《哀江头》《春望》等名篇之作。

至德二载（757）春，闻肃宗行在已移至凤翔（今为陕西凤翔县，在宝鸡市东北）。遂潜出金光门，间道奔行在。五月，授左拾遗（八品谏官）。未几，即因上书疏救房琯一事，触怒肃宗，付三司推问，幸宰相张镐救之，暂得解。八月，放还鄜县省家，有《羌村三首》，中有句云："妻孥怪我在，惊定还拭泪。……夜阑更秉烛，相对如梦寐。"其著名长诗《北征》亦作于是时。

乾元元年（758）六月，终以房琯事贬为华州司功参军，职掌地方祭祀、学校、选举之事。以近侍之臣，出为外掾，簿书琐屑，趋谒上官，种种失意，非所能堪。乾元二年（759）春，乃告假归河南陆浑山庄故里。时河南初定，但战事远未结束。郭子仪等九节度使大军正围史思明于相州邺城，因天旱饥馑，军心不稳，到处仍呈乱象。返至潼关时，适值九节度使之师大溃，贼势复炽。杜甫返华州时，已是夏日。其名篇"三吏""三别"，即作于此时。皆亲眼所见，亲身所历战时战地之民间疾苦也。

及秋，饥馑又遍于关辅，遂欲弃官而去，未几即携家西往秦州（即今甘肃天水）。秦州为陇右道重镇，位于六盘山支脉陇山之西。杜甫从侄杜佐客居州之东柯谷，有茅屋可以假居，因而暂得一枝之栖。因生计困难，改寄希望于蜀中亲友，遂又辗转入蜀。

年底抵成都，借住城西七里之草堂寺。沿途历尽坎坷与艰辛，有诗多首。

上元元年（760）春，赖其从侄杜济、表弟王十五（皆为成都府县佐吏）以及其他亲友之协助，得以在草堂寺旁觅得半亩之地，建成数间茅屋，始得以暂时结束其流徙之生涯。

是时，高适早已为肃宗所宠幸之宦官李辅国所排斥，出任彭州刺史，闻杜甫抵蜀，有诗寄之，杜甫亦有答诗，彼此俱不冷不热。秋，茅屋为秋风所破，不得已而向高适告急，有《因崔五侍御寄高彭州一绝》："百年已过半，秋至转饥寒。为问彭州牧，何时救急难？"

至德二载（757），李白"从璘"罹祸时，杜甫从沦陷中之长安，间道奔赴凤翔行在，此时，或已闻李白消息，但不详。何况他自己未几即被贬出长安，继又返河南探家，即使继续又听到些许消息，仍不详。直到杜甫弃官而去，至秦州后，在东柯谷时，始对李白祸事稍有头绪，而写出第一首怀李之诗《天末怀李白》：

凉风起天末，君子意如何？鸿雁几时到？江湖秋水多。文章憎命达，魑魅喜人过。应共冤魂语，投诗赠汨罗。

仇兆鳌《杜诗详注》云："赵子栎曰：白于至德二载坐永王璘

事而谪夜郎，公在秦州怀之而作。是也。"又笺云："风起天末，感秋托兴。鸿雁，想其音信。江湖，虑其风波。四句对景怀人。下则因其放逐，而重为悲悯之词，盖文章不遇，魑魅见侵，夜郎一窜，几与汨罗同冤。说到流离生死，千里关情，真堪声泪交下，此怀人之最惨怛者。文人多遭困踬，似憎命达。山鬼择人而食，故喜人过。冤魂，指屈原。投诗，谓李白。"

多日惦念李白之情，遂因此诗而一发不可收。接连三夜，李白出现于杜甫梦中，又成《梦李白二首》。

其一：

死别已吞声，生别常恻恻。江南瘴疠地，逐客无消息。故人入我梦，明我长相忆。君今在罗网，何以有羽翼？恐非平生魂，路远不可测。魂来枫林青，魂返关塞黑。落月满屋梁，犹疑照颜色。水深波浪阔，无使蛟龙得。

仇注云："梁权道依旧次编在乾元二年秦州诗中。"又笺云："首叙致梦之由。瘴地而无消息，恐死生难定，故心常恻恻。（次叙）梦中相接之情。白系浔阳，故云罗网。恐非平生，疑其死于狱也。郝敬曰：'读此段，千载之下，恍若梦中，真传神之笔。'末记觉后相思之意。枫林，白所在。关塞，公所居。水深浪阔，又恐死于溺也。"

其二：

浮云终日行，游子久不至。三夜频梦君，情亲见君意。告归常局促，苦道来不易。江湖多风波，舟楫恐失坠。出门搔白首，若负平生志。冠盖满京华，斯人独憔悴！孰云网恢恢？将老身反累。千秋万岁名，寂寞身后事。

仇注云："首从频梦叙起。情意皆属李，情就梦时言，意就平日言。（次）代述梦中心事，曲尽仓皇悲愤情状。……此伤其遭遇坎坷，深致不平之意。身累名传，其屈伸亦足相慰。但恻恻交情说到痛心酸鼻，不是信将来，还是悼目前也。"最后又云："形愈疏而情愈笃，千古交情，唯此为至。"

此时，李白在流放途中已因得天旱大赦获释，杜甫住地偏僻，尚不及知。及入蜀，得知李白详细情况后，又有《寄李十二白二十韵》一诗：

昔年有狂客，号尔"谪仙人"。笔落惊风雨，诗成泣鬼神。声名从此大，汩没一朝伸。文彩承殊渥，流传必绝伦。龙舟移棹晚，兽锦夺袍新。白日来深殿，青云满后尘。乞归优诏许，遇我夙心亲。未负幽栖志，兼全宠辱身。剧谈怜野逸，嗜酒见天真。醉舞梁园夜，行歌泗水春。才高心不展，道屈善无邻。处士祢衡俊，诸生原宪贫。稻粱求未足，薏苡谤何频。五岭炎蒸地，三危放逐臣。几年遭鵩鸟，独泣向麒麟。苏武元还汉，黄公岂事秦。楚筵辞醴日，梁狱上书辰。已用当时法，谁将此议陈？老吟秋月下，病起暮江滨。莫怪恩波隔，乘槎与问津。

仇本分段笺云：

第一段（自"昔年有狂客"至"兽锦夺袍新"）："首叙太白诗才，能倾动于朝廷。上六，见推贺监也。下四，受知明皇也。惊风雨，称其敏捷。泣鬼神，称其神妙。殊渥，指供奉翰林。流传，指清平三调。龙舟，谓白莲池之召。兽锦，时盖有宫袍之赐也。"

第二段（自"白日来深殿"至"行歌泗水春"）："此叙白辞归后，两相交契之情。深殿句，起乞归。后尘句，起宿心。托幽栖而全宠辱，此乞归之故。对野逸而见天真，此宿心之投。梁园泗水，乃洛阳齐鲁间同游之胜事也。"

第三段（自"才高心不展"至"独泣向麒麟"）："此伤其高卧庐山而见污永王也。才若祢衡，贫同原宪。竟以伪命蒙谤，乃所遭之不幸。……遭鵩，虑身危。泣麟，叹道穷矣。"按·五岭，在今广东，比喻南方蛮荒之地。三危，山名，在今敦煌，比喻北方蛮荒之地。大概因对李白长流之地不甚清楚，遂以南北蛮荒之地喻之，以抒其哀怜之情。

第四段（自"苏武元还汉"至"乘槎与问津"）："此痛其抱枉莫伸，而流落浔江也。苏武、黄公，言心本无他地。辞醴，谓不受伪官。上书，谓力辩己冤。惜当时无与昭雪者。今老病秋江，而恩波终隔，故欲上问于苍天耳！"

按：窃以为此诗不仅如古人所谓"分明为李白作传"（王嗣奭《杜臆》语），而且直是为李白申冤。第三段以后，感情益趋沉痛，辞气益趋激烈，直到"已用当时法，谁将此议陈？"不平之气溢于言表，咄咄逼人。意谓："把李白抓也抓了，关也关了，审也审了，法也用了。前后经宣慰大使崔涣及宋中丞推覆清雪，实属无辜，寻经奏闻。何以把他放出狱来又抓了进去，而且判为长流。长流至少是三年，夜郎又是蛮荒之地，他今年已是五十七岁了，还能活着回来吗？究竟是谁向朝廷陈献的这个建议？……"每读至此，如见其形，如闻其声，杜甫好像要将他的老命豁出去了。因此，读至诗末"乘槎与问津"，自然而然使人感到：杜甫不是"上问苍天"，而是要向朝廷讨个说法。

最后，还有一首小诗《不见》：

不见李生久，佯狂真可哀。世人皆欲杀，吾意独怜才。敏捷诗千首，飘零酒一杯。匡山读书处，头白好归来。

此诗题下杜甫原注："近无李白消息。"前人或系于上元二年（761），或编在宝应元年（762），近是。此诗虽小，却有两点颇堪注意：一是杜甫闻知李白佯狂；二是告知李白故里可归。

李白诗文集中确有佯狂之作，详见本书第十三章。杜甫告知李白故里可归，必是与前此刺彭，继而牧蜀之高适，有过几番商量与请求，终获高适俯允，而有此诗之作。杜甫与高适关系大有改善，或即因此故。

李白"从璘"一事若非冤案，杜甫何须如此关心，如此悲愤，如此大抱不平？杜甫若非天宝十二载（753）曾与李白重逢于长安，在国事上达成高度共识，在友谊上结为刎颈之交，何以对李白大节如此坚信不疑耶？

第十二章
我本楚狂人,凤歌笑孔丘

—— 中兴梦碎

一 春梦一场

前年岁梢,两京收复之日,正是李白重新入狱之时。去年岁首,长安大明宫恢复早朝之日,正是李白长流首途之时。人生难堪之情,其有逾于此者乎?作者一支拙笔难述两下之事,只顾得将李白流途一气写去,竟然将收京大事一笔带过,成何体统?如今趁李白遇赦获释,买舟东下去也,抽出笔来再将收京前后情况稍事勾勒。恰好前此朝廷光复之庆,正是本年李白入梦之由。

肃宗登基后,以平定叛乱为己任,自是义不容辞,但因其才本平庸而又机心太重,故无大谋远图,只急于收京,以示其大勋,而固其帝位。遂致轻信宰相房琯之大言,而有陈陶泽之败。杜甫其所以有《悲陈陶》之作,而又疏救房琯致遭贬谪而不悔者,即因陈陶之败其责不独在琯也。其后幸有高人李泌辅佐，始转危为安。

李泌，字长源。自幼博览群书，尤精经史易传，少有"奇童"之称，玄宗朝大臣张九龄等皆器重之，称为"小友"。天宝年间召入翰林，供奉东宫，命与太子李亨为布衣交。后为杨国忠排斥还山，遂为隐士。肃宗即位后，派人访求，得之，专车送至行在。欲以为相，泌坚辞不受，肃宗以手敕封为"侍谋军国"。

至德二载（757）二月，肃宗自灵武南下至凤翔①。以长子广平王俶为天下兵马元帅，郭子仪副之。旬日之内，诸军大集，江淮租赋亦至。李泌再次陈策，请先取范阳。肃宗以为迂阔，不从。李泌对曰："今以此众，直取两京，必得之。然贼必再强，我必又困，非久安之策。"并详陈其所以然："今所恃者，皆西北守塞及诸胡之兵，性耐寒而畏暑。若乘其新至之锐，攻禄山已老之师，其势必克。两京春气已深，贼收其余众，遁归巢穴；关东地热，官军必困而思归，不可留也。贼休兵秣马，伺官军之去，必复南来，然则征战之势未有涯也（胡三省注云：后果如泌所料）。不若先用之于寒乡，除其巢穴，则贼无所归，根本永绝矣。"肃宗曰："朕切于晨昏之恋（胡三省注云：言急于复两京，迎上皇），

◆◆◆◆◆◆◆◆◆◆

① 凤翔，原为岐州。至德元载（756）改为凤翔郡，两京收复后，因曾为行在，一度改为西京，而以长安为中京。见《元和郡县志》关内道。

不能待此决矣（胡三省注云：言决不能从泌之策也）。"

九月，广平王俶与郭子仪率诸军十五万与叛军十万决战于长安之南，香积寺以北。总算大破叛军，余众溃逃，官军遂入长安。十月，又克东京洛阳。二帝先后返京。十二月戊午（十五日），颁诏大赦天下。

乾元元年（758）春，大明宫早朝，中书舍人贾至心中感奋，赋七律一首，题曰《早朝大明宫呈两省僚友》，诗曰："银烛朝天紫陌长，禁城春色晓苍苍。千条弱柳垂青琐，百啭流莺绕建章。剑佩声随玉墀步，衣冠身惹御炉香。共沐恩波凤池里，朝朝染翰侍君王。"在贾至首倡之下当时在朝做官之诗人皆有和章。左拾遗杜甫《奉和贾至舍人早朝大明宫》云："五夜漏声催晓箭，九重春色醉仙桃。旌旗日暖龙蛇动，宫殿风微燕雀高。朝罢香烟携满袖，诗成珠玉在挥毫。欲知世掌丝纶美，池上于今有凤毛。"右补阙岑参《奉和中书舍人贾至早朝大明宫》云："鸡鸣紫陌曙光寒，莺啭皇州春色阑。金阙晓钟开万户，玉阶仙仗拥千官。花迎剑佩星初落，柳拂旌旗露未干。独有凤凰池上客，阳春一曲和皆难。"太子中允王维《和贾舍人早朝大明宫之作》云："绛帻鸡人报晓筹，尚衣方进翠云裘。九天阊阖开宫殿，万国衣冠拜冕旒。日色才临仙掌动，香烟欲傍衮龙浮。朝罢须裁五色诏，佩声归向凤池头。"此组宫廷诗仅就诗歌技巧而言，可谓至矣，尽矣，蔑以加矣！诗人们缅怀盛世，渴望中兴之心情亦可以理解，无奈其与当时现实相去霄壤何！以致后世有人竟将"九天阊阖开宫殿，万国衣冠拜冕旒"一联当成"盛唐气象"之名句，而成为笑话。

肃宗乾元二年（759），李白三月在巫山遇赦，复上溯至夔州治城奉节行礼如仪以后获释，立返江陵，旋至江夏，已是熏风拂面时节。

李白此时既已身入蜀门，何以不返故乡一行？既已买舟东下，又何以不往宗氏所在之豫章（今南昌）团聚？而是急忙忙、兴冲冲返至江夏，且在江夏滞留数月之久？盖因此时，李白前此之冤屈与怨恨，消沉与晦气，以及归隐与修道之决心，统统一扫而光；盖因此时，他心中突发此想："今圣朝已舍季布，当征贾生"①；盖因此时，任何亲友，任何事物，一概不及他心中勃发之中兴梦。他竟忘记自己"虽经恩赦，未获昭雪"，尚是不清不白之身，却梦想参与中兴大业。而江夏此时正是南方最大的政治中心，其中兴气氛之浓不减京师，正是李白大做其好梦的去处。

试看李白初还江夏所作《自汉阳病酒归寄王明府》一诗。刚一还至江夏，即因饮酒过度而患酒病，酒病未愈，又与汉阳县令

---

① 语见《江夏送倩公归汉东序》。季布，秦汉之际，曾为项羽将，数窘刘邦，及邦为帝，始欲杀之，终于赦之。贾生，即贾谊，汉文帝时博士，受谗遭贬，后被召回，拜为梁怀王太傅。

续订新约：

> 去岁左迁夜郎道，琉璃砚水长枯槁。今年敕放巫山阳，蛟龙笔翰生辉光。圣主还听子虚赋，相如却欲论文章。愿扫鹦鹉洲，与君醉百场。啸起白云飞七泽，歌吟渌水动三湘。莫惜连船沽美酒，千金一掷买春芳。

此诗可谓纯系梦中人语。

再看《流夜郎半道承恩放还兼欣克复之美书怀示息秀才》一诗。此位息秀才，不知何许人也；此时李白，陌路人亦成至交。开头几句往事匆匆带过，便是："遥欣克复美，光武安可同。""回舆入咸京，席卷六合通。""大驾还长安，两日忽再中。""愧无秋毫力，谁念矍铄翁？弋者何所慕，高飞仰冥鸿。"……不惜夸大其辞者，志在东山再起也。

再看《赠从弟南平太守之遥》。既然陌路人已成至交，凡李姓人则皆是兄弟。不管别人正在贬谪途中，心情如何，他却翻开二十年前老皇历："……天门九重谒圣人，龙颜一解四海春。彤庭左右呼万岁，拜贺明主收沉沦。翰林秉笔回英盼，麟阁峥嵘谁可见？承恩初入银台门，著书独在金銮殿。……"当李之遥告知他："时因饮酒过度，贬武陵。"他随口又续一首："……谪官桃源去，寻花几处行。秦人如旧识，出户笑相迎。"此时李白把谪官竟也看成风流韵事！实则两京收复距乱事平定尚远，中原战事反复尚多，无论朝野上下都高兴得太早。

其所以高兴得太早，固然是天下太平众望所瞩，但至德二载（757）十二月朝廷所颁《两京收复大赦诏》之大肆吹嘘（实则是肃宗自我吹嘘），使人以为大乱既平，中兴在望，结果却是自欺欺人，甚至是中原战事反复之祸因。彼时李白闻此大赦诏尚在浔阳狱中，正值长流前夕，曾有《流夜郎闻酺不预》一诗，诗曰："北阙圣人歌太康，南冠君子窜遐荒。汉酺闻奏钧天乐，愿得风吹到夜郎。"酺，聚饮也。大赦诏末有"普天之下，赐酺五日"之语。"不预"者，无份也。当时李白唯有满腹冤怼与辛酸，甚至生死未卜，何敢有他想？本年遇赦获释后之所以大发梦癫，半是他动辄浮想联翩，半是先前那一通大赦诏种下之根苗，此时亟须开花结果。

光阴荏苒，已届高秋。八月五日乃是上皇圣诞（初名千秋节，后改天长节），兹当西京光复之日，焉能不大肆庆祝一番？于是朝廷加郡守为特使，以县令为主事，选鄂州之胜地，设帐宴于东郊。郡僚上寿，杂戏备陈。中京既睹于汉仪，列郡还闻于韶乐。李白躬逢其盛，自然情不自禁。东回舞袖，西笑长安。而有《天长节使鄂州刺史韦公德政碑》，洋洋洒洒千有余言之宏文，一歌上皇之伟业与圣诞；二颂今上收两京、安六合之大功；三美邦伯韦公治鄂之德政；四纪江夏县令薛公主持盛典之干才。

此文既成，意犹未已，李白又趁热打铁，写成几达百韵之长诗一首,《经乱离后天恩流夜郎忆旧游书怀赠江夏韦太守良宰》,专门陈献给请他三上黄鹤楼之恩公,即将赴调入京"将有大用"之朝臣。

诚如《唐宋诗醇》所云:"此篇历叙交游始末,而白生平踪迹亦略见于此。……通篇以交情、时势互为经纬,汪洋浩瀚,如百川之灌河,如长江之赴海。卓乎大篇,可与《北征》并峙。"但是他千言万语,归根结底,念兹在兹,翘首以待之事,而且自以为理所当然之事:朝廷既赦免了他,即将起用他,用他参与中兴大业,用他未能见用于永王之奇计,彻底平定叛乱。唯独此事却毫无结果。虽然,他在《赠江夏韦太守良宰》一诗之末直言拜上:"君登凤池去,勿弃贾生才。"但谁知韦太守一离江夏即杳如黄鹤。

二 划却君山好

正值李白春梦阑珊之际,中原战事一次大反复,有如一场沙尘暴,立将朝野上下之中兴梦一扫而光。先是乾元元年(758)十月,诏命郭子仪与李光弼率领九节度使共二十万兵力,围攻叛军所据之河北道相州邺城。邺,古为盘庚所都,曰殷墟。曹魏、苻秦、东魏、高齐等朝皆曾以为都城。当时其下所控七郡六十余城皆贼枝党,具有重要战略地位,故以大军临之。否则两京又岌岌可危。然肃宗以郭、李二人皆元勋,难相统属,故不置元帅,但以宦官鱼朝恩为观军容宣慰处置使（观军容使之名自此始）。后因郭、李受制于鱼，屡失战机，城久不下，师老气衰，又因诸军乏食，遂致上下解体。史思明自称大燕皇帝，改元顺天，立其子朝义为怀王。此乾元二年（759）春夏间事也。

中兴梦碎，李白仍然睡眼惺忪，不甘遽去，遂暂离江夏，权游洞庭。

在洞庭湖畔之岳州（巴陵），与故人贾至、族叔李晔，三人不期而遇。尚未及开颜一笑，皆已苦水涟涟。原来贾至已在乾元元年（758）春早朝大明宫之后，由中书舍人出为汝州刺史，到任不久，即逢九节度使大军之溃。他一介书生只有随风披靡，逃至襄、邓。"坐小法"，贬为岳州司马。李晔则因与宦官李辅国相处不协，由刑部侍郎贬为岭南尉，路过岳州。李晔年已花甲，明知此去岭南，恐无生还之日，但与其死于权奸之手，不如埋骨异域。李白听后，颇为佩服，故以"侍郎叔"称之。贾至与其父贾曾，世掌丝纶，不曾做过外官，未免有些娇气，隐有怨嗟之意。在李白看来，简直是小菜一碟，何足道哉！反而有《巴陵赠贾舍人》一首表示劝慰：

贾生西望忆京华，湘浦南迁莫怨嗟。圣主恩深汉文帝，怜君不遣到长沙。

前二句，以汉贾谊喻贾至，劝其自长安南迁且"莫怨嗟"。后二句，以汉文帝喻肃宗。意谓：昔者汉文帝贬贾谊于长沙，今上仅遣君至岳州耳。须知岳州较之长沙，五百余里也，圣主怜君之恩，惜才之意，可谓深矣！贾至一听，赶快打住，再不敢吱声。李白此诗何尝是安慰他，分明是讽刺"今上"：以五十步笑百步，"直不百步耳，是亦走也！"

于是，最后李白只陪李晔游湖，有《陪侍郎叔游洞庭醉后三首》：

其 一

今日竹林宴，我家贤侍郎。三杯容小阮，醉后发清狂。

其 二

船上齐桡乐，湖心泛月归。白鸥闲不去，争拂酒筵飞。

其 三

划却君山好①，平铺湘水流。巴陵无限酒，醉杀洞庭秋。

◆◆◆◆◆◆◆◆◆◆◆◆

① 君山在洞庭之东北角，巴陵城又在君山之东北，若自城岸放眼洞庭，则君山横陈其前，浩渺湖水似因此山阻遏而不能畅流者，故发此奇想。盖因心中有块垒之故，欲一泄为快也。

李白将数月以来在江夏过于热中的五脏六腑，借洞庭湖水涤荡了一番。恨不能将心中块垒，同君山一起划去。

三　独茕茕而南征

游罢洞庭，李白正欲返至江夏，却闻襄州将康楚元、张嘉延据州作乱，旋即袭破荆州，乱事且延及洞庭。归路既阻，李白遂南游潇湘，意欲至洞庭南之湘阴，一访多年隔绝之故人崔成甫。殊不知成甫早已去世，所幸者唯有其所作《泽畔吟》诗集尚存。李白捧读已毕，掩卷挥涕为作序云：

《泽畔吟》者，逐臣崔公之所作也。公代业文宗，早茂才秀。起家校书蓬山，再尉关辅，中佐于宪车，因贬湘阴。从宦二十有八载，而官未登于郎署，何遇时而不偶耶？所谓大名难居，硕果不食。流离乎沅湘，摧颓于草莽。同时得罪者数十人，或才长命夭，覆巢荡室。崔公忠愤义烈，形于清辞。恸哭泽畔，哀形翰墨。……惧奸臣之猜，常韬之于竹简，酷吏将至，则藏之于名山。前后数四，蠹伤卷轴。观其逸气顿挫，英风激扬，横波遗流，腾薄万古。至于微而彰，婉而丽，悲不自我，兴成他人，岂不云怨者之流乎？……

此序多处亦可谓李白"夫子自道"。借他人酒杯，浇自家块垒。

李白继续南游，直至永州（零陵郡）。永州秦属长沙郡，汉为长沙国，隋文帝时置州，因水为名，后复为零陵郡，唐代因之。《史记》舜葬九疑，即此也。《索隐》引《山海经》云："南方苍梧之丘，苍梧之泉，在营道南，其山九峰皆相似，故曰九疑。"《水经注》云："（九疑山）蟠基苍梧之野，峰秀数郡之间。"

于是李白登九疑而为《悲清秋赋》："登九疑兮望清川，见三湘之潺湲。水流寒以归海，云横秋而蔽天。……归去来兮，人间不可以托些，吾将采药于蓬丘。"又有《赠卢司户》诗。卢司户，名象，字伟卿，曾为左拾遗，膳部员外郎。大乱起时，适在洛阳，受安禄山伪官，贬永州司户参军。见《新唐书·艺文志》。又有《草书歌行》，作于当时草书家怀素和尚处。

释怀素，字藏真，俗姓钱，零陵人，称其郡望曰长沙。初励律法，晚精翰墨，追仿不辍，秃笔成冢。一夕，观夏云变化，顿悟笔意，自谓得草书三昧，见《宣和书谱》。李白游零陵时，怀素年仅三十四岁，但在湖南数郡中已颇有名气，数有赍金以求者。其住处名绿天庵，因遍种芭蕉以备其挥洒之用，故名。李白喜其幽静，怀素又招待殷勤，二人既有同好，故相处有日。李白为怀素所作《草书歌行》，自属精心之作，颇有神来之笔。况对怀素高度称许，怀素宝之，自不待言。孰知事后乃有大谬不然者，盖世事之移人性情也。详后。

《草书歌行》全诗如下:

少年上人号怀素,草书天下称独步。墨池飞出北溟鱼,笔锋杀尽中山兔。八月九月天气凉,酒徒词客满高堂。笺麻素绢排数箱,宣州石砚墨色光。吾师醉后倚绳床,须臾扫尽数千张。飘风骤雨惊飒飒,落花飞雪何茫茫。起来向壁不停手,一行数字大如斗。恍恍如闻神鬼惊,时时只见龙蛇走。左盘右蹙如惊电,状同楚汉相攻战。湖南七郡凡几家,家家屏障书题遍。王逸少,张伯英,古来几许浪得名。张颠老死不足数,我师此义不师古。古来万事贵天生,何必要公孙大娘浑脱舞?

上人,是对僧人的尊称,据今人傅抱石《中国美术年表》,怀素生于开元十三年(725),小白二十五岁。白游零陵时,怀素年三十四,故可称"少年上人"。"墨池"即砚池,"北溟鱼"用《庄子·逍遥游》典,北溟鱼即大鹏也,喻其书法如鹏鸟高举腾飞,掩遏天地,强劲有力。"中山兔"代笔,王羲之《笔经》:"诸郡豪(笔铬也)唯中山兔肥而毫长可用。"句谓怀素秃笔成冢,几若杀尽中山之兔。"八月九月天气凉"以下,极写怀素挥毫时之神态飞扬及其草书之夭矫惊世。"王逸少"即晋王羲之,人称"书圣";"张伯英"即东汉张芝,人称"草圣"。"浪得名"犹言妄得名。

此夸张说法也。"张颠"即盛唐张旭，《旧唐书·张旭传》："吴郡张旭善草书而好酒，每醉后号呼狂走，索笔挥洒，变化无穷，若有神助，时人号为张颠。"公孙大娘为盛唐时善为"剑器舞"（宫廷"健舞"之一种）者，杜甫《观公孙大娘弟子舞剑器行》诗序云："开元三载，余尚童稚，记于郾城观公孙氏舞剑器浑脱，浏漓顿挫，独出冠时……往者吴人张旭，善草书书帖，数尝于邺县见公孙大娘舞西河剑器，自此草书长进。豪荡感激，即公孙可知矣。"末数句谓张旭尚凭借外力，赞怀素草书全凭天然，得于己身之体悟，无须外力之助。

此诗自宋以来诸家皆视为赝品，独有郭沫若力排众议，不以为伪。其说大体可从，惜其冗长，详见其《李白与杜甫》一书。兹仅作补充如下：

断此诗为赝品之诸家中，以胡应麟说最为有力，其言曰："今观素师《自叙》，钱起、卢纶等句，无不备录，顾肯遗太白？此证甚明。"郭氏惜未及之。然胡氏所质亦是一隅之见，当时情况尚有胡氏所不知者。怀素以草书名天下，与张旭并肩，号"颠张狂素"，或"以狂继颠"。当时（尤以安史乱后）赋诗赞许者甚多，怀素《自叙帖》并未备录，所录者仅九人，其余有诗流传至今而为《自叙帖》所遗者，除李白外，尚有苏涣、任华、马云奇等人。《自叙帖》作于代宗大历十二年（777），时怀素五十三岁，游长安，日出入于王公大人之门。见任华《怀素上人草书歌》。所为

《自叙》，实用于干谒。故其所录之人，赞扬之辞，如刑部尚书颜真卿、礼部侍郎张谓、吏部侍郎韦陟、御史许瑶、窦冀、戴叔伦，尚书司勋郎卢象，司勋员外郎钱起，永州刺史王邕，皆为显宦与名流。此等人物之奖掖有利于干谒，故为《自叙》所录。而任华终身为布衣，苏涣以谋反被诛，马云奇为吐蕃掳去（见《全唐诗外编》第二编），李白则是刑余之人，况已故去，其因何而卒亦属可疑①。凡此种种皆不利于怀素之干谒活动，宜其不录。故胡氏之说亦不足为据。由此反可以窥知李白暮年沦落及身后萧条之甚，死后十余年，怀素还嫌他晦气。

四　捶碎黄鹤楼

李白此时可谓已行至南天尽头，况已是天寒岁暮，游子思归之节。此时荆襄乱事已平，郢路已通。不作归计，更待何时？

当李白返至江夏时，已是上元元年（760）春，李白已年届六十矣。

由于贼势复炽，江夏一度甚浓之中兴气氛早已消歇，新交旧好亦皆各自东西。不期而遇者，唯有南陵县令韦冰因事过此，于是二人泛舟赤壁，畅游一日。李白有《江夏赠韦南陵冰》一首，

----

① 详见第十三章《卒葬考异》。

全诗如下:

> 胡骄马惊沙尘起,胡雏饮马天津水。君为张掖近酒泉,我窜三巴九千里。天地再新法令宽,夜郎迁客带霜寒。西忆故人不可见,东风吹梦到长安。宁期此地忽相遇,惊喜茫如堕烟雾。玉箫金管喧四筵,苦心不得申长句。昨日绣衣倾绿樽,病如桃李竟何言?昔骑天子大宛马,今乘款段诸侯门。赖遇南平豁方寸,复兼夫子持清论。有似山开万里云,四望青天解人闷。人闷还心闷,苦辛长苦辛。愁来饮酒二千石,寒灰重暖生阳春。山公醉后能骑马,别是风流贤主人。头陀云月多僧气,山水何曾称人意?不然鸣笳按鼓戏沧流,呼取江南女儿歌棹讴。我且为君捶碎黄鹤楼,君亦为吾倒却鹦鹉洲。赤壁争雄如梦里,且须歌舞宽离忧。

"胡马"二句谓安史之乱,洛阳陷落。"天津水"指洛阳天津桥下之水。当白流夜郎时,韦冰为官在张掖郡;张掖、酒泉,皆在陇西道,今属甘肃。"天地再新",指至德二载(757)冬长安、洛阳两京收复,肃宗、玄宗相继回朝;"法令宽",指朝廷此期屡颁赦令。由此二句,李白此期之处境与心情可知,仍然是"夜郎迁客",不过因天旱遇赦获释而已。"玉箫金管"二句,谓自己虽参与宴会,然心情不欢,不能畅写心曲也。"申长句"犹言创作长篇诗歌。"绣衣"指侍御史；数句谓即如昨日侍御史开设之宴会，众官欢聚而己则如病桃李（古云："桃李不言。"何况病桃李也）抑郁不言。"昔骑天子大宛马"是说往日待诏翰林之荣耀，"今乘款段诸侯门"是说今日之不得意。"款段"，马行迟缓，代指劣马。"赖遇南平"以下，写其困顿时得知心朋友之照拂，心情渐为开豁。朋友者，南平太守李之遥及韦冰也；堪称知心者，在于南平能"豁方寸"（即敞开心扉），而韦冰能"持清论"（于己持论公道）也。面对知心之友，李白在酒酣耳热之后，笔下有如风生，写其狂态，"捶碎黄鹤楼"即发狂之语，然非真狂，实以自遣，排其郁闷之气也。

黄鹤楼自然未被李白捶碎，倒是李白之中兴梦为京师重大新闻粉碎无余。上元元年（760）七月，肃宗素所宠幸之宦官李辅国，竟以武力逼迁上皇于西内。肃宗张皇后亦预其谋。

先是天宝间，李辅国初侍东宫。太子亨至灵武后愈亲近，肃宗即位后遂重用之。返京后，拜殿中监等官职，并参与机要，更日益跋扈。每诏书下须经辅国署讫乃施行，群臣不敢议。

上皇素爱其所居之兴庆宫（俗称南内），自蜀归，仍居之。龙武大将军陈玄礼、内侍监高力士多年侍卫上皇，玉真公主、如仙媛以及梨园弟子若干人亦常侍娱左右。上皇每登长庆楼（南临大道），父老过者往往瞻拜。某日有剑南奏事官过楼下拜舞，上皇命玉真公主作主人赐以酒食。李辅国遂言于肃宗曰："上皇日与外人交通，陈玄礼、高力士谋不利于陛下。"肃宗初不听，辅国谗之不已。终于矫诏称上意,并以五百骑遮道奏。上皇惊,几坠。虽有高力士叱令辅国下马,并宣上皇诰曰:"诸将士好在!"将士皆纳刃,下马,再拜,呼万岁,但终为辅国逼迁入西内,居甘露殿(在玄武门内)。所留侍卫兵仅老弱数十人。陈玄礼、高力士、玉真公主以及旧宫人等皆不得留侍左右。刑部尚书颜真卿首率百僚上表,请问上皇安居,辅国恶之,奏贬蓬州刺史。陈玄礼随即致仕,高力士等外流,玉真公主出居玉真观。自是以后,上皇浸以成疾。其后肃宗稍悔悟,恶辅国,欲除之,但畏其据兵(玄武门北军已在其掌握中),竟犹豫不能决。既而肃宗亦有疾。以上见《通鉴·唐纪》上元元年(760)前后,两《唐书·肃宗纪》略同。

五 《庐山谣》休作好景看

《庐山谣》,全题为《庐山谣寄卢侍御虚舟》,诸家皆以山水诗视之。作为山水诗固然已属上乘,况其中尚有深意存焉。

《新唐书·贾至传》:"从玄宗幸蜀,拜起居舍人,知制诰。帝传位,……历中书舍人。"有《授卢虚舟殿中侍御史制》,则卢虚舟为殿中侍御史必在至德以后。由此可知,李白此诗当在上元年间由江夏赴豫章(时宗氏寄居于此)途中登庐山作。

欲窥此诗寓意,须从此期宫廷内讧入手。所谓宫廷内讧,即宦官李辅国与皇后张氏狼狈为奸,干预政事,制造祸乱,为害国家也。

试将此诗置于上节所述背景之下,其意自现。

《庐山谣寄卢侍御虚舟》全诗如下:

我本楚狂人,凤歌笑孔丘。手持绿玉杖,朝别黄鹤楼。五岳寻仙不辞远,一生好入名山游。庐山秀出南斗傍,屏风九叠云锦张,影落明湖青黛光。金阙前开二峰长,银河倒挂三石梁。香炉瀑布遥相望,回崖沓嶂凌苍苍。翠影红霞映朝日,鸟飞不到吴天长。登高壮观天地间,大江茫茫去不还。黄云万里动风色,白波九道流雪山。好为庐山谣,兴因庐山发。闲窥石镜清我心,谢公行处苍苔没。早服还丹无世情,琴心三叠道初成。遥见仙人彩云里,手把芙蓉朝玉京。先期汗漫九垓上,愿接卢敖游太清。

首二句用楚狂接舆事。《论语·微子》:"楚狂接舆歌而过孔子,曰:'凤兮凤兮,何德之衰!往者不可谏,来者犹可追。已而已而,今之从政者殆而。'"孔颖达疏:"接舆,楚人,姓陆名通,字接舆。昭王时,政令无常,乃被发佯狂不仕。"楚狂、孔丘,皆白自喻,以今日之我笑昨日之我,不知乱世从政之危也。"南斗"为星宿名,古以南斗为寻阳分野。庐山在寻阳南数十里。"屏风"即屏风叠,在庐山五老峰下。"明湖"即彭蠡湖,今称鄱阳湖。"金阙""香炉"皆庐山峰名,"三石梁"又名三叠泉,为瀑布,水势三折而下,故名。以上点缀庐山各处胜景;自"翠影红霞映朝日"以下再极写庐山壮丽景观,意在讽劝卢虚舟引退。然"黄云万里""白波九道"又不可当纯粹景观看。《史记·天官书》:"(风)从西方来,若旦有黄云,恶。"古时屡以黄云为恶兆。《十六国春秋》:"后赵石勒建平四年,有黄云如幕,长数十匹,其年石勒死。"又《春秋运斗枢》:"势集于后族,黄云四合,女讹惊邦。"《春秋感精符》:"妻党翔,则黄云入国。"故此佳景皆有暗示也。"白波九道"亦是洪水浩瀚泛滥之状,非纯粹佳景也。"石镜"亦庐山景物,相传山之东有一团石悬崖,若明镜,可照人,见《寻阳记》。"谢公"指谢灵运,灵运有《登庐山绝顶望诸峤》,诗云:"峦陇有合沓,往来无踪辙。"二句意谓既窥石镜以清心,又效前贤以灭迹。"还丹"即九转还丹,是道教所炼外丹,服之可以长生。见《抱朴子·内篇》。"琴心三叠"语出《黄庭内景经》之"琴心三叠舞胎仙",为心旷神怡之境界,此道教所谓之内丹也。"玉京"为道教之天庭。以上乃以学道求仙讽劝卢虚舟引退。末二句,以古神仙人卢敖拟卢虚舟。卢敖,秦时燕人,始皇召为博士,使求神仙,亡而不返。传说敖游于北海,见一奇士,形容古怪,行为诡秘,敖欲与之为友,奇士言其所游甚远,敖不能及,且曰:"吾与汗漫期于九垓之外。"言毕竦身,遂入云中。见《淮南子·道应》及高诱注。此盖以奇士自拟,言己愿助虚舟高举远引也。

此诗题用《庐山谣》，即已暗用《诗·魏风·园有桃》："园有桃，其实之殽。心之忧矣，我歌且谣。不知我者，谓我士也骄。……心之忧矣，其谁知之？其谁知之，盖亦勿思。"《诗》小序云："园有桃，刺时也。"朱熹《诗集传》："诗人忧其国小而无政，故作是诗。……然不知我之心者，见其歌谣而反以为骄。"是作者开宗明义即以诗旨著于题端矣。

诗之开篇用楚狂接舆与孔子事，楚狂与孔子实皆自喻：以今日之我，笑昨日之我也。今日之我，酒阑人散，中兴梦醒，故觉昨日之我在江夏言行有如大发梦癫为可笑也。遂以此《谣》自嘲。

梦醒以后，方知不但中兴杳渺，乱事反复，且宫廷内部又有危机，而友人尚流连富贵，故亦以此《谣》讽之。既用庐山胜景诱引之，复用前贤言行以警示之，更用学道求仙以劝导之，皆是高举远引之意。

故知《庐山谣》既是一首杰出之山水诗，又是一服解热之清凉剂。全诗多处用事，几乎皆臻于"羚羊挂角，无迹可求"之境。沉思翰藻，皆属上乘。若仅作好景看，未免有负李白。

六　垂老别

李白与宗氏，自天宝九载（750）结缡以来，至上元元年（760）恰是十年。十年间，李白遂以梁园宗氏庄为家。东鲁子女已长大成人，唯婚嫁未毕而已。

此十年间，李白接连有幽州之行、三入长安之行、遁迹宣城之行，夫妻间离多聚少，但从《秋浦寄内》《自代内赠》《秋浦感主人归燕寄内》等诗看来："宝刀裁流水，无有断绝时。妾意逐君行，缠绵亦如之。……窥镜不自识，别多憔悴深。安得秦吉了，为人道寸心？""胡燕别主人，双双语前檐。三飞四回顾，欲去复相瞻。岂不恋华屋？终然谢珠帘。我不及此鸟，远行岁已淹。寄书道中叹，泪下不能缄。"两地相思之苦如此，两情之深可知矣。大乱起后，李白从叛军铁蹄下将宗氏抢救南来，避地庐山。患难夫妻相濡以沫，其意亦厚矣。不久，李白"从璘"罹祸，九死一生。宗氏历尽千辛万苦，为之八方奔走，到处求援。白有《在寻阳非所寄内》诗，以蔡文姬营救董祀相喻[1]。长流启程时，宗氏及其弟宗璟千里相送，白又有《双燕离》诗哀之，复以"莫邪剑"喻之。宗氏才情之非凡，李白感佩之无地，尚有何说？然则李白遇赦获释后，何以盘桓江夏，流连洞庭，远游南天，迟迟不去

---

[1] 陈留董祀妻者，同郡蔡邕女也，名琰，字文姬。祀为屯田都尉，犯法当死，文姬诣曹操请之。时公卿名士满堂，操谓宾客曰："蔡伯喈女在外，今为诸君见之。"及文姬进，蓬首徒行，叩头请罪，音辞清辩，旨甚酸哀，众皆改容。操曰："诚实相矜，然文状已去，奈何？"文姬曰："明公厩马万匹，虎士成林，何惜疾足一骑而不济垂死之命乎？"操感其言，乃追原祀罪。见《后汉书·列女传（董祀妻）》。

洪州（豫章郡，即今南昌市）与宗氏团聚哉？原来，李白正是对宗氏情深义厚，欲有以报之，不愿作为一个长流释放犯返回她身旁，因此在外流浪一年有余，终于无法可想，无处可去，直至山穷水尽，百无聊赖，这才返至江夏，返至庐山，返至豫章。甚至在即将返抵豫章之前一站，建昌县屈突县令处，又磨蹭数日，大醉一通，题诗一首，最后写道："风落吴江雪，纷纷入酒杯。山翁今已醉，舞袖为君开。"趁舞兴支身，酒兴遮脸，李白总算闯进了不是家的家门。

李白总算在是年岁晚回到他妻子宗氏身边，带给他妻子的，唯有洞庭烟波，九疑白云，浑身创痛，满面风霜。他妻子还报他的，唯有沉默无语，清泪数行。二人皆不知话从何说起。

宗氏寄寓之所，大概是其弟宗璟供职之处。州县胥吏能有禄米几何？恐只能维持其妻小温饱，更无余力供给李白夫妇。李白其所以获释后漂流在外，迟迟不归，当是亦因此故。宗氏其所以不归梁园，而久待李白于此，除梁园早破外，当是另有打算。李集中有《送内寻庐山女道士李腾空二首》，即作于次年春。王琦注引《庐山志》云："李腾空，宰相李林甫女也。幼并超异，生富贵而不染，遂为女冠，（与侍郎蔡某女寻真）同入庐山。蔡居屏风叠之南，李居屏风叠之北，学三洞法，以丹药、符箓救人疾苦。至三元八节，会于咏真洞，以相师讲。贞元中，九江守许浑以状闻，昭德皇后赠以金帛、土田。已而蜕去，门人收簪简瘗之。"

似此，无论宗氏与李、蔡等人是否有旧，前去庐山，当可见留。而李白一生萍踪浪迹，早已是四海为家，当不致有冻馁之虞。于是夫妻二人相聚不多日，遂又别去。自此一别，宗氏遂无下文。

李白送宗氏上庐山以后，即赴金陵。石头城不但今非昔比，而且竟是疮痍满目。上元元年（760）十一月，淮西节度副使刘展举兵作乱，祸延东南数州，朝廷命平卢兵马使田神功讨之，次年春展众败退入海，浙西节度副使李藏用又从而击破之。乱虽平，然田神功之平卢军竟又大掠十余日。史称："安史之乱，乱兵不及江淮，至是，其民始罹荼毒矣。"

当年故旧多已星散，李白几乎不知驻足何处。幸逢当地人士正在筹办一次盛宴，为平定乱事之李藏用路过金陵，一则接风，二则饯行，三则为其请功邀赏。此事非同小可，如果稍有怠慢，不定又是"大掠十余日"。何况此等盛宴照例必须有人赋诗作序，以示慎重。于是李白竟成为此会座上客。酒过三巡，李白抖擞精神，竭尽才力，即席挥毫，立成《饯李副使藏用移军广陵序》宏文一篇，又当众朗诵一番。当他朗诵至："我副使李公，勇冠三军，众无一旅。横倚天之剑，挥驻日之戈。……上可以决天云，下可以绝地维。翕振虎旅，赫张王师，退如山立，进若电逝。转战百胜，僵尸盈川。……一扫瓦解，洗清全吴。可谓万里长城，横断楚塞。……"方见李副使脸色多云转晴，金陵太守也如释重负。特别是念到"而功大用小，天高路遐。社稷虽定于刘章，封侯未施于李广。使慷慨之士，长吁青云。且移军广陵，恭揖后命"，李副使更听得十分专注，这几句正道出了他有功未赏之心事。最后念到："箫鼓沸而三山动，旌旗扬而九天转。……歌酣易水之风，气振武安之瓦。海日夜色，云帆中流。席阑赋诗，以壮三军之事。……"太守竟带头鼓起掌来，全场欢声雷动，主客皆大欢喜。结果，李藏用倒是凭舆论之力高升高高升，而李白所得不过数十贯润笔之资，够他近月酒钱而已。

未几，李白又出现在宣城人士欢送刘副使入秦的筵席之上。主人不是别人，恰是三年前永王璘帐下大将季广琛，此时已是宣州刺史兼浙西节度使，俨然南天一柱。其副使刘某上年亦曾参与平定刘展之乱有功未叙，季广琛有意使之入朝以图机遇。前在饯送李副使移军广陵席上既有慰劳之序，今在饯送刘副使入秦席上岂能无宠行之诗？不知是李白闻讯赶来，抑或是季广琛派人招至，照例在酒足饭饱之后，大笔一挥，完成《宣城送刘副使入秦》诗一首。刘副使听见"君即刘越石，雄豪冠当时"，便自己干了一杯；季广琛听见"秉钺有季公，凛然负英姿"，便自己浮一大白。其余僚佐也随之大吃大喝，谁也未曾注意，李白在诗中所用《北门》一事是何意思①。大约一个时辰，众皆散去。一笔酬金送到手

◆◆◆◆◆◆◆◆◆

① 《诗·邶风·北风》："出自北门，忧心殷殷。终窭且贫，莫知我艰。已焉哉，天实为之，谓之何哉！"朱熹注："卫之贤者，处乱世，事暗君，不得其志，故因出北门而赋以自比。"（《诗集传》）

中，李白也就各自走路。按说，季广琛应该留李白住些时日，但是，前者"拥众归降"，便"位至节度"，后者"只身逃遁"，即"不免窜流"，二人单独相对，岂不尴尬之极？

李白流落江东，也并非一年四季皆有上述运气，亦有"倾家无酒钱"之时，到州县门上打秋风之时，甚至干脆开口乞贷之时。所幸开元极盛日好客养士之风尚有些许残余，使李白不至于成为街头饿殍。

第十三章
千秋万岁名，寂寞身后事
—— 沦落以终

一　群贼火并，二帝同崩

安史乱事，自玄宗天宝十四载（755）十一月爆发以来，经过肃宗至德、乾元、上元，至宝应元年（762）四月，已为时七年有余。此数年间，大唐国事真可谓"如蜩如螗，如沸如羹"！千头万绪，何可胜述？兹当乱事即将进入最后阶段之际，须将叛军魁首先后火并情况补志于此，连类而及并将玄、肃二帝同月而崩情况预志于此。

安禄山早已在至德二载（757）正月，即其在洛阳僭号称帝周年之际，为其长子庆绪所杀。庆绪旋即继位称帝。史思明握有重兵，拥有巨资，渐不听庆绪之命。两京收复后，思明曾以十余万众投降朝廷，未几复叛。乾元二年（759）春正月，史思明于魏州自称大圣燕王，与安庆绪约为兄弟之国，旋杀之。四月，僭号于范阳，亦称大燕皇帝。以长子朝义为怀王，据守相州（邺城）。九月，思明复入洛阳，城空，无所得，退屯白马寺。命朝义西寇陕州，意欲入关，未得逞。朝廷诸节度使与史思明相持于中原，为时甚久，其间互有胜败。尤以朝廷用宦官监军，数使将帅掣肘，最为害事。以致郭、李二帅亦有九节度之溃，继又有邙山之败。因九节度之溃及邙山之败，郭子仪一度被置于散地，李光弼固求自贬。贼势又复大炽，史思明及其子朝义竟欲乘胜入关，未能得逞。上元二年（761），史思明为朝义所杀。朝义旋亦继位称帝，并密使人至范阳杀其异母弟与其后母以及不附己者数十人。其党又自相攻击，死者数千，数月乃定。但朝义所部节度使皆安史旧将，朝义召之，多不至，略相羁縻而已。

肃宗宝应元年（762），四月甲寅（初五日），太上皇崩于神龙殿，终年七十八。同月丁卯（十八日），肃宗崩于长生殿，终年五十三。二人之死，正史虽无异辞，然后世颇有疑之者。疑上皇为肃宗宠臣李辅国所暗杀。兹将有关线索略志如下：

先是西京收复后，肃宗即表请上皇东归，并称自还东宫复修臣子之职云云。旋因李泌之谏，更为群臣贺表，言上晨昏思恋，请速还京以就孝养之意。上皇初得肃宗表，彷徨不能食，只求与其剑南一道自奉，不复返京。后群臣表至，乃命食作乐，下诰定行日。见《通鉴》至德二载（757）。王夫之就此事评曰："肃宗之为此也,探玄宗失位怏悒之情而制之也。……不孝之大者,莫甚于匿情以相胁,故自立之罪可原,而请就东宫之恶不可逭。非邺侯(李泌)之善处,则南宫禁锢,不待他日,且使自毙于成都,恶尤烈于卫辄矣。群臣表至,玄宗乃曰:'今日为天子父乃贵。'所以明其不复愿为天子而自保其余年也,悲哉!"(《读通鉴论》卷二十三)

肃宗崩后,太子豫(即广平王俶)即位,是为代宗。曩在东宫,以李辅国专横,心甚不平,及嗣位,不欲显戮之。十月,壬戌夜,盗入其第,窃辅国之首及一臂而去。见《通鉴·唐纪》,《旧唐书》有关纪、传略同。

今人任士英《唐肃宗评传》对肃宗颇有好评,据《太真外传》之末亦言:"似乎在提示唐玄宗是在卧榻上暴死的。"并言:"从当时情况推想,唐肃宗已病入膏肓,从未放松对太上皇的戒备,此刻指示对西内采取突然行动,并非没有可能。……唐玄宗先于肃宗辞世,会使肃宗省去许多后顾之忧。"

鲁迅所欲创作之小说(或戏剧)《杨贵妃》尤其值得注意:鲁迅构思此作,为时已久,约自1921年至1924年,腹稿已就,曾先后多次向其友人谈及。其应西北大学之邀请,赴西安讲学,主要目的即在就此机会亲睹唐长安之风貌,以期获得感发,即可下笔。见孙伏园《鲁迅先生二三事》。鲁迅为此稿颇下了一番功夫,对于唐明皇和杨贵妃的性格,对于盛唐的时代背景、地理、宫室、服饰、饮食、乐器以及其他用具，统统考证得很详细。甚至某些具体写法亦曾与友人谈及。如作品之开篇"系起于明皇被刺的一刹那间，从此倒回上去，把他的生平一幕一幕似的映出来"。（许寿裳《亡友鲁迅印象记》）。如此开头，鲁迅亦曾向冯雪峰谈过："他想从唐明皇被暗杀，唐明皇在刀儿落到自己颈上的一刹那间，这才在那刀光中闪过他的一生，这样地倒叙唐明皇的一生事迹。"（冯雪峰《过来的时代》）

以上疑点虽无确据，亦难以使人释然。正史之所以滴水不漏者，或以其事关重大，牵涉过多欤？一部二十四史所掩盖之问题，岂少也哉！

二　暮年从军，半道病还

上元二年（761），五月，李光弼自河中入朝。复以光弼为河南副元帅，太尉兼侍中，都统河南、淮南等八道行营节度，出镇临淮（即泗州）。一则扫清安史残余势力，二则平定浙东袁晁之乱。此为安史之乱以来，最后一次重大战役。

八月，李光弼赴河南行营，诸将以史朝义兵力尚强，请南保扬州。光弼曰："朝廷倚我为安危，我复退缩，朝廷何望？"遂径趋彭城（即徐州）。时平叛诸将跋扈难制，光弼御军严肃，至彭城后即行整顿军纪，使兖郓节度使田神功进击史朝义，大破之。

先是田神功既克刘展，流连扬州未还。闻光弼至，惮其威名，遽还河南。故史称"（光弼）每申号令，诸将不敢仰视"（见《唐书》本传），意即唯有俯首听命也。

李光弼既大破史朝义于中原，遂得以遣将分兵讨伐袁晁。袁晁本为浙东某县胥吏，因擒贼有负，遂聚其类以反。先是因朝廷横征暴敛，人不堪命，多去为盗贼。及袁晁以其类反，遂多附之，不数年，竟聚众二十万。剽劫州县，奄有浙东之地，并一度流窜至江淮。上元之末，甚至僭号改元宝胜。本年十二月，李光弼命张伯仪等人将兵击之于浙西之衢州，连日十余战，大破之，生擒袁晁，未几，乱遂平。见《通鉴·唐纪》及《新唐书·张伯仪传》《王栖曜传》。

正是在上述背景之下，李白在宝应元年（762）之秋，有请缨之诗，从军之行。时白年已六十二，皤然一老翁矣。其诗题曰：《闻李太尉大举秦兵百万出征东南懦夫请缨冀申一割之用半道病还留别金陵崔侍御十九韵》。李太尉，谓光弼。懦夫，李白谦称。请缨，语出《汉书·终军传》，从军之意。一割，即"铅刀一割"，语出《后汉书·班超传》，言铅刀虽非利器，亦欲一试其锋。此崔侍御名字事迹皆不详，或为诗中"金陵太守"之幕僚。全诗如下：

秦出天下兵，蹴踏燕赵倾。黄河饮马竭，赤羽连天明。
太尉仗旄钺，云旗绕彭城。三军受号令，千里肃雷霆。函谷绝飞鸟，武关拥连营。意在斩巨鳌，何论鲙长鲸？恨无左车略，多愧鲁连生。拂剑照严霜，雕戈鬐胡缨。愿雪会稽耻，将期报恩荣。半道谢病还，无因东南征。亚夫未见顾，剧孟阻先行。天夺壮士心，长吁别吴京。金陵遇太守，倒屣欣逢迎。群公咸祖饯，四座罗朝英。初发临沧观，醉栖征虏亭。旧国见秋月，长江流寒声。帝车信回转，河汉复纵横。孤凤向西海，飞鸿辞北溟。因之出寥廓，挥手谢公卿。

此诗首四句，先写李光弼出镇临淮之声威。次四句，写光弼至临淮后，审时度势，北上至彭城，整肃军纪，召回田神功，大破史朝义。再次四句：函谷、武关，皆关中咽喉。巨鳌，喻袁晁。长鲸，喻安史残部。四句意谓：此次出征，意在平定袁晁之乱，粉碎安史残部自然不在话下，如此则关中亦可保无虞矣。再次六句：左车、鲁连，皆古之谋士，白自谦，实自喻；继言己之从军，一则雪国之耻，兼亦洗己之辱。再次六句：半道病还，故未能谒见今之周亚夫，己亦未能效法古之剧孟，是天不从人愿，良可叹也。以下，写返至金陵后，受到金陵人士欢送，不见款留之意见于言外；己则如孤凤将离此而入于寥廓矣，不知何往之情亦见于言外。

此诗，王琦以及当代诸家皆系于上元二年（761），其根据无非是李光弼奉诏及出镇在上元二年五月及八月。然光弼出镇之时，非即太白从军之日也。自诗题及诗中所言时事观之，太白闻讯时，光弼已自临淮北上彭城之后，除继续扫荡安史残余外，复又分兵遣将讨伐袁晁。晁之乱虽非始于本年（宝应），然其攻陷台州，并建元宝胜，则其时已近本年。光弼击晁于浙西之衢州并败之，时已在本年岁晚。见《通鉴·唐纪》及《新唐书·李光弼传》。自"意在斩巨鳌，何论脍长鲸"二句观之，太白之从军当在光弼扫荡河南安史残部已初告克捷，并已能分兵击袁晁于浙西之际，其出发及病还皆在本年秋间，故云："半道谢病还，无因东南征。"此时无论就光弼大军而言，或就太白个人而言，皆得谓"东南征"矣。自郭沫若以袁晁之乱为"农民起义"，论者遂称其众为"义军"。而以李白"半道病还"为幸（幸而未成为镇压农民起义之罪人）。窃以为：晁之众其义与非义当取决于大局，即是否有利于平定安史之乱，因此太白从军无论是否半道病还，皆无伤其大节，亦无须追究其"东南征"之初衷是扫荡安史，抑是平定袁晁。

李白从军之动机，可从遇赦获释后所作诗中一系列诗句得之："扫荡六合清，仍为负霜草"；"愧无秋毫力，谁念矍铄翁"；"愿雪会稽耻，将期报恩荣"；"中夜四五叹，常为大国忧"……无非是出于报国之心，以为只须报国有路，立尺寸之功，即可一洗"寻阳囚徒"之冤，一雪"夜郎迁客"之耻。他以六十二岁衰病之躯而有请缨之诗，从军之行者，实欲奋起作最后一搏，以求还他清白也。

三　李阳冰之高情厚谊

辞别金陵主人以后，李白决定前往当涂县，投靠县令李阳冰。

李阳冰，字少温，赵郡人，善词章，尤潜心小篆，前后殆三十年，遂自成一家。时颜真卿以书名世，真卿书碑，必得阳冰题其额，欲以擅联璧之美也。议者以虫蚀鸟迹语其形，风行雨集语其势，太阿龙泉语其利，嵩高华岳语其峻。有唐三百年，以篆称者，唯阳冰独步。乾元间为缙云令，后迁当涂令，皆有政声，最后官至将作少监。见《宣和书谱》及《金石录》。其仕履及政声皆为其篆书大名所掩。

虽然李白年长于阳冰，本是陇西李，而阳冰为赵郡李，此时此际，穷途末路，无处可去，也只有将阳冰认成"从叔"，而自称"小子"。郑重其事写成《献从叔当涂宰阳冰》一首。诗云：

金镜霍六国，亡新乱天经。焉知高光起，自有羽翼生。萧曹安岘岘，耿贾摧欃枪（chán chēng）。吾家有季父，杰出圣代英。虽无三台位，不借四豪名。激昂风云气，终协龙虎精。弱冠燕赵来，贤彦多逢迎。鲁连擅谈笑，季布折公卿。遥知礼数绝，常恐不合并。惕想结宵梦，素心久已冥。顾惭青云器，谬奉玉樽倾。山阳五百年，绿竹忽再荣。高歌振林木,大笑喧雷霆。落笔洒篆文,崩云使人惊。吐辞又炳焕,五色罗华星。秀句满江国,高才揽天庭。宰邑艰难时,浮云空古城。居人若薤草,扫地无纤茎。惠泽及飞走,农夫尽归耕。广汉水万里,长流玉琴声。雅颂播吴越,还如太阶平。小子别金陵,来时白下亭。群凤怜客鸟,差池相哀鸣。各拔五色毛,意重太山轻。赠微所费广,斗水浇长鲸。弹剑歌苦寒,严风起前楹。月衔天门晓,霜落牛渚清。长叹即归路,临川空屏营。

诗首言两汉之兴,各有贤佐,以喻唐之中兴,随即揄扬阳冰之德才,适当其会。虽未登于三台之位,而已不借四豪之名,激昂风云之气,终当为辅弼之材。再次以鲁连、季布自喻,然不肯妄干于人,唯欲进谒门下,区区素心,藏之已久。再次又以晋时竹林七贤之嵇康喻阳冰(己亦以七贤之俦自喻),不但文辞播于江表,亦将达乎天庭。再次又表扬阳冰之政绩:初来当涂时,古城空若浮云,居民有若薤草,未及三年,逃亡尽复,已似太平之世矣。最后则言己从金陵而来,诸位友人意亦厚矣,然如斗水之浇长鲸,终难久留。西望天门晓月,牛渚清霜,长叹就道,归路在即,何必临大江而彷徨乎?诗以自慰作结,而决心投靠阳冰之意见于言外。

此诗与上诗连续之迹,无论时局、节令、行踪及情怀,皆若合符节。若以从军之诗系于上元二年（761），则与献阳冰之诗不相接续矣。似此，太白当卧病何处耶？

李阳冰与李白前此之交往，虽未获其详，但两人神交已久，从此诗可得而知。阳冰既有战国四公子之风，况又有同族之谊，更加以有此披肝沥胆之赠诗，岂能不竭诚以待？

李白一来就卧床不起。似乎也自感不久于人世，而将全部诗稿交付阳冰，拜托阳冰整理付梓并为其作序。阳冰义不容辞，慨然允诺，并连日先写成《草堂集序》。《序》之末段文字如下：

> 阳冰试弦歌于当涂，心非所好，公遐不弃我，乘扁舟而相顾。临当挂冠，公又疾亟。草稿万卷，手集未修。枕上授简，俾予为序。论《关雎》之义，始愧卜商；明《春秋》之辞，终惭杜预。自中原有事，公避地八年，当时著述，十丧其九，今所存者，皆得之他人焉。时宝应元年十一月乙酉也。

在此段文字中，虽言李白"疾亟"，并未言李白病故。其末句："时宝应元年十一月乙酉也"，乃李阳冰《序》成之日，非李白病故之时甚明。南宋咸淳本即径作"时宝应元年十一月乙酉序"。而注家王琦误以之为李白绝命之期，其所编著之《李太白年谱》于宝应元年下书云："时李阳冰为当涂令，太白往依之，十一月以疾卒，年六十二。"后世不察，以讹传讹，竟成定论。实则次年李白尚在人世,既有史传碑碣文字为证,又有李白诗作若干首为证。

《新唐书·李白传》云:"代宗立,以左拾遗召,而白已卒,年六十余。"刘全白《唐故翰林学士李君碣记》云:"代宗登极,广拔淹瘁,时君亦拜拾遗。闻命之后,君亦逝矣。"范传正《唐左拾遗翰林学士李公新墓碑》云:"代宗之初,搜罗俊逸,拜公左拾遗。制下于彤庭,礼降于玄壤,生不及禄,没而称官。呜呼,命欤!"以上文字皆未具言白之终年,而似以白之卒时与诏下之日相去不远。《新唐书·代宗纪》:"广德二年正月丙午,诏举堪御史、谏官、刺史、县令者。"可谓"广拔淹瘁"。李白之被召为左拾遗,当在此时。此时,制虽下于彤庭(丹墀)而白已入于玄壤(幽冥),则白之卒约在广德元年(763)冬,其终年当为六十三岁。

广德元年(763)春正月,安史之乱以史朝义势蹙自杀而告终。李白尚有广德元年诗作若干首。

尚有《游谢氏山亭》一首:

沦老卧江海,再欢天地清。病闲人寂寞,岁物徒芬荣。借君西池游,聊以散我情。扫雪松下去,扪萝石道行。谢公池塘上,春草飒已生。花枝拂人来,山鸟向我鸣。田家有美酒,落日与之倾。醉罢弄归月,遥欣稚子迎。

诗云"沦老卧江海",又云"病闲人寂寞",情景极似病后复苏之状，而"再欢天地清"正符当时史实：两京收复，一欢也；安史乱平，再欢也。谢氏山亭，在当涂城南十五里之青山，有谢朓故宅基，环宅有流泉、奇石、松林、文竹，由宅后登山，凡三四里许，至一庵，庵前有小池，曰谢公池；又有小亭，亦名谢公亭。见陆游《入蜀记》卷三。李白多次往来当涂，并在该处盘桓，早与青山田家有旧，故而以酒相待。归时亦自有人相送，而家中又有稚子相迎。詹锳云："李华《故翰林学士李君墓志》云：'有子曰伯禽、天然，长能持，幼能辩。'（玩其语意似当如此断句，长指伯禽，幼指天然。）此诗中之稚子盖即天然也。"其说可从。伯禽，生于安陆，为许氏所出，此时大约年近"而立"，其所以谓之"长能持"盖谓其能持家也。天然，此时尚是稚子，当为宗氏所生。幼能辩，盖谓其言语敏捷也。

尚有《宣城见杜鹃花》一首：

蜀国曾闻子规鸟，宣城还见杜鹃花。一叫一回肠一断，三春三月忆三巴。

李白自青年时期"仗剑去国，辞亲远游"以后，一去忘返。其集中怀念故乡而且沉痛若此者，唯此一首。其"首丘"之作欤？

尚有《哭宣城善酿纪叟》一首：

纪叟黄泉里，还应酿老春。夜台无李白，沽酒与何人？

小诗四句，既云"黄泉"，又云"夜台"，亦属前所未有，盖亦伤己黄泉路近，夜台非遥耶？

其余《田园言怀》《览镜书怀》《见野草中有名白头翁者》。亦似此年所作。李白晚年而有田园，当为李阳冰"挂冠"而去之前代为安排者，其地或在青山之麓，或在龙山之麓（此二山隔溪相望），故其诗文集名《草堂集》。

唐代士大夫在本宅以外多有别业，以备公余消闲之用。例如王维有蓝田别业，岑参有终南别业，白居易谪居江州时，亦有庐山草堂，甚至杜甫流寓成都时，虽东乞西讨，亦建有浣花草堂。故可知李阳冰为当涂令时，在龙山或青山亦有别业，在挂冠去时，以之留赠李白，当属情理中事。

四　菊花何太苦，遭此两重阳

直至广德元年（763）九月，李白尚有《九日龙山饮》《九月十日即事》二首。

九日龙山饮，黄花笑逐臣。醉看风落帽，舞爱月留人。

《九日龙山饮》，王琦题注引《太平府志》云："龙山，在当涂县南十里，蜿蜒如龙，蟠溪而卧，故名。旧志载桓温以重九日与僚佐登山，孟嘉落帽事。或云孟嘉落帽之龙山当在江陵。而《元和志》《寰宇记》皆云是此山，疑必温移镇姑孰时事也。"可从。诗云"黄花笑逐臣"者，意谓时至今日仍是逐臣，因而见笑于重阳菊花也。

昨日登高罢，今朝更举觞。菊花何太苦，遭此两重阳。

《九月十日即事》，王琦注引《岁时杂记》云："都城重九后一日宴赏，号小重阳。菊以两遇宴饮，两遭采掇，故有太苦之言。"王注就其表面而言，自是此意。但此二诗言虽短而意长，言虽浅而意深，郭沫若早已有见于此，其言曰："花遭两次重阳，人遭两次重伤。"可谓得其意内言外之旨。但以李白一生两次大蹭蹬（赐金还山与长流夜郎）释之，似乎太远，太泛，尚有较此更为切近者。

窃按：重阳又作"天"解。《楚辞》屈原《远游》："集重阳入帝宫兮，造旬始而观清都。"注："上为阳，清又为阳，故曰重阳。"补注："积阳为天，天有九重，故曰重阳。"于是后世以重阳喻指朝廷。又按：代宗即位后曾有两次大赦诏：一是宝应元年（762）四月《即位赦》，二是广德元年（763）七月《册尊号赦》。前诏中，不仅对史朝义以下实行宽大政策，有能投降及率众归附者，"当超与封赏"；而且对永王璘亦予以赦免，"并宜昭雪"。见《唐大诏令集》卷二。后诏中，甚至对安禄山、史思明亲族，也"一切原免，并无所问"。（《唐大诏令集》卷九）可谓天恩浩荡，几乎宽大无边，但就是李白无份。

两次天恩，李白皆闻而不预，罪同安史，岂止"何太苦"？直是骇煞人！似此，李白怎能不"佯狂"？于是而有《笑歌行》《悲歌行》之作。

　　笑矣乎，笑矣乎！君不见曲如钩，古人知尔封公侯。君不见直如弦，古人知尔死道边。张仪所以只掉三寸舌，苏秦所以不垦二顷田。笑矣乎，笑矣乎！君不见沧浪老人歌一曲，还道沧浪濯吾足。平生不解谋此身，虚作《离骚》遣人读。笑矣乎，笑矣乎！赵有豫让楚屈平，卖身买得千年名。巢由洗耳有何益？夷齐饿死终无成。君爱身后名，我爱眼前酒。饮酒眼前乐，虚名何处有？男儿穷通当有时，曲腰向君君不知。猛虎不看机上肉，洪炉不铸囊中锥。笑矣乎，笑矣乎！宁武子，朱买臣，叩角行歌背负薪。今日逢君君不识，岂得不如佯狂人。

　　悲来乎，悲来乎！主人有酒且莫斟，听我一曲悲来吟。

悲来不吟还不笑，天下无人知我心。君有数斗酒，我有三尺琴，琴鸣酒乐两相得，一杯不啻千钧金。悲来乎，悲来乎！天虽长，地虽久，金玉满堂应不守。富贵百年能几何？死生一度人皆有。孤猿坐啼坟上月，且须一尽杯中酒。悲来乎，悲来乎！凤鸟不至河无图，微子去之箕子奴。汉帝不忆李将军，楚王放却屈大夫。悲来乎，悲来乎！秦家李斯早追悔，虚名拨向身之外。范子何曾爱五湖，功成名遂身自退。剑是一夫用，书能知姓名。惠施不肯干万乘，卜式未必穷一经。还须黑头取方伯，莫谩白首为儒生。

此二诗，自苏轼以来，宋元明清以及现当代诸家多以为伪作。或云："良由太白豪俊，语不甚择，集中往往有临时率然之句，故使妄庸敢尔。"（苏轼语）或云："言无伦次，情多反覆，忿语忉忉，欲心逐逐。……以之拟谪仙，谪仙岂若是之浅陋乎？"（朱谏语）或云："后人无识，将此入选，嗷訾者为粗浅人作俑矣。"（沈德潜语）或云："躁急之情溢于言表，而了无回环往复之致，断非白作。"（詹锳语）总而言之，并无实据。佯狂之说，既见于杜甫诗中，可见果有其事，且已传至数千里之外。此二诗"言无伦次，情多反复，忿语忉忉，欲心逐逐。……"多是反话正说，连他最崇拜之屈原亦加以嘲笑，谓之"虚作《离骚》遣人读"云云，岂不正是佯狂之作①？

至于李白何以诈为病狂之人，盖为避祸也。《史记·殷本纪》：纣杀比干，"箕子惧，乃佯狂为奴"。《淮南子·齐俗训》："箕子被发佯狂，以免其身也"；《汉书·邹阳传》以"箕子佯狂"与"接舆避世"相提并论，其意亦同。可见李白是在绝望与恐惧中走向他生命之终点。然则李白所惧何来？

乾元二年（759）春，李白在流途遇赦获释，乃是由于当时天旱大赦，他适在大赦范围之内。朝廷并未在任何时候，任何场合，以任何方式，宣布他无罪。此种情况，当时称为"虽蒙恩赦，未经昭雪"。所以他一直是不清不白之身，甚至可以称之为"长流释放犯"，随时可能再来一次"汉求季布鲁朱家，楚逐伍胥去章华"。何况果然已有此种迹象，请看他近年所作《鸣雁行》：

胡雁鸣，辞燕山，昨发委羽朝度关。——衔芦枝，南飞散落天地间，连行接翼往复还。客居烟波寄湘吴，凌霜触雪毛体枯，畏逢矰缴惊相呼。闻弦虚坠良可吁，君更弹射何为乎？

可见他在湘中之行途中及复返江东以后，已是"凌霜触雪毛

----

① 此二诗，宋刊本《李太白文集》与宋人郭茂倩《乐府诗集》早已有之，今人陆侃如、冯沅君《中国诗史》亦不以为伪。

体枯"之雁,只要听见弓弦之声,即可能坠地而死。但在此种情况下,竟还有人向他弯弓搭箭,向他弹射。李白此时已无招架之功,更无还手之力,只有一声近乎垂死之哀鸣:"君更弹射何为乎?"此"君"为何人,显然作者心中明白,也知道是祸由自取。不仅早在寻阳狱中,只顾喊冤叫屈,不肯低头认罪,甚至斗胆触犯过一言九鼎之人;而且遇赦获释以后,又曾大发梦癫,大发牢骚,亦多狂放无状之处。总而言之,怙恶不悛,死有余辜。诗中此"君",读者亦呼之欲出:忍哉,高达夫!

五 卒葬考异

曾子曰:"慎终追远,民德归厚矣。"(《论语》)故自天子以至于庶人,皆重卒葬之事,并有相应之礼仪。秦汉以来,碑碣云起;降至隋唐,志铭兼兴。其文字除记载亡者姓氏名字,系其生平事略外,又兼称美德行,并致哀悼之意。其末也,卒时、卒地,以及因何而卒,葬于何处等等,皆须一一为具言,否则或有所讳。

兹将有关李白卒葬之碑志序传文字,择其要者,略志如下,并稍加拟议。

一、李阳冰《草堂集序》。

阳冰与李白同时,且为李白族人,晚途知己。千载以来一直被视为李白临终时首要见证人。但如本章二节所述,阳冰《序》

中虽言"疾亟",但未言病故。李白临终时,阳冰早已"挂冠"而去。

二、李华《故翰林学士李君墓志并序》。

华亦与李白同时,且为挚友。其《志》文甚短,连序带铭仅百余字,有关李白之卒仅"赋《临终歌》而卒"六字。致使王琦诧其"何其惜墨如金乃尔!"今人或疑其为伪托,尚可拟议。兹姑置不论其长短真伪,总之,全文未言李白以疾卒。

三、刘全白《唐故翰林学士李君碣记》。

碣亦碑之类,方首为碑,圆首为碣,且较小。据《碣记》,全白幼时似曾为李白门人。德宗时任膳部员外郎,贞元六年(790)过当涂,式墓作记,以示哀悼①。其《记》中言及李白之卒云:"偶游至此,遂以疾终,因葬于此。"句中二"此"字不知何指,通篇未言其所表之墓,所式之坟,究在当涂何处。仅言"及此投吊,荒坟将毁。追想音容,悲不能止"。窃按:李白在当涂葬处前后有三,初在采石,后迁龙山,再后迁青山,遂为定址。采石矶,即牛渚矶,在当涂县西北二十里,为突出江岸之一石山,扼大江咽喉,形势险要,自贞观以来即建有采石戍(戍者,军事要塞),驻有采石军。见《元和郡县志》宣州当涂县。刘全白过当涂吊李

---

① 据郁贤皓《唐刺史考》谓:"疑是全白以膳部员外郎为池州刺史。"刘赞仕履亦见郁《考》。

白时，宣州刺史为刘赞，赞以贞元三年（787）到任，其后又兼宣歙池观察使、团练使、采石军使，直至十三年（797）卒。李白在采石之坟迁至龙山，当在此期。但刘赞到任之初，诸务未遑，当是兼采石军使后，为扩建防地等因，始迁李白墓于龙山。似此，则全白"表墓式坟"时，李白墓犹在采石江边槁葬之地。槁葬者，草草掩埋也。其事涉及李白死因，必有全白所不忍言者，故再三讳言其地。从而《碣记》所谓"以疾卒"，亦是讳辞。

四、范传正《唐左拾遗翰林学士李公新墓碑并序》。

传正，唐宪宗时人，元和年间为宣、歙、池三州观察使，李白为其父执。建碑时为元和十二年（817），去李白之没已五十余年。关于李白之卒，《碑》云："晚岁渡牛渚矶，至姑熟，悦谢家青山，有终焉之志。盘桓利居，竟卒于此。"其碑文长达千有余字，而言及李白之卒者亦寥寥数语，且措辞深曲。"盘桓利居"，语出《周易·屯卦》。屯，难也。其卦之"初九"云："盘桓，利居贞。"孔颖达《正义》云："盘桓，不进之貌。处屯之初，动则难生，故盘桓也。不可进，惟宜利居处贞正。"此乃隐喻李白暮年处境艰难，动辄得咎，唯有隐居伏处，庶几可保贞正。贞者，吉祥也。正者，正常也。当时之李白，既已隐居青山，伏处田园，即使终其天年，亦可谓"贞正"矣。然而碑文在"盘桓利居"之下，却紧接以"竟卒于此"。"竟"，居然，表示出乎意料。则其卒也，属于非正常死亡可知。

非正常死亡，古者不吊。周制，《檀弓》曰："死而不吊者三：畏、厌、溺。"郑玄曰："畏者，为人以非罪加己，己无以说之死者也。厌（音压）者，行止危险之下。溺者，不乘桥船（而入水死）者也。"卢植曰："畏者，兵刃所杀也。"王肃曰："犯法狱死谓之畏。《尔雅》曰：畏，刑者也。"（详见杜佑《通典》卷八十三"三不吊议"）《文心雕龙·哀吊》云："君子令终定谥，事极理哀。……压溺乖道，所以不吊矣。"所谓"乖道"者，有违"令终"之道也。"令终"者，善终也，亦即寿终也，今则称为正常死亡。古者重视正常死亡，而反对非正常死亡，不但不吊，且讳言之。故刘全白不言其地，范传正出以曲笔，皆为贤者讳也。

无独有偶，元稹为杜甫所作《唐故工部员外郎杜君墓系铭并序》，全文长近千字，其中言及杜甫之卒，亦仅十余字，并且也有一个"竟"字："扁舟下荆楚间，竟以寓卒，旋殡岳阳，享年五十九。"此"竟"字亦是居然之意，表示出乎意料，"竟以寓卒"，亦是讳言杜甫之非正常死亡（一说饿死，一说溺死）①。故后世常将李杜二人之卒葬相提并论。

五、裴敬《翰林学士李公墓碑》。

据碑文，敬之曾叔祖旻，即裴将军，李白曾从其学剑术。此碑为武宗会昌三年（843）过李白青山墓时所作，去李白之没已

---

① 详见傅光著《杜甫研究》（卒葬卷）。陕西人民出版社1997年出版。

八十余年。其文云:"其后以胁从得罪,既免,遂放浪江南,死宣城,葬当涂青山下。"亦讳言采石,且亦未言以疾卒。

六、刘昫《旧唐书·李白传》。

此书成于五代。《传》云:"永王谋乱,兵败,白坐长流夜郎。后遇赦得还,竟以饮酒过度,死于宣城。"此不但不言以疾卒,而且似已取材于乘醉捉月沉水之说,其所以不言采石矶,而言宣城者,采石矶亦宣城(郡)地也,亦讳之耳。

七、宋祁《新唐书·李白传》。

此书成于北宋。《传》云:"代宗立,以左拾遗召,而白已卒,年六十余。"其余取材于范传正《李白新墓碑》。亦未言以疾卒。

八、郭沫若《李白与杜甫》。

书中《李白在长流夜郎前后》一章中,引晚唐皮日休《七爱诗》之一:"竟遭腐胁疾,醉魄归八极"二句,断为:"终于以腐胁疾,病死在当涂。"但皮日休去李白之死已百有余年,何以众皆不知独有彼知李白所患为"腐胁疾"?即使果以腐胁疾卒,亦是"令终",亦属正常死亡,何"竟"之有?

而几乎同时,从唐宋以后,关于李白之卒属于非正常死亡者,却记载甚多,流传甚广。兹亦择其要者,略志如下,并加以拟议:

一、韩愈《题杜子美坟》诗。《诗》中有句云:"捉月走入千丈波,忠谏便沉汨罗底。固知天意有所存,三贤所归同一水。"

此诗见于宋人所编《分门集注杜工部诗》,又见于宋人蔡梦弼所辑《草堂杜工部诗外集·酬唱附录》题作《题杜工部坟》。其源出于北宋刘斧《摭遗》(已佚)。韩愈正集不载,因此后世疑信参半。仇兆鳌《杜诗详注附编》按云:"退之去李杜不远,捉月漂水之说,世俗浪传,正当力辟其诬,何反助之狂澜?……然其中隽拔之语,又似非后人所托,何耶?……或云:《题子美坟》诗,亦其散逸人间者。"

二、王定保《摭言》:"李白着宫锦袍,游采石江中,傲然自得,旁若无人,因醉入水中捉月而死。"

此段文字为今传世之《摭言》所无,转引自王琦《李太白年谱》。王《谱》又引同类传说数种,加以分析,最后亦是疑信参半。其言曰:"岂古不吊溺,故史氏为白讳耶?抑小说多妄,而诗人好奇,姑假以发新意耶?"

三、辛文房《唐才子传》卷二:"白晚节好黄老,度牛渚矶,乘酒捉月,沉水中。"今人郁贤皓笺谓:"盖唐宋时民间传说李白捉月事甚多,故《容斋随笔》卷三'李太白条'谓:'世俗多言李太白在当涂采石,因醉泛舟于江,见月影俯而取之,遂溺死,故其地有捉月台。予按李阳冰作太白《草堂集序》云:'阳冰试弦歌于当涂,公疾亟,草稿万卷,手集未修,枕上授简,俾为序。'又李华作《太白墓志》亦云:'赋《临终歌》而卒。'乃知俗传良不足信,盖与谓子美因食白酒牛炙而死者同也。"窃按:李阳冰《序》与李华《志》俱未言李白以疾卒。何能为容斋作证?

何况采石矶江边确有李白槁葬之坟。

首见于白居易《李白墓》:"采石江边李白坟,绕田无限草连云。可怜荒陇穷泉骨,曾有惊天动地文。但是诗人多薄命,就中沦落不过君。"

白居易(772—846),中唐诗人。此诗见于其《白氏长庆集》,朱金城《白居易年谱》系于宪宗元和十三年(818)江州司马任上。李子龙《关于李白之死和墓及其后人的几个问题》一文,以元和十二年(817),范传正已迁李白墓于青山,居易不可能不知,因疑此诗为白氏少时避乱江南时作,认为系于贞元四年(788)更为稳妥。窃按:白氏自元和十年(815)至十三年(818)贬江州,其间诗作中屡有沦落之感,如《琵琶行》中"同是天涯沦落人,相逢何必曾相识",即其脍炙人口之名句。此诗吊李白亦着重哀其沦落,篇什虽短小,而其感怀深广,非少年人所能有。故仍以朱氏系年近是。即使白氏已知青山另有正墓,仍以采石槁葬起兴,寄其沦落之感,亦是情理中事。

次见于项斯《经李白墓》:"夜郎归未老,醉死此江边。葬阙官家礼,诗残乐府篇。游魂应到蜀,小碣岂旌贤。身没犹何罪,遗坟野火燃。"

项斯,晚唐诗人,武宗会昌四年(844)进士,润州丹徒县尉,卒于任所。此诗载《全唐诗》第五五四卷中。诗中所言之"小碣",当系指刘全白所建之《碣记》。当时已迁往龙山墓,项斯或系闻之他人。

再次见于杜荀鹤《哭陈陶》:"耒阳山下伤工部,采石江边吊翰林。两地荒坟各三尺,却成开解哭君心。"

杜荀鹤(846—907),晚唐诗人,昭宗大顺二年(891)进士。此诗见《文苑英华》第三〇五卷。题中之陈陶当系荀鹤友人,因其"不知所终",故哀其不幸时,以李杜之卒开解之。由此可知在杜荀鹤心目中李杜之卒之不幸尤有甚焉者。

再次见于北宋赵令畤《侯鲭录》:"李白坟,在太平州采石镇民家菜圃中,游人亦多留诗。然州之南有青山,乃有正坟。或云,太白平生爱谢家青山,葬其处,采石特空坟耳。世传太白过采石,酒狂捉月。窃意当时槁殡于此,至范侍郎为迁窆青山焉。"诸如此类记载不及备录,足可证明采石江边确有李白槁葬之坟。

据《元和郡县志》《江南通志》,并参考《李白与当涂》《李白与马鞍山》等书籍附图,采石矶在当涂县境长江边,县城在其东南二十余里,青山更在县城东南十余里。如果李白确系寿终正寝于其青山草堂或龙山草堂,何以竟槁葬于数十里以外之江边?其非死于江水而何?

或言采石墓为衣冠墓。采石确有李白衣冠冢,在今马鞍山市采石矶公园内,冢前立有石碣,上题:"唐诗人李白衣冠冢",著名书法家林散之书。若言与龙山墓或青山墓同时,即于采石又别建有衣冠冢,则未免昧于当时社会情况。安史之乱虽以广德元年(763)

史朝义自杀告终，实则余孽犹在，祸乱未绝，又兼连年灾荒，世事仍属艰难；李白子孙沦落为"天下之穷人"，救死且不暇，焉能为其父祖在采石另建衣冠冢？况采石为其亲友讳言之地。故知衣冠冢实为后起。"正式亮出'衣冠冢'三字名号的"，已是明代时事。详见李昌志《李白槁葬、殡葬、改葬始末新说》，载《中国李白研究》1995—1996年集。

六 《临终歌》

　　大鹏飞兮振八裔，中天摧兮力不济，余风激兮万世。游扶桑兮挂石袂，后人得之传此，仲尼亡兮谁为出涕？

　　此诗诸本诗题皆作《临路歌》。李华《故翰林学士李君墓志》云："赋《临终歌》而卒。"故知《临路歌》当为《临终歌》，李白之绝命词也。而前人对此诗多不解：胡震亨以为拟《史记·孔子世家》之《临河歌》，王琦已谓其非是。瞿、朱疑是《汉书·广陵厉王胥传》所载死时自歌云"千里马兮驻待路"之义，其说尤属不伦。严评本谓此诗云："是何等语耶？殆不可晓。"朱谏云："此章辞义不可强解，以俟知者。"窃按李白之死已千有余年，其绝命之词迄今仍付之不解，能不愧于心乎？反复沉潜，此诗并非不可解者，笺而释之，义不容辞，兹陈鄙见如下：

全诗共六句,前人皆以两句为一解,恐未谛。窃以为当以三句为一解,全诗由前后两段组成。

前一段三句:"大鹏飞兮振八裔,中天摧兮力不济,余风激兮万世。"其意略谓:己如大鹏乘风,冲天而起,震动四面八方;岂是力不从心,翅折而堕?即其余风激荡不已,亦足以及于千秋万代。仅此三句,李白一生之凌云壮志与坎坷经历以及不朽之成就,已概括无余。

似此,则李白可谓不虚此生,大可以安心瞑目矣。而其下复有"游扶桑兮挂石袂……"三句,何谓耶?

王琦于"游扶桑"句下注云:"严忌《哀时命》:'衣摄叶以储与兮,左袪挂于扶桑。'王逸注:'袪,袖也。言己衣服长大,摄叶储与不得舒展,德能宏广不能施用,东行则左袖挂于扶桑,无所不覆也。'"王琦此注,后人沿用至今,毫不怀疑,以之注释李诗此句恰当与否,明确与否,究竟解决问题与否,概不追究。此种释事而忘意之病,前人多有之,且积习甚深。故陈寅恪在其《元白诗笺证稿》《柳如是别传》等著作中,再三指示:笺诗证史,必须既注古典,又注今典;既释字面,又释所指。如此方能阐明作者音内言外之旨,而克尽厥责。诚哉斯言,功德无量。

窃以为"游扶桑……"等后三句中,必有前三句未尽之意,必有作者难言之隐,必有李白死不瞑目之恨,欲在临终之际竭其最后一息以示后人。兹不揣冒昧,试发前人未发之覆,而慰伟大诗人于九泉之下。

"扶桑",古代所谓东方神木,相传为日之所出,亦日之所息。见《山海经》。李白此处用"扶桑"乃代指帝座,暗喻朝廷。"游扶桑"者,乃代指其天宝初年奉诏入朝,旋又被斥去朝,以及安史乱中入永王璘军幕等事,总而言之,喻其从政。而李白从政经历中颇有隐情,故以曲笔出之。

"挂石袂",其中"石"字固是"左"字或"右"字之讹("右"字可能性更大)。"左""右"无关紧要,要在"挂"字。严忌《哀时命》中,在"衣摄叶以储与兮,左袪挂于扶桑"之下,尚有二句:"左衽拂于不周兮,六合不足以肆行。"四句合而观之,便知其意本谓己之衣服长大而天空狭小,故神游四方时东挂西碍,以喻己之才大难为世用而已。王逸注文中"德能宏广……无所不覆"云云,本已有蛇足之病,与严忌原意不符;王琦不察,引之置于李白句下,更是风马牛不相及。须知此处之"挂",非是张挂。严忌不过汉代二三流文人,尾随司马相如之后,寄食于梁孝王之门,可谓已得其所,尚欲张挂其衣袖于扶桑之上何为?若谓以示其德能足以覆盖一切,则其置文、景二帝于何地?即梁孝王亦将逐之长途矣。李白既以"扶桑"代指帝座,则亦不敢张挂其衣袖于帝座之上,自不待言。故知此处之"挂",乃是挂罥(juàn)。鲍照《芜城赋》:"荒葛罥途。"李善注:"罥,犹绾也。"绾,纠结也。李白《公无渡河》一诗中有句云"公乎,公乎,挂罥于其间",

用以暗喻其从政活动中遭受之牵连与祸患。"挂左袂"（或"挂右袂"）亦是此意。不过在上诗中为将然之辞，在此诗中则是已然之事。通观李白一生，其干犯禁忌之言行及其遭受之谗谤，无论玄宗之世或肃宗之朝，可谓"辫子"甚多，而"抓辫子"者亦颇有人在。故李集中屡有惧谗雪谤之诗，全身避祸之语。直至李白临死之前，尚有当权者意欲置之死地而后快。似此，则"游扶桑兮挂石袂"一句中，不知包藏有多少冤情与苦水，其能已于言乎？而欲言之际，又不知处于何等忧虑与恐惧状态，故其遣词造句曲折隐晦至于斯极也。

"游扶桑"句大意既明，则其下"后人得之传此"亦可得而窥。"后人"，后世之人也；"得之"，得其身世坎壈之隐情也；"传此"，传其诗歌之真谛也。其意若曰："百岁千秋之后必有知我者。被斥去朝，非我之过也；附逆作乱，非我之罪也；流言蜚语，莫须有也。我之诗中多有深意，其勿忽也；草木风月，比兴之辞也；谑浪笑傲，中心是悼也；狂歌当哭，忧国忧民之泪也……"

最后一句："仲尼亡兮谁为出涕？"王琦注云："诗意谓西狩获麟，孔子见之而出涕。今大鹏摧于中天，时无孔子，遂无有人为出涕者。喻己之不遇于时，而无人为之隐惜。"王注乍看，似可沿用，然终觉不妥。此诗之始既以大鹏自喻矣，末又以麒麟自喻，何谓耶？大鹏乘风而起，麒麟出非其时，此二喻自相抵牾。无论自后世观之，或自李白平心而论，俱不能谓其生不逢辰，故李集中始终以大鹏自喻，而从未有以麒麟自喻者。此诗之中既已寄希望于后世之人矣，又叹时无孔子何谓耶？如谓必须有孔子复出方能识其为麟，为之隐惜，似此则李白之知音永世难逢矣。此与以上诗意更是大相径庭。故知王注实不可通，此句亦须另辟蹊径。

通观李集，白曾多次自拟于孔子。如天宝九载（750）所作《古风》其一（大雅久不作）："我志在删述，垂辉映千春。希圣如有立，绝笔于获麟。"又如天宝八载（749）所作《答王十二寒夜独酌有怀》："孔圣犹闻伤凤麟，董龙更是何鸡狗！"又如天宝十四载（755）所作《书怀赠南陵常赞府》："君看我才能，何似鲁仲尼？……终当灭卫谤，不受鲁人讥。"诸如此类，例不胜举。以致引起孔子后代不满，反对在兖州沙丘（李白东鲁寓家地）修建青莲祠。其事见乾隆《兖州府志》。由此观之，所谓"仲尼亡兮"者，实以孔子自拟也。其所以如此，又意在以其诗为盛唐之《春秋》。此意除已见于《古风》其一之末外，亦见李阳冰《草堂集序》之末："论《关雎》之义，始愧卜商；明《春秋》之辞，终惭杜预。"李白既以《春秋》自许，阳冰亦以《春秋》许之，盖知李白之心念兹在兹也。其下所谓"谁为出涕"者，非是怀疑无人为其死"隐惜"，而是深望后世之人勿忽其诗中之苦心孤诣，微言大义也。如有人"得之传此"，自然有人为之"出涕"，且岂仅出涕哉？必表而出之，发而扬之，则其"余风"信足以"激兮万世"矣。

故知此诗之后段三句,实与前段三句互相呼应,必不可阙者也。

全诗作如是解,庶几可以不负太白欤?

附:《临终歌》今译

大鹏飞起来啊,
　　震动了四面八方。
是它的气力不行么?
　　从半空中跌落在地上。
它激起的余风,
　　也够使万代的人们荡气回肠。
天地太小了啊,
　　右边的衣袖挂着了扶桑,
　　　　(那太阳出来的地方)。
希望后世之人,
　　把其中的秘密参详。
仲尼死了啊,
　　(为盛世写《春秋》的仲尼),
有谁来为他哭一场?

尾 声

李白逝世后，槁葬采石江边多年。当时大乱初平，余波未已，又继之以天灾，以致田园荒芜，饿殍塞途。李白之子孙，救死且不暇，焉有能力礼葬其父。即使荒草连云，野火时烧，日益摧圮，行将失其所在，亦无可如何。

唐德宗贞元六年（790），亦即去李白之卒近三十年时。其门人刘全白，以膳部员外郎出任池州刺史，路过采石，前往吊之，式墓作记，犹是江边槁葬之坟。故其所为《碣记》，自始至终，讳言其地。如言（李白）"偶游至此"，"因葬于此"，如言（己）"及此投吊，荒坟将毁。追想音容，悲不能止"。盖不忍言也。

贞元三年（787），刘赞为宣城太守，后又兼宣、歙、池团练使及采石军使。其人虽为先贤刘子玄之后，然无乃祖之风，以刚猛立威，仅于团练使及采石军使方面略有建树。李白槁葬之坟迁出采石，殡于龙山，当是刘赞整修扩建采石防务之举。参见当涂

《官圩修防汇述》。故李白孙女对此次迁葬并无感激之情，反有遗憾之语，亦是权葬之意。

直至唐宪宗元和十二年（817），亦即去李白之卒五十五年，始有宣、歙、池三州观察使范传正，尽其礼而毕其事焉。

范传正，字西老，邓州人。父伦，为户部员外郎，有当世名。传正举进士、宏辞，皆高第，屡迁历歙、湖、苏三州刺史，有殊政，进拜宣、歙、池三州观察使。见《新唐书》本传。开元中置十道按察使，后改为采访使、观察使、宣慰使等，其职责大致相同。大乱之后，尤侧重慰勉征戍，劳来困穷，滞淹使达，冤屈得申。故范传正来当涂为李白致哀尽礼，正式安葬，实乃代表朝廷为李白补行昭雪之仪。即今所谓彻底落实政策，还他无辜，还他清白，还他尊严。此事，范传正不愧良吏，尽心竭力，克尽厥责。并有亲笔所撰书《唐左拾遗翰林学士李公新墓碑》并序一通，兹移录其全文如下：

唐左拾遗翰林学士李公新墓碑并序

骐骥筋力成，意在万里外。历块一蹶，毙于空谷，惟余骏骨，价重千金。大鹏羽翼张，势欲摩穹昊，天风不来，海波不起，塌翅别岛，空留大名。人亦有之，故左拾遗翰林学士李公之谓矣。

公名白，字太白，其先陇西成纪人。绝嗣之家，难求谱

尾声

牒。公之孙女搜于箱箧中,得公之亡子伯禽手疏十数行,纸坏字缺,不能详备,约而计之,凉武昭王九代孙也。隋末多难,一房被窜于碎叶,流离散落,隐易姓名,故自国朝已来,漏于属籍。神龙初,潜还广汉,因侨为郡人。父客,以逋其邑,遂以客为名,高卧云林,不求禄仕。

公之生也,先府君指天枝以复姓,先夫人梦长庚而告祥,名之与字,咸所取象。受五行之刚气,叔夜心高;挺三蜀之雄才,相如文逸。瑰奇宏廓,拔俗无类。少以侠自任,而门多长者车。常欲一鸣惊人,一飞冲天,彼渐陆迁乔,皆不能也。由是慷慨自负,不拘常调,器度弘大,声闻于天。

天宝初,召见于金銮殿,玄宗明皇帝降辇步迎,如见园、绮。论当世务,草答蕃书,辩如悬河,笔不停缀。玄宗嘉之,以宝床方丈赐食于前,御手和羹,德音褒美,褐衣恩遇,前无比俦。遂直翰林,专掌密命,将处司言之任,多陪侍从之游。他日,泛白莲池,公不在宴,皇欢既洽,召公作序。时公已被酒于翰苑中,仍命高将军扶以登舟,优宠如是。既而上疏请还旧山,玄宗甚爱其才,或虑乘醉出入省中,不能不言温室树,恐掇后患,惜而遂之。

公以为千钧之弩,一发不中,则当摧㯭折牙,而永息机用,安能效碌碌者苏而复上哉!脱屣轩冕,释羁缰锁,因肆情性,大放宇宙间。饮酒非嗜其酣乐,取其昏以自富;作诗非事于文律，取其吟以自适；好神仙非慕其轻举，将不可求之事求之，欲耗壮心，遣余年也。

在长安时，秘书监贺知章号公为谪仙人，吟公《乌栖曲》云："此诗可以哭鬼神矣！"时人又以公及贺监、汝阳王、崔宗之、裴周南等八人为酒中八仙，朝列赋谪仙歌百余首。俄属戎马生郊，远身海上，往来于斗牛之分，优游没身。偶乘扁舟，一日千里，或遇胜境，终年不移。长江远山，一泉一石，无往而不自得也。晚岁，渡牛渚矶，至姑熟，悦谢家青山，有终焉之志。盘桓利居，竟卒于此。其生也，圣朝之高士；其往也，当涂之旅人。代宗之初，搜罗俊逸，拜公左拾遗，制下于彤庭，礼降于玄壤，生不及禄，没而称官，呜呼命欤！

传正共生唐代，甲子相悬，常于先大夫文字中见与公有浔阳夜宴诗，则知与公有通家之旧。

早于人间得公遗篇逸句，吟咏在口。无何，叨蒙恩奖，廉问宣、池。按图得公之坟墓在当涂属邑，因令禁樵采，备洒扫。访公之子孙，欲申慰荐。凡三四年，乃获孙女二人，一为陈云之室，一为刘劝之妻，皆编户甿也。因召至郡庭，相见与语。衣服村落，形容朴野，而进退闲雅，应对详谛，且祖德如在，儒风宛然。问其所以，则曰："父伯禽，以贞元八年不禄而卒。有兄一人，出游一十二年，不知所在。父存无官，父殁为民，有兄不相保，为天下之穷人。无桑以自蚕，非不知机杼；无田以自力，非不知稼穑。况妇人不任，布裙粝食，何所仰给，俪于农夫，救死而已。久不敢闻于县官，惧辱祖考，乡间逼迫，忍耻来告。"言讫泪下，余亦对之泫然。因云："先祖志在青山，遗言宅兆，顷属多故，殡于龙山东麓，地近而非本意。坟高三尺，日益摧圮，力且不及，知如之何。"闻之悯然，将遂其请，因当涂令诸葛纵会计在州，得谕其事。纵亦好事者，学为歌诗，乐闻其语，便道还县，躬相地形，卜新宅于青山之阳。以元和十二年正月二十三日，迁神于此，遂公之志也。西去旧坟六里，南抵驿路三百步，北倚谢公山，即青山也，天宝十二载敕改名焉。因告二女，将改适于士族，皆曰："夫妻之道，命也，亦分也。在孤穷既失身于下俚，仗威力乃求援于他门，生纵偷安，死何面目见大父于地下？欲败其类，所不忍闻。"余亦嘉之，不夺其志，复井税、免徭役而已。

今士大夫之葬，必志于墓，有勋庸道德之家，兼树碑于道。余才术贫虚，不能两致，今作新墓铭，兼刊二石，一置于泉扃，一表于道路，亦岘首、汉川之义也，庶芳声之不泯焉。

文集二十卷，或得之于时之文士，或得之于宗族，编辑断简，以行于代。铭曰：

嵩岳降神，是生辅臣；蓬莱谴真，斯为逸人。晋有七贤，唐称八仙。应彼星象，唯公一焉。晦以曲糵，畅于文篇。万象奔走乎笔端，万虑泯灭乎尊前。卧必酒瓮，行惟酒船。吟风咏月，席地幕天。但贵乎适其所适，不知夫所以然而然。至今尚疑其醉在千日，宁审乎寿终百年。谢家山兮李公墓，异代诗流同此路。旧坟卑庳风雨侵，新宅爽垲松柏林。故乡万里且无嗣，二女从民永于此。犄欤琢石为二碑，一藏幽隧一临歧。岸深谷高变化时，一存一毁名不亏。

此碑并序，是记载李白生平，尽洗其冤屈，还他本来面目，最具有权威性之文字。后世当以此为准则，其他横加之谰言，皆应据此一洗之。

李白行踪古今地名对照表

开元时称	天宝时称	州郡治所	今地名	备注
长安	长安		陕西西安	国都、西京、京兆府
绵州	巴西郡	巴西县	四川绵阳	
昌明	绵州属县		四川江油	
龙州	江油郡	江油县	四川平武	
剑州	普安郡	普安县	四川剑阁	剑门关在其北
梓州	梓潼郡	郪县	四川三台	
益州	蜀郡、成都府	成都县	四川成都	
渝州	南平郡	巴县	重庆	
嘉州	犍为郡	龙游县	四川乐山	峨眉山在其西
夔州	云安郡	奉节县	重庆奉节	州城据白帝山，因号白帝城
巫山	夔州属县		重庆巫山	县名，又山名
荆州	江陵郡	江陵县	湖北荆州	
岳州	巴陵郡	巴陵县	湖南岳阳	洞庭湖在其西南

开元时称	天宝时称	州郡治所	今地名	备注
鄂州	江夏郡	江夏县	湖北武汉武昌区	
江州	浔阳郡	浔阳县	江西九江	庐山在其南
当涂	宣州属县		安徽当涂	
润州	丹阳郡	丹徒县	江苏镇江	
江宁	润州属县		江苏南京	古称金陵
扬州	广陵郡	江都县	江苏扬州	
安州	安陆郡	安陆县	湖北安陆	
襄州	襄阳郡	襄阳县	湖北襄阳	
邓州	南阳郡	南阳县	河南南阳	
商州	上洛郡	商洛县	陕西商洛	
邠州	新平郡	新平县	陕西彬州	
坊州	中部郡	中部县	陕西黄陵	
宋州	睢阳郡	宋城县	河南商丘	
汴州	陈留郡	开封、浚仪县	河南开封	开封理县之东、浚仪理县之西
洛阳	洛州、河南郡	洛阳县	河南洛阳	东都、东京、河南府
颍阳	河南府属县		河南登峰颍阳镇	嵩山在其东北
并州	太原郡	晋阳县	山西太原	太原府，天宝年间为北京
代州	雁门郡	雁门县	山西代县	雁门关在其北
陈州	淮阳郡	宛丘县	河南周口淮阳区	

开元时称	天宝时称	州郡治所	今地名	备注
徐州	彭城郡	彭城县	江苏徐州	
泗州	临淮郡	临淮县	江苏盱眙	
下邳	泗州属县		江苏邳州	
楚州	淮阴郡	山阳县	江苏淮安	
安宜	楚州属县		江苏宝应	
杭州	余杭郡	钱塘县	浙江杭州	
兖州	鲁郡	瑕丘县	山东兖州	
任城	兖州属县		山东济宁	
曲阜	兖州属县		山东曲阜	
单父	宋州属县		山东单县	
齐州	济南郡	历城县	山东济南	泰山在其东南
青州	北海郡	益都县	山东青州	
莱州	东莱郡	掖县	山东莱州	崂山在其南滨海处
登州	东牟郡	蓬莱县	山东烟台蓬莱区	芝罘岛在其东南
苏州	吴郡	吴县	江苏苏州	
越州	会稽郡	会稽县	浙江绍兴	
剡县	越州属县		浙江嵊州	天姥山在其南
台州	临海郡	临海县	浙江临海	天台山在其北
幽州	范阳郡	蓟县	北京西南郊	
邯郸	广平郡属县		河北邯郸	
宣州	宣城郡	宣城县	安徽宣城	
南陵	宣城郡属县		安徽南陵	

开元时称	天宝时称	州郡治所	今地名	备注
泾县	宣城郡属县		安徽泾县	
秋浦	宣城郡属县		安徽池州	
青阳	宣城郡属县		安徽青阳	
溧阳	宣城郡属县		江苏溧阳	
珍州	夜郎郡	夜郎县	贵州正安	
洪州	豫章郡	南昌县	江西南昌	
湘阴	巴陵郡属县		湖南湘阴	
永州	零陵郡	零陵县	湖南永州零陵区	九疑山在其南

说明：①本表主要据《元和郡县志》，参以《唐书·地理志》。

②大部分今地名仅为唐代州（郡）治所大体位置。

③地名大体以在本书中出现先后为序。